U0013887

讓天賦自由的內在動力

給老師、父母、孩子的實踐方案

威廉・史帝羅博士、奈德・強森
William Stixrud PhD. and Ned Johnson

THE SELF-DRIVEN CHILD

The SCIENCE and SENSE of GIVING YOUR KIDS MORE CONTROL OVER THEIR LIVES

目次

Contents

作者的話／005

前言
讓孩子擁有掌控感的重要性／009

第一章
世界上壓力最大的狀況／015

第二章
當孩子的顧問／039

第三章
「由你決定！」讓孩子自行決定／067

第四章
非焦慮的存在／099

第五章
內在動力：如何幫助孩子培養動機／125

第六章
兩種效果驚人的休息方式／157

第七章
睡眠——最徹底的休息／175

目次

Contents

第八章 在課堂內建立孩子的掌控感／197

第九章 全時間上線：如何馴服科技巨獸／221

第十章 6個讓大腦和身體健全的練習／251

第十一章 讓特殊兒童享有自主權／273

第十二章 SAT、ACT以及其他標準化測驗／297

第十三章 孩子真的準備好上大學了嗎？／319

第十四章 通往成功人生的「替代道路」／341

後記 繼續前進／363

註釋／365

作者的話

本書的故事都是真人真事，是我們兩人多年來遇過的孩子、父母以及教育工作者的親身經歷。無論是幫助他人或接受幫助、教學或學習，都需要信任，也就經常需要敞開心房，因此，在此誠摯感謝許多孩子及他們家人給予的信任與信賴。本書內容僅更動部分個案的人名與細節，以保護隱私。

讓天賦自由的內在動力

給老師、父母、孩子的實踐方案

THE SELF-DRIVEN CHILD

The SCIENCE and SENSE of GIVING YOUR KIDS MORE CONTROL OVER THEIR LIVES

前言

讓孩子擁有掌控感的重要性

乍看之下，我們兩人，比爾博士和奈德老師，不大像是會一起合作寫書的夥伴。比爾是全美知名的臨床神經心理學家，專門幫助孩子處理焦慮症、學習障礙及行為問題，擁有三十年的豐富經驗。他的沉著氣質經常為人稱道，主要是他實踐超覺靜坐（Transcendental Meditation）數十年的成果。奈德則是國內文教機構龍頭 PrepMatters 的創辦人，是家中有青少年的爸爸，也是精力充沛的 X 世代，學生經常說他的充沛熱忱足以媲美三個人。

幾年前我們一起受邀到同場活動演講，相識交談後發現兩人的背景、專業、客群雖然不一樣，但兩人同樣致力於幫助孩子克服類似的難題，使用的方法則有著令人驚奇的互補之處：比爾博士透過大腦發展的觀點來切入，奈德老師則是透過技巧和科學原理協助學生提升學業表現。

我們聊著聊著就意識到，雙方的知識和經驗相加，就是一幅完整的拼圖。雖然奈德的學生擔心的是能不能進入長春藤名校，比爾的個案則是連去上課都有問題，但兩人都是從最基本的問題出發：如何幫助孩子對自己的生活擁有掌控感？怎麼樣才能讓他找到內在動機，讓潛力發揮到極致？

我們研究了孩子的「壓力」和「動機」之後，繼續探索「掌控感」，因為我們都想幫助孩子，盡量不讓壓力減損他們的表現和心理健康。我們想引導他們瞭解，如何建立健康的自我動機：既不要完美主義的過度努力，也不是一心只想著「我可以打電動了沒」；健康的自我動機應該是這兩者之間的平衡。

我們發現，孩子的掌控感不足時，會覺得壓力太大；另外，自主感（sense of autonomy）則是讓他們產生動機的關鍵。①這是很重要的發現。後來我們的研究也證實了，家長希望孩子身心健全、學業優異、活得快樂，但這些都和「健康的掌控感」息息相關。

根據一九六〇年到二〇〇二年期間的調查指出，中學生跟大學生的人格特質內控信念（相信命運掌握在自己手中）的程度愈來愈低，外控信念（相信自身命運受外力所控）的程度卻愈來愈高。年輕人愈來愈容易感到焦慮和沮喪，也跟這樣的轉變有關。事實上，現在年輕人有焦慮症症狀的機率，相較於一九二〇年代末期經濟大恐慌、二戰、冷戰期間，甚至高了五到八倍。②難道現在的時局會比經濟大恐慌時期還要艱困嗎？還是說，是我們大人的作為，削弱了孩子的應對能力？

孩子如果沒有適度的掌控感，會感到無能為力、不知所措，會變得消極或無奈。如果他們被剝奪了「做出重大選擇」的能力，就更可能產生焦慮、暴怒，或出現自我毀滅、毒品酒精成癮等行為。如此一來，就算家長提供再多的資源和機會，孩子依然無法成長茁壯。少了掌控感，無論家庭出身背景為何，孩子心裡內在的混亂都會為他們帶來傷害。

當我們覺得自己可以影響周遭的世界，我們的表現就會更好。這也是為什麼很多人一進電梯，就會狂按電梯「關門」的按鈕（雖然大部份的電梯裡，這個按鈕其實是沒有作用的）。③一九七〇年代有一項重要的研究指出，如果養老院告知住戶必須負責自己的生活日常事務，並且示範該怎麼做，比起另一群只能聽從、依賴護理人員的住戶，則前者會更長壽。④這也就是為什麼可以自行決定要寫功課（或者不寫）的孩子，會比較開心，壓力較小，也更有為生活掌舵的能力。

我們都期盼孩子有能力在全球競爭的經濟環境下生存，期盼他們有影響力、有自信能夠處理困難的事。我們愛孩子，希望他們快樂，也希望哪天我們不在了，他們仍然能夠有成功的人生。這些都是值得努力的目標，只是該怎麼達成，許多大人的認知有誤。

錯誤認知一：成功是一條窄路，萬一孩子擠不進去就糟了，所以讓孩子自己做決定實在太過冒險。這個論點是基於「世界上資源有限」的假設，斷定年輕人如果想成功，就必須一直與他人競爭，不計代價。

錯誤認知二：這輩子要想出人頭地，只能依靠優異的學業成績。人生的輸家太多，贏家的名額有限，如果進不了耶魯等名校，就只能淪落到速食店打工。這種想法讓太多的孩子不是變得汲汲營營，就是自暴自棄。

錯誤認知三：多逼孩子，就可以幫助他們更有成就，長大後也更能一帆風順。我們的國一生考得比中國同年齡的孩子差？好！那就提早叫他們上高一數學！現在的孩子想錄取名校，機會比以前更少？好！那就把孩子的行程塞好塞滿，上更多課，寫更多作業！

錯誤認知四：這個世界比以前更危險，為人父母當然得監督孩子，不容片刻的鬆懈，必須確保他們不會受傷，或做出錯誤的決定。

很多爸媽憑著常識也知道這些認知不正確（本書也將一一破除這些謬誤）。問題是，一旦這些爸媽感受到「絕對不能讓孩子落後」的壓力，無論壓力是來自孩子的同儕、學校或其他家長，那麼他們原先的常識就不見了。其實，壓力源自恐懼，而恐懼會讓人做出不智的決定。

我們不可能完全控制自己的孩子——這也不該是我們的目標。我們的角色是教導孩子獨立思考和行動，讓他們擁有足夠的判斷力，除了在學校有良好的表現，更能在人生有成就。與其逼迫他們去做他們不喜歡的事，不如想辦法幫助他們找到自己的熱愛，引發他們的內在動機。我們的目標是協助父母停止「不斷施壓」的模式，改採「培養孩子自身動力」的方法。

我們論點的基礎是：**孩子其實是懂事的，也會希望自己的生活有序，所以只要有適當的支持，他們就會自行找出做事的方法**。孩子們都曉得，早上要起床換衣服上學，也知道做功課的重要性，他們其實都感覺得到壓力，只是可能沒有表現出來。每當他們沒有做好，而你在一旁碎碎唸，這樣只會加深他們的抗拒。所以關鍵在於，你要給孩子足夠的自由和尊重，容許他們自己設法解決。就算你真的有辦法控制孩子，直接把他們打造成你心目中理想的模樣，但這樣孩子就會變成需要大人的控制、管教，而無法自動自發。

本書將會談到一些神經科學和發展心理學的重要研究，也會分享我們相加起來共有六十年的實際經驗。我們希望讓各位爸媽相信，**你應該把自己看成孩子的顧問，不是他們的主人或是主管**。我們的目標是說服你們，讓你們經常對孩子說「由你決定」，這其實是一種有智慧的教養方式。書中還會提供各種點子，協助你陪伴孩子挖掘出內在的動機，也會引導你覺察什麼樣的教育體制會干擾小孩的自主感。

另外，我們會幫助你自己逐漸進入一種「非焦慮的存在」，也就是**練習自己先當個不焦慮的人**，這對孩子、整個家庭以及你自己都是絕佳的禮物。在每章的結尾都會提供具體的行動步驟，方便你立即實踐。

書中有些建議或許看了會讓你感到不自在，但多數應該會帶給你如釋重負的輕鬆感。每當你心存疑慮，請記得這些技巧以及它們背後的科學原理，全都是我們跟案主、學生的家庭分享過的，在他們身上也都看到了豐碩的成效。有的孩子本來長期違抗爸媽，後來轉變成一個能夠在做決策時考量周全的孩子；有的孩子不只是在校成績進步，測驗的分數也大幅提升；有的孩子原本覺得不知所措、求助無門或是絕望度日，後來開始主導自己的生活；有的孩子雖然曾經歷短暫的混亂期，最後還是過著成功快樂的日子，甚至跟父母的關係也更加親近，完全出乎眾人意料。你想要賦予孩子健康的自主感，同時也為你自己培養健康的自主感，這並非天方夜譚，或許比你以為的還要簡單，接下來，讓我們一起來看看你可以怎麼做。

第一章

世界上壓力最大的狀況

亞當是十五歲的高二生，住在南加州的狹小國宅，讀的是一家缺乏經費的公立高中。去年夏天他和哥哥在街角玩時，有輛經過的汽車隨機開槍殺人，他哥哥因而喪命。如今他在校很難專心聽課，跟不上進度，也經常由於暴怒發飆的行為被叫去校長室。他晚上睡得很不好，成績向來就不好，現在更是瀕臨留級。

另一位十五歲的芮拉，住在數百萬美元的豪宅，念的是華盛頓特區的高級私立高中。她的父母寄望她能在今年秋天參加ＳＡＴ預考時，順利拿到國家優秀學生獎學金，所以她除了要找時間準備考試，還要練習草地曲棍球、去慈善機構當志工，每天晚上得花三、四個小時寫作業。芮拉成績不錯，但睡眠品質不好，她開始跟父母頂嘴，對朋友發脾氣，而且常有頭痛的毛病。

我們都曉得亞當的狀況不妙，根據統計數字顯示，他未來的路會很艱辛。問題是我們卻不知道，芮拉的情形同樣令人擔心。在大腦發展的重要階段，長期睡眠不足加上毒性壓力（toxic stress），會危害她的長期身心健康。如果將芮拉的腦部掃描結果跟亞當的放一起，可以發現兩者相似得驚人，尤其是在大腦壓力反應系統的區域。

壓力 vs. 孩子的健康

運動員的頭部如果頻繁受到重擊，像是被足球砸到，或是被一百多公斤的美式足球線衛球員撞到，長期下來對於腦部的傷害很大。我們對這種類型的腦部損傷愈來愈了解，大家都會擔心腦震盪引發長期後遺症。「他目前看起來還好，但要是再受傷幾次，以後怕連自己孩子叫什麼都記不得了！」

我們也應該同樣關注壓力帶來的傷害。慢性壓力（chronic stress）會對大腦造成嚴重的破壞，尤其是年輕的大腦。這個情形就像是用太小的花盆栽種植物，任何接觸過園藝的人都知道，這種做法會害植物變得脆弱，帶來長期的不良影響。無論是哪個年齡層的人，罹患壓力相關疾病的比例都極高。研究人員也投入大量心力，想知道為什麼有越來越多的年輕人得到焦慮、飲食相關的疾患與憂鬱症等病，要不然就是瘋狂飲酒等這些令人憂心的自我傷害行為。① 心理學家雷雯（Madeline Levine）的研究讓人注意到，家境富裕的孩童和青少年是心理疾病的高風險族群，容易有焦慮症、情感疾患、藥物使用疾患等問題。② 最近還有一項調查指出，加州矽谷一所資源豐富、競爭激烈的高中，有高達八成的學生反映焦慮指數介於中度到高度，而有五成四的學生的憂鬱指數也介於中度到高度。③如今在全球，導致生活失能的第一元凶正是憂鬱症，④我們認為孩童和青少年所面對的慢性壓力，就和氣候變遷一樣，是延續了好幾代且日趨嚴重的社會問題。要想解決，除了要付出相當大的努力，也需要改變人們的習慣。

這些事情，跟掌控感有什麼關聯？答案是，每一件都息息相關！簡單來說，掌控感正是壓力的最佳解藥。只要是未知、不樂見或是害怕的情形——可以是讓讓我們心情不爽的日常小事，也可以是為人生而奮鬥的重要大事——都會讓我們產生壓力。人類壓力研究中心（the Centre for Studies on Human Stress）的學者盧比恩（Sonia Lupien）用四個好記的英文字母 N.U.T.S. 來描述生活中的壓力（譯注：N.U.T.S. 音同發瘋）。

1. **Novelty 全新陌生感**：代表未曾經歷的情況。
2. **Unpredictability 不可預測性**：代表無法預知會發生的情況。
3. **Threat to the ego 對自我的威脅感**：代表對於人身安全或維持生活的能力出現疑慮的情況。
4. **Sense of Control（or lack thereof）缺少掌控感**：代表缺少或全無掌控感的情況。⑤

早期學者曾以老鼠做壓力實驗：當老鼠在籠內轉動輪子，原本受到的電擊就會停止，牠便會開心地繼續轉動輪子，這時壓力指數還算平穩。但是輪子一拿走，牠的壓力指數就飆升。將輪子放回籠內後，壓力指數又大幅下降，就算這次輪子沒有連到電擊裝置也是一樣。⑥類似的實驗在人類身上也有相似的結果。在實驗當中，如果受試者可以按一個鈕，讓他聽到的噪音降低，光是這樣就會讓他們的壓力指數降低——即使按鈕對聲音並無實際影響也一樣。而且，就算他們沒有真的去按鈕，壓力指數也一樣會下降。⑦原來，「感覺到」自己擁有掌控權才是重點，這種感覺甚至比實際作為還來得重要。當一個人有信心能對某件事產生影響力，壓力就會降低；反過來說，掌控感過低時，可以說是世界上讓人壓力最大的情況。

你可能多少也知道這一點，所以你在進行一件困難的任務之前，可能會先開始做些瑣碎的事如整理書桌。多數人都認為開車比搭飛機來得安全（事實上恰恰相反），就是因為他們覺得在開車時自己有更高的掌控力。至於塞車之所以會讓人壓力爆表，部份原因就是你在車上什麼也不能做。

你可能曾經為了孩子的事，經驗到掌控感的重要。假如孩子生重病，你感到無能為力，壓力指數就會上升。就算是沒那麼可怕的情況，例如只是看著孩子第一次單獨開車外出，或是觀賞他們參加運動競賽或在舞台上演出戲劇，你也會感到壓力。這是因為你只能旁觀，唯一能做的就是希望一切順利。

這種主宰感可說是帶給人類快樂跟身心健康最重要的因素。我們都喜愛命運掌握在自己手中的感覺，孩童也不例外，有的孩子兩歲就會跟大人說「我自己做」，或是四歲的小孩會對大人堅持「你不要管我」，因此，我們應該盡量把孩子自己能做的事情交給他們（哪怕我們已經快要遲到，讓孩子自己處理會花上兩倍的時間）。這也是為什麼如果五歲的小朋友對青菜挑食，最好的辦法是把盤裡的食物分成兩半，讓他們自己決定要吃哪一邊。

我們有個學生名叫凱拉，她對這種事有深刻的體認。小時候她父母會規定「把這個吃掉」、「把那個吃光」，她很討厭這種情況，「所以，每次他們叫我吃不喜歡的東西，我就直接把食物丟在桌上。」凱拉說，她童年回憶的大事，就是外出宿營，宿營的學員可以自己決定一整天想做什麼活動、吃什麼食物。也因為擁有自由，她會負起責任把自己挑選的食物吃光。

可惜，現實世界並不是凱拉的宿營隊。她十二、十三歲時出現了焦慮症。「焦慮感最早出現，是在別人告訴我該做什麼的時候，我會覺得自己沒有掌控權。後來我升國中，一直擔心怎麼適應，也在意起別人的眼光，焦慮越來越嚴重。對我來說，擁有掌控感，能主導自己的生活，真的很重要。到現在，爸媽給我選擇權的時候，我還是很開心。我朋友的媽媽會直接說『先玩這個遊戲，再去烤餅乾』之類的，雖然這樣的提議很好，不過要是老是只能聽別人的指令，我不能表達意見，會讓我抓狂的。」

凱拉的心聲，正是多數孩子每天所經歷的。今日的孩童或青少年，對自己生活的掌控權實在少得可憐：他們得乖乖坐在不是自己選擇的課堂，面對學校指派的老師，旁邊坐的是被分配到的同學。他們也必須聽話排好隊伍，照規定的時間表吃飯，想上廁所時還要得到老師允許。

再想一想，我們這些大人是怎麼評估孩子的表現好或壞？不是依照他們練習時投入的心血，也不是進步的幅度，而是在運動會上有沒有被別的孩子跑步贏過；我們不是評估他們對化學週期表的整體理解，而是用幾乎是隨機的考題去檢測他們，看他們拿幾分。

缺乏力量的感受會帶來挫折感與壓力，許多孩子長期都處於這種心情。我們做大人的有時候告訴孩子要對自己的生活負責，卻又樣樣插手他們的作業、課後活動、交什麼朋友。我們也常對他們說，生活不是他們能決定的，而是大人說了算。兩種情況都會導致他們覺得自己缺乏力量。我們這種行為也會破壞親子感情。

其實我們還有另一條路可走。過去六十年來許多研究指出，所有我們希望孩子擁有的正面事物，幾乎每一件都和健康的掌控感有關。覺察的控制感（perceived control）——這是一種自信，代表我們可以透過努力來主導人生的方向——可以讓身體健康，減少依賴藥物和酒精，活得更長壽，更可以減輕壓力、讓我們有健康的情緒狀態、強化內在動機、有效控制行為、改善學業表現，以及獲得更佳的職場成就。⑧掌控感就如同運動跟睡眠一樣，幾乎對所有事情都有助益。

無論是在哪裡長大的孩子，紐約的南布朗士區也好，或是加州矽谷、伯明罕、南韓也好，人都需要掌控感。大人應該扮演的角色是協助孩子培養能力去找出哪些路適合他們，而非強迫他們去走我們安排好的路。他們需要找到自己的路，並且能夠獨立自主，邊走邊修正方向，這是他們一輩子的功課。

壓力的種類

但是，我們不可能讓孩子完全沒有壓力。其實，如果一直不讓孩子接觸會產生焦慮的環境，反倒可能加劇他們的焦慮。理想的情況是，孩子要學會如何在面對壓力時順利克服，亦即學會擁有較高的抗壓性。這樣可以幫助他們培養韌性（復原的能力）。孩子在身處壓力的情況下，如果感覺自己有辦法掌控，那麼日後即使遇到無法確實控制的事，他們的大腦仍有能力去排解壓力。⑨換句話說，他們對壓力免疫了。

本書作者比爾剛上小學時，還不認識其他同學，在學校的第一週天天都在哭，而老師只是在一旁默默支持陪伴。當其他小朋友低聲說著：「老師，他在哭耶！」比爾聽到老師回答：「別擔心，他會好起來的，也會喜歡上這裡。」後來，他確實找到了方法，排解新環境的壓力，而他當時學到的技巧，在日後的生活也用上了，因為往後他到陌生環境時就再也沒哭過了（至少，到目前為止是這樣）。比爾的那位老師做法很正確：交給他自己想辦法，而不是急忙上前安撫，那樣做只會讓他產生自己無能為力的感覺。

國家兒童發展科學委員院（National Scientific Council on the Developing Child）將壓力分成以下三種類型。⑩

一、**正向壓力**（positive stress）：這類壓力會激勵孩子（以及大人）成長，讓他們願意承擔風險，且擁有高水準的表現。以戲劇表演為例，孩子事前會感到緊張和壓力，演出結束後則滿懷成就感，引以為榮。這種壓力可以視為是登台前的忐忑不安、興奮，或是期待所引起的，除非是太過緊張，否則孩子更有可能因此表現傑出。孩子面對的是正向壓力，他們清楚要不要上場的掌控權最終是在自己手上，遇到這種時候，孩子如果知道自己並非「必須做某事」，反而更有可能堅持不懈，發揮最大的潛能。

二、**可容忍壓力**（tolerable stress）：這類壓力發生的時間相對較短，也可以培養復原力。重點是，孩子身邊必須要有大人的支持陪伴，也必須要有讓他們調適、恢復的時間。例如有個女孩經常看到正在辦離婚手續的父母吵架，不過，平時爸媽會正常跟她說話，而且他們也不是每晚都爭執不休，所以她擁有可以復原的時間，這種情況就是可容忍壓力。霸凌事件也是可容忍壓力，但持續的時間不能太久，也不能過度頻繁，而且要有大人的關心陪伴。甚至，遇到家中有親人逝去，也可歸在可容忍壓力的範圍。在一項極具影響力的研究當中，研究者每天將幼鼠從母鼠的身邊帶走，把牠們放在手上十五分鐘後（這會讓牠們感到壓力）再放回母鼠身邊，母鼠會舔舐整理牠們的毛。在幼鼠剛生下來的兩週內，研究者反覆進行同樣的行為，這些老鼠長大後的復原力遠高於一直和母鼠待在籠內的其他幼鼠。[11]牠們很有可能是大腦已受到制約，遇到這類情況會加以調適，而這樣的制約也為牠們的復原力奠下了基礎。[12]

三、**毒性壓力**（toxic stress）：這類壓力是指壓力反應系統頻繁或長期啟動，且身邊沒有人支持。毒性壓力的程度嚴重（親眼目睹攻擊事件），或者是日復一日反覆發生（此時也稱為長期壓力）。此時身邊沒有大人給予支持，無法保護孩子免於接觸他們尚未成熟到能處理的事件，因此孩子察覺到自己對發生的事幾乎無法掌控，感覺自己無力阻止，而且沒有人可以幫他們，眼前也看不到盡頭。許多孩子現在就處於這種情況。毒性壓力無法幫助孩子面對現實社會，反倒會損害他們成長的能力。⑬回到上一段提過的幼鼠壓力研究，當實驗者把幼鼠帶離母鼠身邊的時間拉長到每天三小時，那些幼鼠經歷的壓力變得太大，以致回到母鼠身邊時，甚至不再跟母鼠互動，而且一輩子都很容易出現壓力。⑭

所以，你要怎麼幫助孩子，把正向壓力、可容忍壓力化為助力，並避開毒性壓力呢？說起來很簡單，但真要落實需要努力：孩子需要有大人在身邊支持陪伴，也需要時間能從壓力事件當中復原，還需要對自己的生活擁有掌控感。

秘密就在大腦裡

為了讓大家概念更清楚，讓我們先來了解大腦運作的基本原理。當孩子出現嚴重的自我懷疑，此時如果他們能認識大腦，那麼他們就會知道，此刻的問題在於「腦中的化學物質在作祟」，而不是他們這個人的個性出了問題。現在的孩子對電腦很熟，對於大腦的硬體（結構）和軟體（運作機制）卻所知不多。其實，只需要一點點腦科學知識，就可以解釋為什麼每個人都會出現難以控制的想法和情緒。以下就來解釋基本重點。

大腦當中有四個系統跟健康的掌控感有關，分別是執行控制系統（executive control system）、壓力反應系統（stress response system）、動機系統（motivation system）以及休息狀態系統（resting state system），各區的功能簡要說明如下。

一、駕駛員——執行控制系統

執行控制系統主要是由前額葉皮質所控管，負責規畫、組織、衝動控制、評斷。當我們心情平靜，有足夠的休息，而且處於正常掌控的狀態，就是「腦袋正常」的時候，此時前額葉皮質會監控、組織、管理大腦的多數區域。我們在生活上經歷的壓力是大是小，主要取決於前額葉皮質察覺到自己擁有多少掌控權。

前額葉皮質也稱為「大腦裡的金髮女孩」，這種說法來自於格林童話《金髮女孩與三隻熊》裡的小女孩，她喜歡溫度適中的粥和大小適中的床椅。前額葉皮質也仰賴於「份量剛剛好」的化學物質一起分泌（多巴胺和去甲腎上腺素這兩種神經傳導物質），才能夠有效運作。⑮壓力容易導致前額葉皮質無法正常運作。若是處於亢奮、溫和壓力、興奮、或考前忐忑不安等情況，這兩種神經傳導物質都可能增加，有利於集中注意力，讓思緒清晰，表現更好。然而，要是睡眠不足或壓力太大，前額葉皮質會充滿過量的多巴胺和去甲腎上腺素，基本上就會失控。遇到這種時候，大腦會當機，無法學習和清楚思考，這部分在第七章會詳加說明。一個人的前額葉皮質無法正常

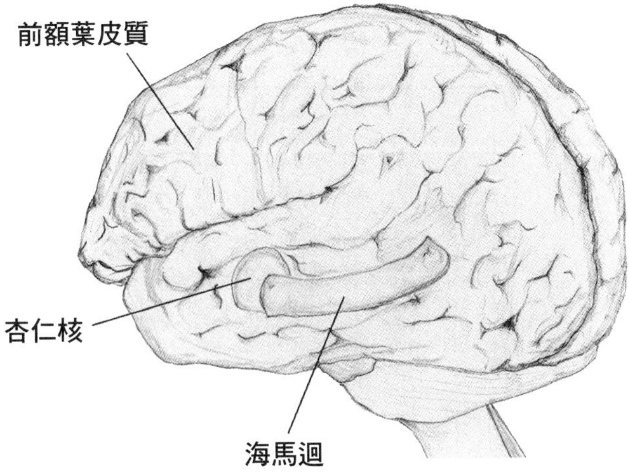

大腦中負責控管壓力和衝動控制的三大結構是：前額葉皮質、杏仁核、海馬迴。

運作時，比較容易衝動行事，或是做出不智的決定。

二、鬥獅者——壓力反應系統

當我們面對嚴重威脅，例如遇到猛獸，或甚至只是想像的威脅，壓力反應系統就開始運作，目的是讓我們避開眼前的傷害。壓力反應系統是由杏仁核、下視丘、海馬迴、腦下垂體以及腎上腺所組成。

杏仁核是原始的情緒處理中心，對於恐懼、憤怒和焦慮極為敏感，是大腦中偵測威脅的關鍵區域。杏仁核不會有意識地思考，只會感知並做出反應。處於高壓時，由杏仁核掌管一切，此時的行為舉止充滿防禦、反應激烈、缺乏彈性，有時甚至帶有侵略性。⑯我們會回歸到習慣的模式或動物本能，以便準備好進行戰鬥或逃離現場，或是乾脆像隻被車頭燈照到的鹿一樣僵住不動。

杏仁核感知到威脅時，先向下視丘和腦下垂體發出訊號，接著就好比是傳達焦慮的接力遊戲，再把腎上腺喚醒來分泌腎上腺素。萬一孩子被卡在車子底下，我們就會靠腎上腺素這種荷爾蒙來幫助全身的力量爆發，把車子抬起來。這個繁複的警報程序跑得比有意識的思考更快。面對威脅時，需要強而有力的壓力反應系統，本能反應的速度會決定我們是否能夠生存，也因此，演化讓人類在遇到壓力時就會「無法」清楚思考。

健康的壓力反應是指，當壓力荷爾蒙急速上升後，能否迅速恢復正常值。沒有迅速恢復，問題就出現了。如果處於壓力的時間拉長，腎上腺會分泌皮質醇，皮質醇是分泌較慢的荷爾蒙，專家將它比喻為長期作戰時的部隊。一匹僥倖逃過獅子襲擊的斑馬，皮質醇含量會在四十五分鐘內恢復正常；相較之下，人體的皮質醇上升後，會持續好幾天、好幾週甚至好幾個月，這時可就不妙了。一部分是因為皮質醇在長期升高時，會損害甚至殺死海馬迴中的細胞。海馬迴是負責創造和儲存記憶的區域，這說明了學生一旦處於急性壓力（acute stress），學習上就會遇到困難。

海馬迴還扮演了「關閉壓力反應系統」的角色。它會告訴大腦：「嘿，記得上次你因為遲到而緊張死了嗎？結果沒什麼大不了的對吧？放輕鬆啦！」它像個冷靜忠誠的朋友，會來安撫你，幫你恢復平靜。海馬迴可以區分眼前情況的輕重緩急，這在生活的各個方面都是非常寶貴的功能。創傷後壓力症候群患者就是海馬迴的活動太低，喪失了區分的功能，甚至，當他們處於和過往經歷只有一丁點相似的情境，海馬迴也會分不清楚「過往記憶」和「當下處境」是不同的。比方說，在巴格達的擁擠市場目睹了炸彈爆炸的倖存者，日後如果待在一間擁擠的購物中心，就有可能會感到驚慌失措。

壓力會讓大腦混亂失序，降低腦波的連貫性，減少我們探索新想法以及尋找創意解答的渴望。壓力還會踢開前額葉皮質這個駕駛員，降低我們的彈性，也就會很難保持鎮定或學習東西。一旦由鬥獅者接管大腦，如果是在野獸遍布的大草原，我們會擁有更敏銳的直覺；但換成是面對功課，反應就會變得遲鈍，身體都已經在警示要為生存而戰了，我們怎麼可能還有餘力專心念課本或是算數學？

壓力反應系統並非有害，只是它就好比是在面對威脅時那個「嚴肅備戰的你」，艱難時刻你會需要它出現，但不想要它永遠跟你形影不離。慢性壓力會讓杏仁核擴張變大，增加鬥獅者出現的時間，會讓你更加容易感覺到恐懼、焦慮和憤怒。

有個學生跑來告訴我，他當天的標準化測驗考砸了。「我又恐慌發作，直接離開考場。每次都是這樣，我都會卡在某一題過不去，耗得太久。後來監考人員進來說還剩五分鐘時，就成了引爆點，我整個失去理智。」「今天本來很順利的，」他繼續說：「結果我偏偏又卡在一題，就這樣毀了。」「你被那題難倒的時候，當下感覺自己腦袋是什麼情況？」我問他。「我有想做下一題，可是就沒辦法好好思考，看不懂題目，也不知道要如何作答。」在那個當下，他腦中的鬥獅者取得了掌控權，而知道所有答案的駕駛員則已消失不見。

奈德老師

以下兩個系統在本章只會簡單介紹，後面的章節會再詳細說明。

三、啦啦隊——動機系統

動機系統是大腦的「獎賞中心」，會分泌神經傳導物質多巴胺。你覺得是獎賞的經歷，例如贏得運動競賽、賺錢數鈔票、美好的性愛、獲得肯定等等，都會讓腦中的多巴胺增加。而多巴胺含量低時，就會讓人減少動力、不想努力，而且感覺無聊。最佳化的多巴胺含量會帶來「心流」的體驗，第五章談到動機的重點時，會再回頭探討這一點。對於多巴胺，著名的壓力研究學者薩波斯基（Robert Sapolsky）是這麼形容的：「多巴胺分泌的關鍵在於『想要』，不在於『得到』。」這正是讓你產生動力的關鍵。[17]要是你處於慢性壓力的狀態，多巴胺的含量就會隨著時間流失，讓你不想去做某件事，也因此缺乏動機。

四、靜歇佛——休息狀態系統

過去很長一段時間，當科學家使用核磁共振成像檢測大腦的活動，研究的都是人類從事特定的任務時（例如：從一百倒數到一），是什麼在活化大腦。到二十一世紀，科學家才轉而研究人類如果只是坐著發呆，大腦會發生什麼事。研究發現，大腦中有一個複雜且高度整合的網路，只

預設模式網路

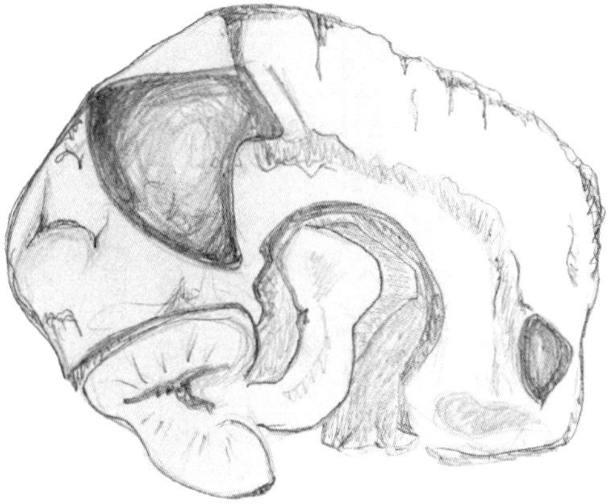

預設模式網路集中於大腦前、後端的陰影區域。無論大腦在想的是過去或未來、自己或其他人，還是隨興胡思亂想，陰影區域都會開始活化。

有在我們「無所事事」時才會啟動，名為「預設模式網路」（Default Mode Network）。雖然我們目前對它所知還有限，但這個網路一定非常重要，因為它耗費了百分之六十到百分之八十的大腦能量。[18]

無論你是在等候或是晚餐後在放鬆，只要你不是在閱讀、看電視、用手機，你的預設模式網路就會開始預想未來並思索過去，反芻人生的經歷。每當我們在做白日夢、進行特定種類的靜坐，或是躺在床上還沒入睡，預設模式網路就會啟動，開始思考自己和他人的事情，只要我們沒有在專心從事某個任務，大腦的這個區域就會非常活耀。預設模式網路就好比是「登出離線」時的我們，健康的預設模式網路非常重要，可幫助大腦恢復活力、在長期記憶區存入資訊、沉澱出觀點、消化複雜的想法，以及具有真正的創造力。對年輕人而言，它還跟培養強烈的認同感和同理心有關。

⑲不意外的是，壓力也會削弱預設模式網路的效用。此外，科學家擔心如今3C產品無所不在，導致年輕人沒什麼機會活化腦中的預設模式網路，反思的時間也相對減少。

上面說了這麼多大腦科學知識，或許你會感到有點吃力，目前你只需要記住這個重點：孩子如果長期處於壓力中，他們的大腦會慣性地充滿鈍化腦部功能、阻礙情緒反應的賀爾蒙。負責記憶、推理、注意、判斷以及控制情緒的大腦區域則會受到抑制，最終甚至受損，長期下來，這些區域可能會縮小，而負責偵測威脅的區域則會擴張。到最後，過度活躍的壓力反應系統會讓孩子更容易有焦慮疾患、憂鬱症以及許多其他的身心問題。

壓力跟焦慮症、憂鬱症的關係

最近從華盛頓特區到加州的帕羅奧圖市，家境富裕的社區族群裡出現了好幾起高中生自殺案件，每次的媒體報導都混雜了哀悼、憂慮、難以置信的心情，相關的評論不外乎是：「我真不明白，這孩子是模範生，修了四門大學先修課程，還都拿到滿分，是風雲人物，也是足球校隊的傑出球員。他到底有什麼好想不開的？」

這些話反映出的信念是：只有成就低落的人，才會想要自殺。這是很大的誤解。「大腦受到鍛鍊並全然投入」跟「大腦高效運作卻飽受毒性壓力所苦」是兩回事，兩種情況的腦部成像截然不同。要是沒有給你的大腦和身體復原的機會，慢性壓力可能會轉變成焦慮症，使得你並不是在大草原才會看到獅子，你會覺得周圍環境到處都是獅子，即便牠們不在附近，而且即便放鬆下來吃草對你比較有利，你也無法辦到。你的杏仁核會變大，反應會過度激烈，前額葉皮質會停止運作，你分不清楚哪些情況具有威脅性，哪些沒有，[20]這種時候，你就踏進了焦慮症的世界。

慢性壓力也可能帶來無助感：反正做什麼都無法讓事情好轉，何必費力？這種無助感會讓人在面對一項明明能勝任的任務時，也會覺得自己沒辦法完成。[21]慢性壓力還會導致睡眠障礙、暴食、拖延等行為，並缺乏好好照顧自己的意願，多巴胺、去甲腎上腺素、血清素都隨之減少，[22]在這種情況，壓力就會變成憂鬱症。

這邊要強調的重點在於，其實這些心理和情緒上的痛苦多半都能事先預防。不像青少年糖尿病或自閉症是高度遺傳的疾病，「經驗」對於焦慮症、憂鬱症、成癮症的影響很大。換句話說，只要改變做法，就有可能讓病患的人數下降。

為什麼「減壓」這麼重要？

毒性壓力對任何年紀的人都不好，但對於某些特定的人危害更大。就像是飲食疾患可能對正在發育的年輕身體產生長遠的負面影響一樣，慢性壓力也會嚴重破壞處於發育期的年輕大腦。

大腦對壓力最為敏感的時候是以下三個時期。第一是產前，懷孕的婦女會比較敏感，如果孕婦處於高度壓力中，生下來的小孩可能連帶對壓力也會更加敏感。第二是幼兒期，孩子的神經迴路在此時的可塑性特別高。第三是青春期，這個時期介於童年和成年之間，對孩子的影響很大，同時他們也會比較脆弱。㉓

讓我們來進一步認識青春期的大腦。這時期的大腦非常活躍，一個人的腦部除了剛出生後的幾年會快速發育之外，再來就是十二到十八歲的黃金發育期，這是一輩子大腦發展最快的階段。青春期的大腦會發展出重要的新途徑跟連結，不過，負責判斷的前額葉皮質認知功能要到二十五歲左右才會成熟，而情緒控制功能的成熟時期則大約要等到三十二歲，一旦壓力反應系統啟動的時間太長，前額葉皮質會無法正常發育，就會引發問題。畢竟相較於孩童和成年人，青少年對壓力更加敏感。

即使並未處在特定的壓力源，一般的青少年也都會有過度的壓力反應。心理學家凱西（B.J. CASEY）在康乃爾大學主導的一項研究顯示，受試的青少年在看到面露恐懼的臉孔圖片時，杏仁核所起的反應比孩童和成年人都更加激烈。需要公開演說時，青少年的壓力反應也比其他族群更大。動物研究顯示，如果長期處於壓力，成年人的大腦通常在十天內恢復，青春期的大腦則需要約三週的時間。青少年的抗壓性比成年人低，因為壓力而生病的機率也高得多，容易感冒、頭疼、肚子痛等。㉔

對所有年齡層的人而言，焦慮的心情都可能會像滾雪球一樣愈滾愈大。不過，二〇〇七年有項研究顯示，青少年更容易出現焦慮的雪球效應。㉕大腦為了回應壓力，通常會分泌一種「THP類固醇」幫助平撫神經細胞，降低焦慮。可是，實驗顯示，THP類固醇對成鼠雖然能發揮效用，讓大腦鎮定下來，對青春期的老鼠則幾乎不見成效，代表青春期是一段不好過的時期：孩子不僅對壓力更為敏感，也比較難以排解。焦慮本身還會帶來更多的焦慮。

憂鬱症也是如此，而且，憂鬱症似乎還會在一個人的大腦留下「創傷」，導致日後只需要愈來愈少的壓力，就足以讓他的憂鬱症復發，到最後，即使沒有周遭環境的壓力源，都可能會沒來由地發作。只要是在青春期經歷過一次重大憂鬱的孩子，成年後就可能會在工作、人際關係、享受生活樂趣上出現長期的障礙。㉖就算是這些青少年看起來已經完全復原，他們也比較有可能出現沒那麼嚴重但會長期持續的症狀，例如心態消極、睡眠障礙、食慾不佳等。這種情況也會讓他們日後復發的可能性更高。㉗

杰瑞十歲時，首度確認他有注意力不足過動症（以下簡稱ADHD）。他是個有趣的孩子，很有幽默感，有他在身邊時大家都會很愉快。他的爸媽和老師都誇他個性很好，人緣也好，大家還幫他取了「不沾鍋男孩」的綽號，因為孩子常見的棘手問題似乎跟他都沾不上邊。十六歲時杰瑞第二次做測試，此時他已是十六歲的高二生，在校表現優異，非常想進入杜克大學。然而，讓我們憂心的是，他上高中後得了憂鬱症，正在服用抗憂鬱的藥物。他告訴我們，課業壓力加上長期疲勞，導致他崩潰，變得沮喪悲觀。雖然服用藥物有幫助，他還是覺得壓力很大、精神不振，因為他經常熬夜寫功課到凌晨十二點半或一點才上床睡覺。他覺得自己必須晚睡，「要是早睡，而我們家附近有些學生到了凌晨一點才睡，就會搶走我在杜克的位置。」

雖然杰瑞不至於這輩子注定過著重度憂鬱的生活，但他永遠都會比一般人更容易感到憂鬱。他的故事是一記當頭棒喝，提醒著我們：一旦孩子長期疲勞和壓力所苦，他們會出現多麼劇烈的改變，就算是天性隨和的孩子，也會因為壓力而留下巨大創傷。事實上，我們正是透過接觸杰瑞以及其他相似的案例，才會歸納出長期過勞加上壓力不堪負荷，幾乎可和焦慮症或憂鬱症畫上等號。

對於控制的迷思

我們的社會認為「只要努力，無所不能」，要是一個人不成功，大家就貿然斷定他不夠認真。可是，每個人的天賦和大腦運作方式天差地別，大腦的處理速度、記憶、抗壓性也不同，一個人再怎麼努力，也有可能得不到期盼的結果。我們真正該問的應該是：如何看待當下的挫敗？是覺得自己從此就這樣了嗎？會苦心找出別的解決方法嗎？還是放棄算了，改去追求不同的目標？

許多學生在申請大學的過程中，讓我們一再看到這種血淋淋的情況反覆上演。「唯有努力成為菁英，才能錄取大學」，這種迷思不只帶給孩子莫大壓力，而且也不符合現實。大學確實重視學生的學術熱忱，可是，多數學校也會特別保留名額給運動員跟校友子女，還會考慮新生背景的多樣性，例如：社經地位、出身地區、少數族裔、是否為家族第一代大學生。以哈佛為例，他們大可只錄取那些來自麻州的富裕家庭而且成績優異的白人學生（高中GPA成績拿四分，SAT分數達一千四百分以上），但是哈佛不可能這麼做。當孩子未能錄取第一志願，就一定代表他不夠努力嗎？當然不是！各類無法掌控的因素不勝枚舉，例如，該年度所有申請學生組成的背景為何？或是招生委員那一天是不是剛好過得不順？又或者，委員是不是已經厭倦了來自愛荷華州私校的學生（那些孩子個個都是運動高手，還會講好幾種外語）？我們如果把一切都攬在自己身上，相信自己能夠掌控那些確實無法控制的事，那問題就大了。

本書的主要目標是協助家長提升孩子的抗壓性，讓孩子即使身處壓力情境，仍能擁有良好表現，也懂得拋開壓力，以免持續累積。抗壓性和生活各層面的成功有高度的關聯性。我們希望挑戰孩子，又不希望擊垮他們；我們希望「操」一下孩子，又不可以摧毀他們。我們希望孩子用正確的方式去經歷正向壓力和可容忍壓力，同時間有大人在身邊給予合理的支持。我們希望讓孩子有支持，有空間，讓他們的大腦健康強壯。以上這些希望要成真，還是得回歸到一句話：要讓孩子擁有掌控感。身為父母的你，在第二章就會更清楚如何實踐，下一章的主題是：請擔任孩子的「顧問、諮詢者」，別當他們的老大或是主管。

隨時練習

- 列出一個清單，上面記載孩子擁有掌控權的事。可以再填入哪些事呢？
- 詢問孩子有沒有什麼事情是他們想自己處理，但目前由大人代勞的？
- 回想一下你在安排行程時的說話方式，你是直接決定「今天我們要做這件事，然後做那件事」，還是會提供選項給孩子？
- 如果你的孩子已經超過十歲，你可以對他們說：「我今天看書時讀到很不錯的內容，書裡提到生活中有四種情形會帶來壓力：陌生的事、突發的事、認為自己會受傷或遭受批評或感覺尷尬的事，還有覺得自己無法掌控的事。我覺得有說中耶，因為在工作上，每當別人期望我做到某件事，而我無法控制達到目標所需的一切，就是讓我壓力最大的時候。那你呢？有沒有什麼事情是讓你覺得有壓力的？」指出你本身的生活有什麼壓力，並加以談論，如此一來，你就是向孩子示範如何覺察自身的壓力。這是個關鍵的步驟，能夠減少壓力的影響。有句話說得好：「人若想平復心情，就得先吐露心聲」。
- 如果孩子感覺很焦慮，請向小兒科醫生諮詢，確認是否需要專業人士的協助。研究顯示，及早處理焦慮，可以大幅降低問題復發的風險。
- 如果你的孩子正在為了某事而擔心，要讓他們知道自己是安全的，而且有你的陪伴，但無須過度安撫他們。告訴孩子，你相信他們有能力處理生活中的壓力源，不過要小心別輕忽了他們的感受，也別想代替他們解決。

- 想想看，你是否有意或無意讓孩子避開一些還算溫和的壓力情境，但他們其實可以從中成長？你是否對安全太過執著？有沒有哪些事，你能給予孩子更多的獨立性或選項？
- 多年來，專家設計出各種量表測試一個人的掌控感多寡，其中最具代表性的是一九六六年由心理學家羅特（J. B. Rotter）研發的「羅特內／外控量表」，非常鼓勵你做這一份成人量表，評估你在自主感方面的優勢跟難題。對於孩子，我們倆推薦的是「諾威基—史崔蘭內／外控量表」（Nowicki- Strickland Locus of Control），測驗的問題包含「你相信自己可以不再一直感冒嗎？」、「如果有人不喜歡你，有沒有什麼事情是你能做的？」等等，孩子測出來的結果可能會令你跌破眼鏡。

第二章

當孩子的顧問

本書作者比爾博士曾有一個個案：十五歲的喬納不喜歡寫功課，但他更討厭爸媽會一直兇他、緊迫盯他。比爾博士請喬納描述平常晚上在家的作息，喬納說：「六點到六點半我們家通常在吃晚餐，六點半到七點我可以看電視，七點到八點半我就假裝自己在寫功課。」

一個半小時都在「假裝」寫功課？他費了這麼大的工夫，就只是為了「不做」一件事。想像一下，喬納寧願在原地枯坐，面前擺著作業，腦海裡編織著不想做的藉口……那他幹嘛不順便把討厭的功課寫一寫算了？一部分是因為他受夠了聽到爸媽成天把這些話掛在嘴上：

進好大學的機會就只有一次，你卻不好好把握。

等你長大，會感激我們現在做的一切。

你要學著去做不想做的事情。

你現在不好好念書，將來要怎麼出人頭地？

喬納的父母是出於好意，但這些都是嗡嗡作響的嘮叨聲。喬納唯一清楚接收到的訊息是：我們（父母）才知道怎樣對你比較好，而你自己根本不知道。想像一下，如果你跟另一半在聊天，對方卻這樣說：

你今天上班情況怎樣？專案報告你有沒有弄好？你知道認真工作很重要，對吧？工作不可能輕鬆有趣，可是你真的要想辦法升遷嘛，未來才有更多機會啊！我覺得你沒有盡全力。你還可以更努力。

懂了吧？聽到這些話是不是會讓你想抓狂？喬納也一樣，他受不了，於是他用「不寫功課」來當成保有自我的方式。

喬納爸媽的心態不難理解，他們愛兒子勝過一切，看到他沒有好好認真，心裡很難受；他們覺得兒子明明能力很好，現在卻不努力，未來不會有好成就；他講不聽、缺乏紀律……唉，年輕人就是不懂事。喬納的爸媽覺得自己能看到宏觀的全局，但兒子只能看到眼前。所以，只要現在認真鞭策他多加把勁，就能避免他毫無長進，自食苦果。他們這麼做，不只是希望他出人頭地，也因為這是為人父母的責任。

許多愛孩子的父母，想法和喬納爸媽一樣。但是，請放下這種想法，這樣想是不會有效果的。任憑喬納的爸媽再怎麼勞心勞力想保護兒子，喬納依然會繼續浪費時間。原因是，他沒有接收到正確的訊息：這是你的學業跟人生，你付出多少，就會得到多少。喬納固然需要爸媽給予協助，但也需要爸媽告訴他說，他們明白除了他自己，沒有其他人能真的讓他好好努力。

多年來，比爾博士遇過許多跟喬納一樣的孩子，他們後來都很成功，全都是等到父母師長放手，不再強逼著孩子追求良好表現，他們才有機會自己想通。

本章你會讀到，試圖控制孩子，無法帶來你想要的結果。而且，如果你教出必須長期依賴大人督促的孩子，他們的內在動機無法發展，或者會被外在壓力消磨。與其扮演「強迫者」的角色，你也可以選擇另一種教養方式：改當孩子的顧問。

優秀的顧問在商業世界都做些什麼事呢？他們會釐清問題是什麼、哪些問題最重要，也會詢問客戶：為了達成渴望的目標，願意投入或犧牲什麼。顧問會提供建議，但不會試圖強迫客戶改變，他們清楚責任終究是在客戶的身上，他們自己要負責。

你可能會反駁：「這是我的孩子啊，可不是客戶！」確實如此，不過，你也無法否認，我們在說的，是你孩子的人生，不是你的人生。

保護、指引孩子，是父母的本能，家長通常認為自己知道怎樣對孩子最好。如果孩子還是嬰兒，這樣想並沒有錯，畢竟爸媽必須負起照顧他們日常大小事的責任。不過，就算是剛出生的寶寶，也會覺得自己是獨立的個體，只是他們採用的方法常常會嚇壞父母——想想他們不睡覺、不吃東西的時刻吧。因此，新生兒學及幼兒發展的專家再三強調，照顧寶寶時，一定要根據他們的個性和需求來調整。

家長來諮商時，常會說他們擔心孩子不肯學習、跟同儕相處不好、功課不好等。我們常會先反問：「這對誰才會造成問題？」家長聽到這個回應，經常驚訝不已。孩子遭朋友排擠或在全班面前受老師批評時，爸媽很自然認為這是自己的事；孩子受傷時，爸媽會捨不得、覺得心痛。而最讓爸媽惱怒的時刻，就是看到有人對他們的孩子不好。甚至，就算有些情況對孩子而言已經過去了，爸媽心中還會留著陰影。只不過，這些終究都不是爸媽的事，而是孩子自己要處理的問題。

像這種改變認知的技巧，在心理學稱為「重新制訂框架」（reframing）。許多家長會覺得很困難，因為他們希望孩子好，希望保護孩子不受苦。但現實情況是，如果你想要給孩子更多的掌控感，就必須放下一部分的自己。公司未能達成目標或善加發揮潛力時，顧問如果失去中立，也會變成問題的一部分。請記住，解決孩子的問題並非你的職責，你的職責是協助孩子學習自己顧好生活。此處所說的重新制訂框架，指的是爸媽應該引導、支持、教導、協助孩子，替他們設立限制。面對孩子時我們要很堅定，心裡也要保持明晰，孩子的人生是他們的事。心靈作家托勒（Eckhart Tolle）說得好：「孩子只是透過爸媽來到世上，但不是爸媽的所有物。」①

要做到這一點並不容易。畢竟爸媽在孩子身上投入的心血之多，一旦意識到自己無法掌控孩子，就足以讓爸媽嚇破膽。不過，幾十年的工作經驗讓我們學到，嘗試強迫孩子去做「你認為對他們好的事」，只是在犧牲親子關係，也浪費了你原本可以用其他方法幫助他們成長的心力。

寫作業大戰

有個家長曾說：「我好怕吃過晚餐後到睡覺這段時間，因為我跟孩子都在吵架。」

也有家長描述：「每天晚上簡直跟戰場一樣。」

還有家長形容：「我們家每晚都在上演第三次世界大戰。」

家長只要聊到晚上叫孩子寫功課的情況，常用戰爭來比喻，頻率之高令人訝異。「寫作業大戰」在親子之間上演的規模有多麼龐大呢？有時在短短同一週內就聽到三位家長這樣形容。因此，要探討家長對於「爸媽顧問模式」的種種疑慮和問號，我們認為最適合的切入點正是讓家長頭疼的功課大戰。也因此，雖然這個段落主要在討論寫功課，其實關係到的範圍要比功課大上許多。

下面先來看三個原因，讓你知道為了作業跟孩子吵架有多麼不明智。

首先，你要求孩子遵守的那些規則跟應有的態度，可能連你自己都不能接受。有個爸爸告訴十歲女兒，記住美國五十州的全部首府非常重要，但他說這句話的時候，自己心裡也不相信。他真正的心聲是：「我大學順利畢業，後來還進了法學院，可是就算拿槍指在我頭上，我也不曉得懷俄明州的首府在哪裡啊！」家長常覺得自己有責任監督孩子寫作業，卻忽略了作業背後的目標，是希望教出擁有好奇心、能夠自主學習的孩子。

其次，如果你比孩子更努力去解決他們的問題，只會讓孩子成為弱者，無法茁壯。如果你投入百分之九十五的心力想拉孩子一把，他們自己就只付出百分之五的心力；如果你感到挫折或焦慮，加碼投入到百分之九十八，管教得更緊，孩子就會變成只用百分之二。以本章一開頭提到的喬納為例，私人輔導老師、諮商師、學校輔導員定期跟他父母討論他為何不寫功課，而他自己卻完全沒有付出行動來改善。除非雙方投入的心力對換，否則孩子不會成長，而這通常是發生在父母已經氣到完全放棄，乾脆說：「我受夠了。從現在起你只能靠自己。」

如果父母把「孩子有沒有做功課、練鋼琴或參加體育活動」當成是自己的責任，那就等於在強化孩子的錯誤信念，以為是由別人來負責讓他們做完這些事，他們自己不用負責。而且孩子也知道，反正總會有別人來督促自己去完成該做的事。

第三，家長不能強迫孩子去做他們強烈抗拒的事，這也可以說是最重要的一點。如果你相信自己應該拿出強硬態度，結果效果不彰時，此時只會讓你變成洩了氣的皮球。

你聽過《寧靜禱文》（the Serenity Prayer）嗎？「主啊，請賜予我平靜，去接受我無法改變的事；請賜予我勇氣，去改變我能力可及的事；也請賜予我智慧，去識清這兩者的差別。」這段禱詞很適合身為爸媽的你銘記在心。我們可以幫這段禱詞加上一段結尾，讓你更加清楚：

一、你無法強迫孩子違背意願做事。

二、你無法強迫孩子去喜歡他們不愛的事。

三、你無法強迫孩子不喜歡他們感興趣的事物。

四、孩子喜歡他們感興趣的事物，或者不喜歡他們沒興趣的事物，其實都無傷大雅，至少目前是如此。

每當我們在演講時談到「我們無法強迫孩子違背他的意願行動」，許多認同的聽眾會頻頻點頭，彷彿這件事不言自明。不過，也有其他人強烈反對，有位心理學家甚至抗議說：「不准跟我的孩子講這件事！」這個議題會引起強烈的情緒反彈，有次比爾博士對一群學校老師跟私人輔導老師說不能強迫孩子，有個氣憤的老師當場爭論：「當然可以，我每次都叫我的孩子照我說的做啊！」問題在於，事實不是表面上看到的現象。假設你的孩子不想吃桌上的食物，你打算「硬要」他吃，當下會怎麼做？是叫孩子張開嘴巴，把食物塞進去，然後逼他們咀嚼嗎？果真如此，那到底是誰在吃？孩子這樣不算真的進食，而是被你強行餵食。回到寫作業的主題，如果孩子百般抗拒，你會怎麼辦？硬把作業拿到他們面前嗎？就算你這麼做，而且他們也乖乖照寫，但這樣對他們真的有好處嗎？有任何學習效果可言嗎？

奈德老師有個學生的媽媽說，如果她女兒沒有錄取第一志願，那就必須去申請芝加哥大學。

「可是，媽，」女學生說：「我根本不喜歡芝加哥那個地方。」

「有什麼關係？」媽媽回：「重要的是，芝加哥大學也不錯。」

「我才不要。」

「我會把申請表給妳，然後叫妳姐幫妳寫自傳。」

幸好女學生後來如願錄取了第一志願，不需要和她媽媽比賽誰的意志力比較強。不過，她們家的這種情況令人擔憂。

有時候，大人會透過限制行動或嚴重警告，來阻止孩子做一些事；要不然就是使出蠻力，例如直接把哭鬧的孩子抱去看牙醫；也可能不斷說服，好讓孩子配合或相信；再不來就是威脅利誘，希望讓孩子產生動機。不管用哪種手段，現實是，你沒辦法真的強迫他們行動。我們不是住在反烏托邦小說《發條橘子》的極權世界，不能把人類連上機器來操控行為，你能做的，頂多就是把整件事搞得很不愉快，硬要孩子遵守，這種方法就算暫時見效，也不會永遠有效。這就跟恐懼一樣，恐懼是短期的激勵因子，會促使一個人跑得飛快，但長期來看會有負面影響，畢竟，誰有辦法活在恐懼之下好好過生活？

請接納一個事實：爸媽不能逼孩子做事。這樣對你會是一種解放，讓你卸下壓力的重擔。下次你發現自己又試著強迫孩子做某件事時，不妨停下來自我提醒：「這樣不對。表面上我有辦法逼孩子做這件事，但事實上是行不通的。」

這正是比爾對喬納的父母所傳達的訊息。他們一直想要控制喬納，卻激起了喬納的決心，想要奪回掌控權，哪怕是要犧牲自身最佳利益也在所不惜。若能跟喬納好好溝通，讓他知道「最終要對作業負責的是自己」，這樣就能幫助他擺脫那些為了不被控制所出現的行為。比爾也希望喬納的爸媽能夠明白，就算他們擔心心兒子所做的選擇，這也不等於他們必須經常表現出不認同的態度，他們反而可以單純享受天倫之樂，放輕鬆就好，不必覺得親子共度的每一刻都需要指出兒子的問題所在。

喬納的父母聽了這番話，反問：「這是什麼意思？難道我們應該放他自生自滅？」這個疑問反映出常見的錯誤認知。家長經常以為育兒方式只有「專制獨裁型」和「放縱溺愛型」這兩種選項。專制獨裁型極度重視孩子的服從性，放縱溺愛型的家長則強調孩子開心的重要性，只要孩子快樂，爸媽願意滿足他們的所有希望。

其實，許多重量級的兒童心理學家，包含第一章提到的雷雯（Madeline Levin）和史坦伯（Laurence Steinberg）等，都提倡第三種選項「權威開明型」——用支持的方式對待孩子，不要試著控制他們。權威開明型的爸媽是跟孩子合作，懂得欣賞尊重孩子，期待他們以經驗為師。六十多年來，學界的研究已證實這是最有效的育兒方式。[2] 這類教養風格看重孩子的「自我導向」（self-direction）能力，重視他們的成熟度，而不是服從性；這類教養風格傳達給孩子的訊息是「我會盡力協助你成功，但不會強迫你聽命行事」。權威開明型的父母不會對孩子縱容溺愛，會設立限制，一旦察覺有問題也會告訴他們，但不至於企圖控制。處在這種環境，孩子正在發育的大腦就不至於把眾多能量虛耗在抵抗爸媽，排斥其實是符合他們自身最佳利益的事物。

喬納的父母最後還是採納了比爾博士的建議（雖然對他們來說很不容易）。他媽媽不再狂問喬納：「你今晚功課做了沒？」而是改成告訴他：「今晚你需要我幫你什麼嗎？我這樣問原因是我要安排我晚上的時間。」她明確表示，只要喬納願意，她很樂意協助，也會空出時間。她也幫喬納布置了安靜的房間可以念書，不會有分心的事物干擾。媽媽還提議可以請私人輔導老師或高中學長姐來家裡教他（許多孩子在寫功課的時間容易跟爸媽不愉快，但他們會很樂意聽私人輔導老師或學長姐的話。如果是伴讀，費用相對較低）。同時，喬納的爸媽也清楚告訴他：「我們不希望『叫你寫作業』變成是我們的工作，這樣只會讓你沒辦法成長。」後面等我們回來看喬納的故事，你就會看到他的進步。

為什麼孩子的大腦喜歡「爸媽顧問模式」？

有些熟悉大腦發育學理的父母會質疑：「我要怎麼相信孩子會對自己的學業負責？他的大腦又還沒成熟。」的確，孩子的判斷能力還處於發展期，但也正因如此，孩子需要有發展的空間，學習去承擔「超過目前大腦成熟度」的責任。如果要等到青少年或年幼的孩童心智成熟，會願意主動、按時寫功課的時候，家長才停止強迫孩子做功課，這樣未免要等太久。前面提過，大腦裡負責調節情緒的前額葉皮質要到三十歲初期才會成熟。應該沒有爸媽想等這麼久，再讓「小孩」自己決定吧？

人如何使用大腦，大腦就會如何相應發展。孩子小時就有自己做決定的機會，這樣有助於小孩建立日後從壓力當中復原所需的腦部迴路。你可以視情況讓孩子簡單地體驗掌控感，例如：選擇穿哪件衣服、想要怎樣裝飾房間，都可以活化他們的前額葉皮質，訓練該區域做出有效的回應。③如此一來，掌控權可以強化孩子大腦中「駕駛員」的力量（參見前一章），讓駕駛員愈來愈強壯。這樣孩子才不會一遇到壓力就立刻落跑，讓位給鬥獅者。當你的五歲孩子想選擇穿哪件衣服，而你願意讓他們選擇，這就是在幫助他日後遇到任何情形都能夠應對得更好——例如「被分手」等這種他們無法控制的情況。

毫無疑問的是，走上了「幫助孩子活化前額葉皮質」的這條路，有時會讓你很痛苦。有句激勵小語說得很好，「只要是值得好好做的事，都值得一開始先做不好。」心理學界一個知名的學習模式把能力分成了四個階段，④可以用來進一步說明這句激勵小語：

第一階段：尚未意識到自己無法勝任（unconsciously incompetent）。這個階段的孩子是這樣想的：「我可以的，不需要再複習數學，我都懂了。」其實他們根本還在狀況外。孩子若處於這個階段，則家長最容易忘記要扮演顧問角色。因為你已經可以預見這孩子的考試結果一定很慘，你會忍不住想要避免他失敗。可是，一旦你說你要幫忙，而孩子拒絕，此時的你是無法讓孩子明白「其實他自己能力不足」的。而你也不應該試圖這麼做。說直白點，就算孩子會跌上一大跤，你還是應該放手，因為他們有能力重新爬起來。而且，如果你能幫助他們了解「失敗不過就是一時失足，還能從中汲取教訓」，他們就能學到寶貴的一課。

第二階段：意識到自己無法勝任（consciously incompetent）。這個階段的孩子會想：「好吧，這比我原本以為的更難耶，我應該要複習數學才對。」雖然他還無法掌握教材的內容，但他已經知道自己程度不足。通常他會採取下一步，也就是你知道的，開始乖乖念書。

第三階段：意識到自己足以勝任（consciously competent）。孩子的想法會轉換成：「我很認真準備考試，數學我都會了，這次考試我一定會考好的！」這一次他們的想法沒有錯。孩子終於來到了這個階段，多麼令人欣慰，各位親愛的家長，這正是我們美夢成真的一刻。

第四階段：自己足以勝任，但未意識到這點（unconsciously competent）。時間快轉二十年，當初的孩子現在也當了爸媽，算術算了這麼久，隨便也知道答案了，所以他們開始搞不懂：對自己就像呼吸一樣自然的數學，孩子怎麼會不懂呢？（就是因為這樣，所以年紀較大的孩子會比爸媽更適合教導年紀小的孩子，因為年紀大的孩子才學會九九乘法不久，還記得在熟練乘法的過程中，可能會遭遇哪些困難。）其實，孩子還沒離家獨居之前，已經有了許多「已勝任、卻沒有意識到」的能力，例如綁鞋帶或閱讀等。大多數時候，你不必操心孩子的第四階段，只要留意你自己是否已經陷入第四階段的陷阱（亦即你覺得很簡單，所以不明白孩子為何不會）。

我們都期望孩子進入「足以勝任，且已意識到」的第三階段，但如果你不先放手讓他們自己通過前面的階段，他們就無法前進。在孩子這個能力培養的過程中，你不應缺席，應該全程當孩子的靠山，在一旁給予他們支持和引導。

在有些孩子的情況，只要父母退後一步就可以改善（例如像喬納的例子）。一旦孩子對寫功

我剛開始擔任神經心理學家的前幾個月，碰過兩個ADHD個案。一個是聰明的小二女童，如果她沒寫好功課，絕不會出去外面玩。另一個是大一男生，很聰明，可是上學期修四門課就有三門被當掉，因為他都沒交作業，後來連課也不去上了（他爸媽一直等到他被留校察看，才得知情況嚴重）。比爾博士幫他看診時，他爸媽說，兒子一直說自己在校表現不錯，從未缺課，而且每晚都上圖書館念書，還會找教授問功課。我跟他單獨談話時，才發現他已連續三週曠課，每門課都會被當。

我和他的爸媽深談後就發現，他就和許多有ADHD的孩子一樣，在求學過程中經常依賴外界的輔導跟監督，而且學校的功課他經常不做，要到爸媽、學校老師、私人輔導老師或是教練盯著他才肯做。精力旺盛是青少年的優勢，可惜他把眾多能量耗費在「抵抗別人叫他做、而他不想做」這件事上。換句話說，他把他的能量用來抗拒符合他自身最佳利益的事。

這兩個個案的態度和表現上的差異，跟大腦發育或情緒的成熟度無關（女童八歲，男大生十九歲），雖然都是為了ADHD前來求助，不過真正的問題在於「這件事我該負責」的內心意識。小女孩有正確的觀念，把寫作業看成是自己的責任，樂意去完成，進一步強化了她的掌握感（sense of mastery）跟自主感。至於男大生，從小到大都把功課看成是別人強迫他做的事，他不需要多花心思，反正總會有人監督他做，這種心態導致他念大學無法順利。他對自己的求學生活掌控感極低，也經常焦慮、睡不好，而且開始出現憂鬱症的傾向。後來他暫時休學，確定自己準備好後再重新出發，花了好些時間才回到正軌。

比爾博士

課擁有掌控權，就會願意面對挑戰，可是一開始可能會出現過渡期，喬納正是如此。他跟爸媽每天的相處氣氛改善了，課業表現卻依然不好。有一天他跟學校輔導老師見面，輔導老師告知他還沒有符合畢業條件，要做好留級一年的準備。這時喬納心中的警鈴大作，留級就代表不能跟好友一起畢業。他開始對課業投入更多心力，也尋求爸媽的協助，甚至，除了正規的白天課程，他還上了夜間輔導課，就是為了準時畢業。升上大學後，他主修心理學，表現十分優異，這是他爸媽原先做夢也想不到的進展。

喬納的故事也給了我們另一個啟示：老師可以授課，教練可以提供訓練，學校顧問可以列出畢業的先決條件提醒孩子，但有一件事只有爸媽才能做得到，那就是給孩子無條件的愛，讓家成為避風港。孩子在學校或生活的其他方面感到壓力時，家庭應該是個安全基地，可以供他們調養跟復原。孩子面對困難時，如果能感受到家人深厚的愛，就能培養復原力。如果你為了作業跟孩子吵架，等於是把學校的壓力移植到家裡。因此，比起嘮叨、爭執、三催四請，我們建議你改說這句話：「我愛你，不想為了作業跟你吵架。」

孩子在玩鬼捉人的遊戲時，那些當「人」的孩子會喊「抵達基地」，來證明他們已經安全過關，可以休息跟等著重新分組。有家當作安全基地時，孩童跟青少年會更願意用健康的方式在其他地方探索各種可能性，而且會回到家中尋求慰藉跟安全感。少了家的安全感，青少年就容易走極端：在家裡退縮自閉，或者是找到機會就遠離家庭，到其他地方尋找安全基地。由此可見，如果在家的壓力很大，孩子出現危險行為的機率就大幅提高。

有位家長最近告訴我們，他停止與孩子吵架後，「家裡的火爆氣氛冷卻很多。」吵架這種事是一個巴掌拍不響，只要一方決定不投入，就不會兩邊吵個沒完沒了。有位知名的精神科醫生曾經說過：「爸媽選擇不跟孩子吵架時，孩子的氣就無從發起。」⑤

這些年來，陸陸續續有許多家長分享說，當他們把家庭打造成安全基地，並告訴孩子「我愛你，不想為了作業跟你吵架」，接著他們的家庭生活就徹底改善了。

爸媽擔任顧問角色的挑戰

「爸媽顧問模式」實踐起來不容易。許多家長都曾反映，就算是他們願意要當一位冷靜的顧問，難免還是會「從顧問變成糾察隊」。以下是許多父母常見的問題，以及我們提出的應對之道。

我試過一星期都不管孩子，讓他自己寫功課，結果他完全沒做。這個方法顯然無效嘛。

恰恰相反，這代表一切進行得很順利。少了你的督促，雖然他就不寫功課了，但現在他也可以開始學著如何解決他的問題了。如果你以為把責任交給孩子，他馬上就能沉穩接手，那誤會可就大了。孩子和爸媽都需要時間調適，培養新能力用不同方式處理事情。不妨把眼光放遠一點，孩子沒辦法一開始就做到盡善盡美，也沒辦法達到你的水準（畢竟你擁有幾十年經驗了）。請記得，孩子的能力是需要逐漸培養的，需要透過第一手的經驗去學到他還不知道的事，之後才會進入「足以勝任，且已意識到」的第三階段。

你們建議的是放任不管的教養方式，要我對孩子放牛吃草。

絕對不是這個意思。你應該為孩子設立限制，參與他們解決問題的過程，這兩點在下一章都會討論。如果孩子知道大人會處理他們還沒準備好自行解決的事情，就會比較有安全感，也比較肯自動自發。我們並不是說，家長可以雙手一攤告訴孩子：「孩子，你自己不想辦法好好游泳的話，就等著淹死吧。」在過程的每一階段，你都要提供孩子救生艇，擔任顧問，給他們建議，告訴他們你在擔心什麼，把每一點都說清楚講明白。這才是在旁支持、陪伴孩子，不過不是替他們掌舵。許多爸媽都是反其道而行，因為他們誤以為假如自己沒有徹底控制孩子，就代表失職。

我送孩子去學樂器，可是他不會自己主動練習，但我又很重視要培養孩子欣賞音樂的能力，他要懂音樂才行。

讓孩子接受音樂的薰陶，我們非常支持，因為音樂對於大腦發育的幫助很大。不過，話說回來，比爾博士讀小三那年，他爸媽答應讓他中止鋼琴課程，因此他才能保有對音樂的興趣，這一點他至今深覺感激。他爸媽當年看出兒子有音樂天分，於是同意他學樂器（比爾想學手風琴，原因就別問了）。爸媽同時要求，比爾必須持之以恆練習練習彈奏家裡的鋼琴。可是比爾很討厭看樂譜，因為他的音感極佳，聽聽就會彈奏了。於是上了大約四個月的鋼琴課之後，他就不想學了，幸好爸媽也同意。過了六年，披頭四開始在全球瘋傳，他成了披頭四粉絲，為了彈奏喜歡的披頭四歌曲，不但跑去學電吉他和風琴，還自學吉他。如今他仍然是搖滾樂團的班底，每星期都去練團，至於他那些兒時「被迫」要持續練習樂器的多數朋友，現在接觸音樂的時間則少得多。他也追蹤了很多曾經中斷音樂之路的孩子，發現當爸媽欣然同意他們停課後，等到這些孩子不再覺得受到逼迫，都會滿懷熱情地主動重拾相同的樂器或是改學其他樂器。

其實很多孩子都很喜愛演奏樂器，願意主動練習，而且，參加學校樂團或合唱團更是他們生活中的最大樂趣。還有不少孩子雖然不是特別熱愛，仍會願意配合練習；有時候他們自己也有特別喜歡彈奏的樂器，或是以自己會樂器為榮。可是，讓爸媽覺得苦惱的，則是那些不願意練習的孩子，上課也不想去，在家也不想練。當孩子全力抗拒的時候，你要他們練習是不可能的事，而且長期爭吵也會破壞家庭和諧。因此，我們推薦的對策就跟寫功課一樣：當孩子的顧問，但不要強迫他們去做。

你可以向孩子解釋音樂對於你和全家的重要性，並讓孩子知道，音樂帶給了世界上很多人極大的愉悅跟滿足。練習很辛苦沒錯，等到練出好本領一切都是值得的。告訴孩子，你希望他們能擁有彈奏樂器這項才藝，也很樂意付費讓他們上課，並且願意盡量幫助他們有個愉快的練習經驗。不過，就跟寫功課一樣，你也要跟孩子說清楚，你愛他們，不願意為了練習的事跟他們吵架，不希望家裡充滿火藥味，也不樂意看到練習對他們而言只是一件苦差事，搞壞他們對音樂的胃口。如果孩子去上音樂課，你可以向他們提議：親子一起排定練習的時間表，他們練習時你願意坐在旁邊陪他們，而且，假如他們有心練習，只是卡在無法主動執行，你甚至可以提供一些誘因當作鼓勵也沒問題。

萬一孩子排斥上音樂課，或是在家不願練習，不妨建議他們休息三個月，試試看他們會不會懷念彈奏音樂的感覺。如果會，隨時可以重新開始。如果完全無感，也不要緊，或許等日後時機成熟，或出現了其他誘因（例如比爾博士後來愛上披頭四），他們就會想要重拾樂器。假如這些方法對孩子都不見效，就算了吧，別忘了，世界上大多數人對樂器都一竅不通，而且並不是一定要懂樂器，才能讓音樂成為生活中的養分。

如果孩子對運動沒興趣怎麼辦？運動很重要，目前的社會趨勢又是讓孩子參加團隊，尤其是男孩子。問題是，如果不強迫，我的孩子就不想參加。

很多孩子熱衷運動，要是爸媽不管，他們甚至一整天也不會膩。不過也有孩子討厭團體運動，讓爸媽很是頭痛。畢竟，讓孩子保持運動的習慣，以及孩子參與團隊帶來的社交意義，這兩者都很重要。問題是，如果你試圖用強迫的方式規定孩子參加，只會搞得雙方都不好受。

你可以做的是，告訴孩子運動對於健康的重要，並協助他們找到由衷喜愛的運動種類。你不妨告訴孩子：「在我們家，每個人都需要讓身體多活動活動，我們來讓你嘗試其他類型的運動吧，看你喜歡哪一種。」孩子還小時，只要有興趣，爸媽可以多報名，讓他們有機會體驗足球、兒童棒球、體操、游泳等不同運動。

很多孩子都不喜歡團隊運動，尤其是本身非運動健將類型的小孩。不喜歡的原因也很多，例如團隊裡的人際關係、練習很辛苦、只能聽命行事覺得很有壓力、必須在朋友面前做不擅長的事很怕丟臉。孩子不喜歡的話，一味勉強他們參加團隊運動不是個好主意，我們的建議是：不妨搬出所有家人都要讓身體多多活動的家規，鼓勵孩子改去探索較少人參加的個人運動，例如西洋劍，讓孩子有機會學習其他同儕都不會的活動。此外，我們也推薦游泳、攀岩、騎馬以及武術，這些個人運動都能讓孩子透過練習持續進步，而且多數時候都不用跟別人競爭，只需跟自己比賽，超越自己先前的最佳表現。

我把作業的掌控權交給女兒，跟她說如果需要幫忙的話我很樂意，但被她拒絕了。現在，她的老師竟然出面要我多管管孩子的功課。

這種情況可能會讓你壓力極大，尤其是當你覺得好像其他家長都在監督他們的孩子寫作業，唯獨只有你沒有這樣做。不妨先思考一下，老師到底為什麼會連絡你？在今天的社會裡，「責任承擔」這件事好像變成了老師的責任，如果孩子表現不好，家長會責怪老師，學校也會認定是老師有問題。很多老師都覺得大人必須要硬性規定孩子寫作業，或許是因為曾經被家長指責，認為孩子成績不好是他們的錯，讓他們留下陰影，也或許是因為害怕萬一學生考不好，他們的飯碗會保不住。建議你可以跟老師解釋清楚：第一，你不希望代替孩子承擔寫功課的責任，這樣只會削弱他們的能力；第二，你曾經試過在違反孩子的意願下監督甚至是強迫他們寫功課，但成效不彰。當孩子的老師聽到你選擇的是扮演孩子的顧問時，一開始可能會覺得匪夷所思，但也可能會欣然贊同你的選擇。從我們的經驗來看，爸媽放手，讓寫功課變成是孩子自己跟學校之間的事，通常是很有效的。你可以跟學校說清楚，你很樂意協助，但你能做的就是提醒孩子寫功課是他們自己的責任。

奈德老師自己就遇過這類情況，當時他們夫婦決定要讓兒子馬修自己負起寫作業的責任，但是馬修做得不好，所以學校老師主動寫了電子郵件給他們：

> 過去這幾個月，我發現馬修都是在早自修的時候才匆忙趕著寫昨天的作業，而且他看起來壓力滿大的。不知你們是否有發現，他晚上的作業沒寫完？還是，他在家根本忘記寫作業，到校後想到才趕在上課前寫完？
>
> 我在想，或許他在家需要爸爸媽媽多加輔導，教導他管理寫作業的時間。我知道他除了上課以外還有很多活動要參加，不曉得是不是平日晚上跟週末太多事要忙，所以沒沒時間寫作業？

如果有任何我能幫忙馬修的地方，還請不吝告知，以免他因為分身乏術而開始頹喪。再一個月他就要從國中畢業了，我希望這段期間對他而言是一段美好的時光。

奈德的回信如下：

感謝老師來信關心。馬修在家沒把功課全部寫完，才會到校後忙著寫作業。其實，今年我跟他媽媽下定了決心，不再盯著他說：「你功課寫了沒？寫完了嗎？」而是改成詢問：「你的功課有需要我們幫忙的地方嗎？你有制訂好寫功課的計畫嗎？」我覺得他就跟很多男孩子一樣，要有壓力才會開始寫功課，所以他晚上都在打混，等第二天早上要交功課了，才趕著完成。

如果老師認為合理，或許能建議他：「馬修，你都是在最後一刻趕功課，這樣壓力應該滿大的吧？要不要跟我討論一下，看看怎麼做可以改善？」

在這樣的信件往返中，奈德很開心的是看到老師說希望馬修在國三的最後時光可以過得愉快、壓力小一點。這點奈德也是抱持一樣的想法。奈德最後告訴老師，如果有任何具體的建議，那麼他也很樂意參考學習。

以前我是都讓孩子自己負責寫功課沒錯，但現在他們升高中了，這樣風險會太大。

你說得對，風險的確很大，尤其是孩子升高三後更是如此。但風險不只在於申請大學這件事，真正的挑戰在於：要教會孩子依自身的最佳利益行事。試想，如果你在這時收回掌控權，改成「由你掌控孩子」的親子互動模式，這樣會傳達出什麼訊息？「我們過去相信你，不過，在這個重要關頭讓你自行處理的話，會是不智之舉。」萬一你真的傳達給孩子這樣的訊息，等到他們進大學後需要自行管理時間，少了你的監督，就會更有可能手足無措。

晚上七點到八點是作業諮詢的時間，讓女兒有不會的作業可以詢問我。但女兒很不專心，浪費了很多時間。等到八點過後我要去處理我自己的事，她就不高興了。我應該延長時間陪她嗎？

你可以延長時間，但必須把延長的時間當成「獎勵」，亦即孩子認真時才能擁有。如果她在你原本安排的時段很認真寫功課，可是剛好那天功課特別難，你當然可以繼續陪著她一直到搞定為止。如果不是這種情況，建議你告訴她，你很樂意在明晚的同一時段繼續陪她，希望她到時能夠專心一點。同樣的道理，假如孩子在規定的時段裡說不需要你教她，結果到了九點或十點才過來找你幫忙，你可以回她：「寫功課的時間已經過了，現在該上床了。妳需要好好睡覺，明天才能保持頭腦清醒，我也需要去睡了。」如果她想提早起床把作業寫完，就由她去，但是你不該在旁邊幫她。你已經把諮詢時段規定得很清楚，能不能善加利用就要看她自己。話雖如此，如果她是偶爾才拖延的話，你也不妨破例，就安心陪著她把功課做完吧。

我兒子的棒球教練非常獨裁，結果練球的成效顯著，我兒子表現得很好！那我為什麼不能採用同樣的方式來訓練他寫作業？

教練有效當然很好，但別忘了，你跟教練的角色不同。孩子參加球隊是他選擇的，也是自願服從教練的命令。參加運動團隊是「可控的」壓力源：教練需要監督各個隊員，而且彼此有（短期的）共同目標，所以教練會想辦法協助大家達標。爸媽的角色跟教練不同。別忘了，老師可以授課，教練可以訓練（還能把你兒子踢出球隊），但只有你才能提供孩子安全的基地，作為避風港。

如果孩子表現不好，我擔心他們會認為自己很差勁，心情鬱悶。

你會這麼說，代表你覺得有必要保護孩子。不過比較之下，「缺少掌控感」比「挫敗」更有可能給孩子帶來沮喪憂鬱。如果你能在他們挫敗的當下給予支持，對他們會很有幫助，協助他們看清這是學到一課的機會，而非窮途末日。

人生要成功，就必須有優異的學業表現。別無他法。

恕我們無法認同。爸媽協助孩子明確建立「這件事我該負責」的意識，要比讓他們當個優等生重要得多，這也正是教養出自主小孩的關鍵之道。

我的女兒就讀小二，學校希望班上的所有家長都要註冊學校系統，線上協助孩子確認追蹤作業，這個做法有錯嗎？

如果孩子重視你的協助和支持，而且如果她年紀太小無法註冊、自己追蹤作業（小二的孩子的確無法辦到），那麼協助她管理作業就沒什麼不好，但小心別變成是在監督。換句話說，你可以幫她登入學校系統後告訴她：「系統顯示妳明天要交數學作業，需要我教妳嗎？」但不要馬上規定她坐下來寫，之後也不要再追問她寫了沒。你已經提供她資訊，也提議了可以協助她，你需要做的，就僅僅如此而已。此外，隨著孩子長大後能力增加，請小心別習慣繼續擔任目前這個角色，要記得抽手，就如同你意識到孩子已經學會自行穿衣服、鞋子的那一刻，當孩子進入不再需要你代為管理作業的階段，你也要有所覺察。

我不希望見到孩子重蹈我的覆轍。

家長常說出這樣的話，比爾博士通常會反問：那你覺得自己從錯誤當中學到什麼？如果有機會重來，你會選擇「當時不犯錯誤」，亦即「永遠沒學到那些教訓」嗎？有時候，家長真正想說的是，他們擔心孩子會變得跟自己一樣。這時比爾會反問：「如果孩子變得跟你一樣，你能接受嗎？」如果答案是否定的，比爾就知道，此刻該做的是幫助這些家長學著接受自己。

要是不一直盯著他，我擔心他的潛力會被埋沒。

長期靠爸媽督促，孩子並無法發揮真正的潛力。事實上，這樣只會帶來反效果。為了擺脫你的緊迫盯人，他們會付出必須的力量去做你想要他們做的事，但也就僅止於此而已。當孩子在做「別人覺得重要的事」的時候，並不會格外認真努力。唯有在做他們自己很在乎的事情的時候，才會心甘情願。

站在教養的制高點

「爸媽顧問模式」需要花點時間適應，下一章會深入探討家長如何退一步讓孩子做決定。不過這裡有幾點更全面的想法，想先跟你分享。

身為爸媽的你，對孩子沒有掌控權其實是一件好事，乍聽之下你可能無法認同。奈德的兒子馬修小五時，有次沒把作業寫完，於是就把過錯都推到媽媽身上，「都是因為妳沒有提醒我要寫功課。」以往媽媽都會檢查他有沒有寫好作業，所以他當然期望媽媽這次也比照辦理。為了這件事，他們全家人一起坐下來討論，解釋了為什麼以後媽媽不必負責馬修的作業，而且媽媽也不應該再表現得像是她該負責似的。奈德兩夫妻也對馬修說得很清楚，只要兒子想要或是需要，他們都很樂意提醒他該寫功課或者提供其他協助，可是，功課終究是屬於他自己的責任。

一旦爸媽不再擔心孩子的作業，也不再為了這件事跟他們吵架，有時還會帶來意料之外的驚喜。馬修自己負起寫功課的責任後，一開始的表現並不好。有一次，因為不小心讀錯範圍，科學考試成績很差（這是他最喜歡的科目）。奈德夫婦並沒有責備兒子，沒有對他說：「就跟你說了吧！」也沒有反悔說下次要開始監督他準備考試（他們忍住了）。相反的，他們只有心平氣和地一起討論，由馬修反省自己什麼地方沒做好，之後可以怎麼彌補。

結果，雖然搞砸了那次考試，馬修卻因此迷上了考試的主題——生命的生物學原理。考試過後的週末他們全家去爬山，途中奈德問馬修最近在學校學到了什麼，他滔滔不絕聊起了生命的生物學原理，原來是他主動花了不少時間搜尋相關資訊。他有拿到前幾名的成績嗎？沒有。他有熱切求知，從中學習嗎？有！

當然，孩子搞砸考試或沒寫作業，絕對不是我們想要追求的目標，但是，如果我們能用更高的觀點來看待整個情況會更好：我們希望的是教養出善於思考、樂於學習的孩子，也希望他們懂得自律，而非總是依賴別人規定他們遵守紀律。對孩子應該自己負的責任。如果你採取專制獨裁型的管教方式，只會剝奪親子的相處品質，你們的家也就無法成為安全基地。

不久前，有位母親分享說，她最近常因為青春期兒子的問題而向人訴苦，她有個朋友的兒子已經是二十多歲的成年人，那個朋友聽了回她：「跟孩子吵架真的不值得。我最大的遺憾就是在兒子搬離開家的前幾年，動不動就會為了作業的事跟他吵架。要是時光能倒轉，讓我單純享受他還在身邊的時間多好。現在回頭看，才發現當初那些爭執毫無意義，我卻錯過了跟兒子好好相處的機會。」

隨時練習

- 練習向孩子提問：「誰該負責？」「這是誰的事？」
- 確認自己的家是一個安全基地。你常為了吃飯或使用3C產品而和孩子吵架嗎？家中的火藥味濃嗎？如果此刻你正為了孩子的事感到挫敗，那麼很有可能他們也正因為你而感到挫折。不妨問問他們，把情況搞清楚。
- 如果孩子討厭寫作業，你可以提議在學校組成一個寫作業小組，找年紀較大的孩子來陪他們一起寫。或者，也可以找孩子的老師商量，減少作業量。如果孩子對作業極度反感，就要找專家評估，確認是否有學習障礙等問題。
- 幫孩子打造一個高效率的學習環境，如果必要，協助他們建立達標的獎賞機制。他們沒有達成目標時，要給予體諒，用愛的語氣安慰他們：「今晚你沒有達到目標，我也覺得很可惜。」千萬別發脾氣或威脅要處罰他們。你的工作是要幫助孩子找到方法來養成自動自發的習慣。
- 告訴孩子，你對他們有信心，相信他們有能力解決問題。

第三章

「由你決定！」讓孩子自行決定

麥特在高中時非常渴望獨立自主，大人每訂定一條規則，他就違反一條，例如他寧願回家被鎖在門外，也不肯遵守門禁時間準時回家。他並不是喜歡無理取鬧的小屁孩，只是很討厭遵守別人規定的事。他有焦慮症，缺乏掌控感更是帶給他急性壓力。

雖然麥特的爸媽很注重親子關係，卻持續忽視讓兒子自己選擇的重要性，這些選擇有的與麥特的未來有關，有的則已經影響了現在。麥特事後回想起那段時間說：

高四那年我滿十八歲，我媽簽了一份授權書給學校，讓我當自己的監護人，代表從此我隨時可以自行請假，而且爸媽也無法取得我的在校資料，連成績也不行。我不清楚她怎麼會願意這樣，但我猜她是希望我知道，她信任我是可以獨立的個體，加上我就要成年了，最好自己決定接下來生活要怎麼過。總之，她這個舉動對我意義很大。你覺得我會謹慎小心，從不濫用過這項特權吧……

才怪！我大用特用，感覺超棒！學務處的小姐後來每天乾脆先幫我把假單填好，我只要走進去，直接拿走假單，拍拍屁股走人。也許，我媽有預料到這樣會讓我多開心吧。生平第一次，我感覺到自己是擁有掌控權的。

麥特的父母掙扎了一陣子，才決定讓麥特擁有這份自由，他們心底深處知道這正是兒子需要的。麥特高中畢業後，念了好幾間大學才拿到畢業證書，二十五歲時他揮別了焦慮症的困擾。多年過去，如今麥特成功經營一間智庫公司，也當了爸爸，以自身成長過程獲得的啟發來養育他的下一代。

麥特將自己這些年的成就歸功於爸媽的支持，「雖然我念了好幾所大學才畢業，但要不是他們停止對我緊迫盯人，要不是他們幫助我釐清自己想走的路，我也不會去念大學。」

你察覺到了吧，如果說上一章是在催促你走到舒適圈的邊緣，本章就是用力把你推出去舒適圈。先前談到你可以如何扮演顧問的角色，現在讓我們從孩子的觀點來看看，把決定權交給他們之後會是什麼情況。

你先別緊張，可以從基本開始，用以下三個準則與孩子互動：

一、最懂你的人是你自己。

二、你自己有大腦，懂得思考。

三、你希望自己有成功的人生。

你要先相信這三點，才有辦法告訴孩子：「由你決定，我相信你有能力思考之後，對自己的人生做出選擇，也懂得從錯誤中學習。」真正的難題在於這些話你不能只是口頭說說，必須說到做到，徹底履行。有時候你會不滿意孩子的選擇，但只要不是太過誇張，建議你還是配合他們的決定。

有個爸爸來找比爾博士諮商，他女兒今年十二歲，在私校讀得不開心，想回到公立國中。比爾建議他讓女兒決定讀哪間學校最適合，他大笑回答：「我才不會讓十二歲的孩子做這種決定。」這就是家長常見的想法——所謂的重要決定，就是重要到不能交給孩子自己處理的決定。這個爸爸認定只有他才知道怎樣對女兒最好，也不想讓女兒選擇（因為他心裡有數，女兒的答案不會讓他滿意）。很多家長都跟這個爸爸一樣，認為孩子還稚嫩，對人生的經驗和知識遠遠不及父母，而且年輕人有可能太衝動，做決定時擺第一的是自己熟悉與否，或是只考慮到朋友。

上述的顧慮有其道理。但是，當我們說「希望家長盡量讓孩子自己決定」，我們的意思是「做出考量周全的決定」。為人父母的責任，就是跟孩子分享成年人的資訊跟觀點，彌補他們的不足，幫助他們盡可能做出最好的選擇。孩子只要擁有足夠的資訊，通常都有辦法明智抉擇，不輸我們這些大人，甚至還可能做得更好。

在接下來的篇幅中，我們會將先說明讓孩子自己決定「不代表」哪些情況，也會介紹什麼時候「不該」讓孩子決定——有些孩子的確還不適合自己做決定。其次，你會讀到極具說服力的論點（絕對強而有力），了解到為什麼你應該鼓勵孩子謹慎評估資訊，然後自行決定，只要他們的選擇不至於太過瘋狂，你都應該樂於配合。另外，你也會讀到如何讓不同年齡階段的孩子做決定，無論是兩歲或二十二歲，都有辦法執行。最後，就跟上一章相同，我們會解釋為什麼有些家長這麼難放手，也會討論爸媽最常見的相關疑問和擔憂，這些疑慮你一定也有。

「由你決定」不代表哪些情況

「由你決定」不代表這個家裡是孩子說了算，不代表放任年紀最小的成員變成全家人的老大（例如，「每天晚餐都吃巧克力蛋糕就好！」）。家長的權利和感受不應該被忽略。如果你的五歲孩子吵著要去動物園，但你剛好很累，你當然不必勉強帶他出門。或者，如果你的十六歲小孩想要晚上開車到陌生城市聽演唱會，如果你擔心他的安危，請聽從內心的直覺。身為家長，你必須做自己覺得對的事，也應該幫助孩子明白這一點。「憑良心說，我真的沒辦法讓你做那個決定，感覺很不妥」這個說法完全站得住腳。同樣地，「今晚輪到姐姐選擇看哪部電影，下星期再換你選」也很合情合理。

「由你決定」跟「設立限制」也不相違背。教養孩子時，設限永遠都是必要的。年幼的孩子在公園玩到不想回家，你要做的是保持冷靜，發揮同理心，提供他選項：「你可以準備結束了嗎？我們要離開嘍，還是你想再多玩五分鐘？」如果過了五分鐘他還是不走，就可以告訴他：「你要自己牽我的手走，還是要我抱你離開？」如果他不願意牽，就直接抱他起來回車上，即使他哭鬧也是一樣。下次要出門去公園前，你可以先跟孩子約好，「我很想要帶你去公園玩，可是，等我提醒你過五分鐘要離開的時候，你要遵守規定，我不想追著你到處跑或是跟你吵架。如果這次離開又搞得我們不開心，下次就先暫停幾天（或一星期）不去公園。」

青少年在鬧脾氣時，「抱起來走人」這一招無用，但你還是有設限的辦法——限制你願意為他們做的事情。例如，孩子花太多時間聊天傳訊，你可以對他們解釋，你不可能視若無睹，繼續幫他們繳帳單。你需要設下清楚明瞭的規範，同時也需牢記，我們的最終目標不是教出唯命是從的小孩，而是在社會上懂得應對、進退得體的孩子。

「由你決定」不等於給孩子毫無限度的選項。事實上，這麼做孩子也會感到焦慮。第一章提過，當孩子還沒準備好，知道有大人可以依靠，他們會很有安全感。放任不管的教養法之所以不成功，正是因為如果孩子在還沒準備好的情況下必須去做某件事，會有很大的壓力。孩子對世界擁有安全感時會覺得最為自在，而世界讓他們最有安全感的時候，就是爸媽提供了可預測、有條理秩序的環境。

最後一點，「由你決定」更不等於操弄手段控制孩子，把自己想要的決定，包裝成讓他們誤以為是自己的選擇。誠實的教養方式才能建立孩子對你的信任，你也需要表現出對孩子的尊重。

想要培養孩子的自主性，就必須一步步將掌控權確實交給他們。

那麼，如何運用「由你決定」？簡而言之，只要是孩子生活當中的事，如果他們有能力自行選擇，你就不應該代為決定。首先，想一下讓他們練習做決定時你覺得自在的界線範圍，接著，割捨掉那條界線，擴大範圍做出讓步。協助孩子學習需要獲得哪些資訊才能做出周全的決定。如果你跟孩子意見不合，可以運用心理學家葛林（Ross Greene）和艾本（J. Stuart Albon）研發的合作問題解決法（collaborative problem solving）：先對孩子說些話表達同理心，再保證你不會強迫他們去做不想要的事。透過合作，你們攜手找出雙方覺得自在的解決方案，一起想辦法執行。只要孩子挑的選項不算瘋狂，即使不是你樂見的，也還是要請你配合。①

當然，每個人對「瘋狂」的定義不同，有個實用的辦法是多多請教身邊理性的人，如親戚（阿姨、叔叔）或師長（老師、教練），看他們是否認為孩子的選項很糟糕。回到前段提到的那個十二歲女孩，如果她決定回去讀公立國中，這個選項不算瘋狂。比起父母要她念的私校，就算公立國中的資源較少，有些課程的師資略遜一籌，只要她讀那裡比較自在，有好友扶持作伴，或許她會表現更好，也更快樂。假設她想要的是「離家加入馬戲團表演」這種，可就另當別論了。

有些例外的情況不該讓孩子選擇。如果這位十二歲的女孩聽不進去優缺點的分析，也不願意尋求建議，此時就不適合讓她決定。孩子必須願意聆聽並仔細思考所有選項，這是必要的前提，否則沒得商量。

另外，如果孩子的思考功能受損，例如有嚴重憂鬱或自殺傾向，「由你決定」也不可行，因為不清楚他們是否希望自己擁有成功人生。憂鬱症的部分症狀就是思想會扭曲，患者無法清楚思考。相同的道理，如果孩子有依賴酒精、藥物或出現自我傷害的行為，也會無法做出適當選擇。當孩子暫時無法自行考量，家長就需要代替孩子選擇。不過一般情況下，「由你決定」的大方向原則仍然適用。

對孩子說「由你決定」的六大理由

一、科學證據支持由孩子決定。

當一個人擁有做決定的空間，那麼當他面對其他事時，也會覺得自己有辦法夠掌控情況。此時的大腦不只在學習如何做出困難的抉擇，也在保護自己免於無助感帶來的壓力。孩子擁有自主權，內在動機會更強，對大腦也更有益。孩子管理壓力、克服挑戰的經驗愈多，腦中的前額葉皮質就愈能調節杏仁核。

我們在工作上遇過許多熟悉青少年腦部研究的家長，他們知道這時期的孩子喜歡冒險（就算這些風險看來很愚蠢），特別是有朋友作伴時。這些爸媽很清楚孩子的前額葉皮質發展還不夠成熟，但如果要等到孩子的大腦成熟才讓他們做決定，這樣並不合理（前一章解釋過），畢竟這樣得等到他們三十歲左右才行。大腦的發育是隨著使用的情況用進廢退，如果家長能鼓勵、要求青少年自己做決定，等於是提供他們寶貴的經驗，有機會誠實評估自己的需求，留意自己的感受和動機，權衡各個選項的利弊，試著找出最適合的答案。家長需要幫助孩子的大腦去習慣處理艱難的決定，並承擔這些決定的責任。這點很重要，對於孩子的未來大有好處。

二、孩子不應該覺得自己只是爸媽的附屬品。

爸媽企圖主導孩子的生活時，短期內就算看到好處，長期而言仍是損失。一旦孩子覺得受到逼迫，就經常會抗拒對他們有益的事。還記得麥特為了違抗宵禁，寧可被鎖在家門口嗎？就算孩子剛好是願意順從的個性，不代表就不會有後患，等到他們長大後過著成功的生活，會自認是冒牌貨，不是憑一己之力量成功。諮商師兼作家戈特莉（Lori Gottlieb）曾在《大西洋》雜誌發表的文章當中提出，她有許多個案都已經二十多歲了，都是好家庭出身，也擁有看似令人稱羨的生活，為什麼仍會莫名憂鬱？這類病患最初難倒了她，直到後來她終於找到了問題所在。「臨床關注的焦點向來是如果家長沒有把為人父母的職責做好，會如何影響孩子。」她寫道：「卻從來沒有想過，如果家長把小孩照顧得太仔細了呢？此時孩子會變成什麼樣子？」②

戈特莉用學步期的小女孩為例探討。孩子跌倒時，還沒來得及意識到發生什麼事，爸爸或媽媽就已經衝過去扶她，因為家長竭盡全力想要避免孩子受苦。可是，孩子受苦時，雖然讓旁觀的爸媽也難受，對於孩子培養復原力卻是必經的過程。爸媽是太過心疼捨不得看孩子受苦嗎？或者，是他們需要感覺到孩子需要自己？

我們經常看到這些直升機父母以及過度照顧造成的後果。奈德老師有個學生莎拉準備出國一學期，跟爸媽一起來找奈德討論。見面時，莎拉的爸媽說明了對於這個學期有什麼目標，還有擔心哪些事，也提出「她會錯過數學課，我們該怎麼辦？SAT測驗要怎麼好好準備？」諸如此類的問題，全程幾乎都是爸媽在發言。最後，雖然他們制訂出大家都贊同的計畫，奈德總覺得莎拉不大自在，於是，下一次他安排兩人單獨會面，詢問她內心真正的想法。

「計畫沒什麼問題，」她回答，「有問題的是『我們』。」

「什麼意思？」

「我聽到的永遠都是『我們這次得拿高分』、『我們今年要拿到好成績』、『我們要寫出更好的自傳』。」顯然，莎拉的挫折感已經壓抑了一段時間，「寫自傳的又不是我爸媽，明明就是我。根本沒有所謂的『我們』可言好嗎？每次聽到他們那樣講都讓我受不了。這是我的人生、我的學業，包括煩死人的自傳也是要由我來寫。」

記得你在前面讀過的魔法金句嗎？「由你決定，我相信你對自己的人生有能力做出考量周全的選擇，也懂得從錯誤中學習。」莎拉的爸媽所傳達出的訊息恰恰相反。莎拉其實是個天資聰穎、學習動機也很強烈的孩子，她接收到的訊息卻永遠都是爸媽不相信她的選擇，甚至從不考慮該讓她自己做決定。

三、給予孩子掌控感是教導他們培養能力的唯一途徑，包含決策的能力，以及任何他們正在學習的技能。

俗話說得好，智慧來自經驗，經驗來自做錯的決定。孩子需要練習做決定。爸媽光是口頭告訴孩子如何做出明智的決定（或是如何做其他事）絕對不夠，示範給他們看也不夠，他們需要的是實際去做，親自演練，需要去體驗他們決定後會產生什麼自然後果（natural consequences），例如不穿外套會冷個半死，或是不念書會考得很差。我們常看到有些孩子在進大學前，沒多少機會自行決定重要的事，像是如何配置時間、把心力花在什麼事物，或是本身究竟對念書有無興趣。可想而知，當他們必須決定主修哪些科目、選哪些課，或安排一天行程等，他們都毫無頭緒，不知道該怎麼設定目標、達成目標、做出明智的抉擇。

這種練習也適用於其他各種生活技能。曾有個媽媽帶兩個孩子來給奈德老師上課時，詢問學費能否開支票，她當然知道刷卡會方便得多，但是想讓孩子有寫支票的經驗，以後要用時才會。這件事讓奈德想起，有次他開車時看到儀表板上警示燈亮起，於是靠邊停車，原來是車子爆胎了，結果車上的孩子全都不會換輪胎。照理說，駕訓課應該都有讓學員觀看如何換輪胎，但只要不曾親手操作，就算看了一百部換輪胎的教學影片，你照樣會手足無措。當然，你可以尋求道路救援服務，但如果你能自行解決，就不用在路邊乾等。主宰感是需要練習的。

四、爸媽並非永遠知道怎樣最好。

你可能很難接受，但家長確實很難知道怎樣才符合孩子的最佳利益，一方面也是因為你並不曉得孩子日後想要成為什麼樣的人，答案要由他們去找出來（理想上是靠著你的從旁協助）。而且，表面上的挫敗其實常是偽裝的祝福，邁向成功的路何其多，有時候孩子就是需要稍微迷失，才能找到最適合的路。

身為爸媽，我們經常幫孩子做決定，例如，不讓他們參加戲劇表演，改去報名足球，這些決定原本看似再合理不過，到頭來卻都只是徒增懊惱。我們自己的生活不也是類似的情形嗎？多數人都工作太忙、吃多睡少、投資失敗、職涯發展不如預期……父母請記得，要保持謙卑，有時候你真的不知道怎樣才是最好。

奈德老師回想當初自己剛念大學沒幾個月，就想先休學一年，他爸媽不答應。他茫然地撐過大一，到了大二一樣惶然，再次興起休學的念頭，這次爸媽終於同意。休息的這一年讓他有機會脫離輸送帶似的生活，暫緩腳步，卸下壓力，思索真正想做的事，雖然沒有找到所有的解答，但他復學時的狀態好很多。

就是在大二想休學的那段期間，他加入了阿卡貝拉合唱團，到現在幾位團員都還會相聚唱歌。最重要的是，大三時奈德開始跟太太凡妮莎交往，是她啟發了他想成為輔導老師。要是沒有休學一年，他不會寫出你手上的這本書，也不會當了爸爸擁有幾個優秀的孩子。他的經歷聽起來就像勵志片《美滿人生》，這部電影會成為經典不是沒有原因的，生命有時就是要靜候因緣具足。爸媽再怎麼費盡心思為孩子提前規畫，不見得就會有較好的結果。

五、孩子確實有能力做出好的決定！

一九八五年，比爾成為神經心理學家。當時流行一種風潮，就是強迫小孩重念幼兒園或小一。比爾驚訝地發現，許多前來看診的大學生會說：「我念大二，本來應該是大三，但我爸媽偏要我重讀小學一年級。」這些孩子的怨懟很深，大人擅自決定了他們六、七歲時的生活，沒有給他們掌控權。比爾後來都建議家長在做決定時也要讓孩童參與。爸媽可以說：「沒有人會逼你重讀一年級，由你決定。不過我們先一起想清楚，現在升二年級有什麼優點和缺點，有了這些資訊，你就能聰明選擇。」比爾發現，即使是年幼的孩子，也都能做出合理的選擇，最起碼不輸大人。

孩子面對問題時，也常會想出連爸媽都沒想到的解決辦法。在比爾的個案當中，好些孩子最後的回答是：「我還沒準備好要上二年級，要是同學取笑我留級，我會當作耳邊風。」或是「我覺得自己可以升二年級，可是，如果學校太難，我可以請私人家教老師嗎？」

三十多年前曾有一項關於孩子決策能力的有趣研究，受試者介於九歲到二十一歲之間，③研究人員出了一道狀況題：有個男孩不肯跟家人說話，好幾星期都不願踏出房門一步，受試者會如何解決這個需要謹慎處理的情況。結果顯示，十四歲孩子所做的選擇，跟十八歲以及二十一歲的孩子結果相差無幾，而且也跟多數專家建議的答案一樣：讓男孩進行門診心理治療。耐人尋味的是，有一半的九歲小孩也是選相同的答案。整體而言，十四歲、十八歲、二十一歲的孩子在決策能力得到的分數幾乎一樣，九歲孩子的分數也只是略低。這不只是代表九歲的孩子擁有做決定的能力，同時也代表當他們無法明智選擇時，不見得就是缺乏判斷力，而是擁有的知識不足。

《今日心理學》雜誌的前主編艾普斯坦（Robert Epstein）撰寫過許多關於青春期的力量與潛力，他跟同事杜瑪絲（Diane Dumas）共同進行了一項「你像個真正的大人嗎？」的調查，詢問受試者關於愛、領導力、人際能力、承擔責任的問題。整體而言，青少年的測試結果就跟成年人一樣好。④艾普斯坦指出，大家習慣把青少年當成幼兒對待，彷彿他們無法做出負責任的決定。大人固然無法完全阻止青少年做出衝動的選擇，但我們可以信任他們，容許他們在對他們自己重要的事情上，做出有智慧的選擇。研究發現，十四、十五歲的孩子，通常已經具有成年人層級的理性，能做出決定。事實上，多數的認知過程在青春期中期便已達成年人水準。⑤

六、良好的決策力也取決於良好的情緒智慧（emotional intelligence）。孩子需要學習哪些事對自己具重要性。

雖然良好的決策，必須倚賴足夠的知識作為評估的資訊，但是光有知識並不足夠。皮克斯動畫《腦筋急轉彎》有五個代表情緒的角色，分別是樂樂、怒怒、憂憂、厭厭、驚驚，他們共同指揮小女孩大腦總部裡的控制台。電影反映出一項基本的科學真理：情緒在引導人的思考、決策、行為上都扮演著重要角色，少了情緒的指引，就不可能評估某件事的好壞、對錯以及利弊。情緒大腦中心受損的人，連要不要外出吃晚餐這麼簡單的事都無法決定，因為他們不知道自己要的是什麼。[6]

我們希望孩子們能留意自己的情緒，但這樣並不代表孩子可以依循一時的衝動或情緒行事（例如你生氣的當下，就不適合做決定）。我們想要的是，孩子做決定的時候一方面是根據資訊，一方面也能從羨慕、罪惡感、同情、仰慕等各種感受的角度，去考量別人需要什麼、想要什麼。此外，孩子感覺自己生氣、忌妒、憤慨、仇恨時，也必須懂得如何看待這些情緒。

孩子本身「感覺如何」以及「想要什麼」，都是他們做決定時的考量要素——就跟事實本身一樣重要。你再怎麼想忽略他們的負面情緒，都是不可行的。假設孩子看了恐怖片感到害怕，你雖然可以告訴他那只是電影情節，但孩子自己的恐懼情緒是真實的，而且這種恐懼情緒將會幫助他們恢復過來，日後敢繼續看恐怖片。假如孩子覺得遭到背叛而生氣，你可以協助他們消化痛苦的心情，學習往後退一步，思考自己想成為什麼樣的人，而不是直接採取行動報復。孩子應該練習覺察情緒，懂得問自己：「怎樣做才適合我？」

「由你決定」在各年齡層孩子的實際應用

爸媽鼓勵孩子謹慎評估資訊再做決定，同時間也需要在背後給予支持引導。你可以對孩子說：「我相信你有明智抉擇的能力。這件事最終的決定權在你，不過我希望你盡可能做出最好的選擇，所以我會陪你一起思考每個選項的優缺點，也希望你去請教有經驗的人的意見。最後，還有一點很重要，如果你選擇後情況不如預期，我們也要討論備用的 B 計畫。」

上面這段「宣言」包含了許多訊息。首先，最重要的一點，你傳達了對孩子的信任；接著，你清楚告知了會陪在孩子身邊，也會協助他們思考需要收集哪些資訊；最後，你引導孩子為可能的挫折預先做好準備，教他們不把失策看成是失敗，而是個訊號，是思考其他計畫的時機點。

這段宣言顯然無法直接套用在所有年齡層的孩子，不過只要掌握住基本原則，修改後就算是小小孩也適用。以下是「由你決定」用於各年齡孩子的示範：

學步期幼兒：外出前提議兩套衣服，讓孩子自己選擇。要是他們樂於接受挑戰，也可以自己穿衣服，讓他們知道需要的話你很樂意協助，但不要強迫他們接受。孩子自己穿褲子可能會花很久的時間，穿不好或是穿得很吃力也可能讓他們氣餒，這些都沒關係，因為此時的他們正在學習掌握重要技能。你也可以在其他層面給予他們主宰感，例如：「你想要玩積木，還是畫畫呢？」

學齡前兒童：長期以來，優秀的幼教老師都知道，在他們所有能帶給孩子最重要的東西當中，其中之一就是選擇的機會。讓孩子去選擇如何運用時間，以及決定什麼對自己很重要。「自由活動時間」之所以在幼兒園是重要的時段，是有其考量的。

比起電玩或體育運動這類由大人組織的活動，爸媽可以鼓勵這時期的孩子玩角色扮演的戲劇遊戲（dramatic play）。當孩子用「非結構性」的方式玩耍（亦即遊戲的內容、規則、場所等並不是事先規定的），就等於是在獨立決定如何運用時間。此時他們會問一些問題，例如：這個紙盒要做成火車，還是城堡？要幫那一個洋娃娃穿衣服，還是幫這一個？要用樂高組飛機，還是組動物醫院？我應該要玩幫洋娃娃穿衣服，還是塗顏色？

孩子還小時，爸媽主要的工作是示範讓他們知道自己擁有掌控權。我們有個很有智慧的朋友，身為擁有二十年資歷的育兒專家，他建議爸媽可以給學齡前兒童一本行事曆，把生活中的重要活動全寫在上面，幫助他們對時間的流逝、當天要做什麼都更有概念。行事曆的重要性極高，透過這個實用的工具，孩子可以感覺到每一天都掌握在自己手中。教孩子劃掉每一天的日期，花些時間確定當天行程，你方便時盡量讓他們自己安排想做的事。這樣的溝通方式表達了你對孩子的尊重，他們會知道不是只能配合大人的行程，也會曉得當天活動的內容、時間以及理由。隨著年紀漸長，孩子可以開始學著自己記下重要的事，有利於進一步建立掌控感。

小學生：孩子更大一點，你可以讓他們選擇更多事情。要參加什麼活動？吃哪些食物保持健康？怎樣安排行程才能獲得充分睡眠？「由你決定」對這個時期的孩子具有更大意義，你可以說：「我知道你很想今晚去看電影首映，我也一樣。在讓你決定前，我們先來想想去跟不去各有什麼優缺點。首映可能會大排長龍，我們要提早到才行，而且外面很冷，排隊時你可能會冷到發抖。話說回來，期待了這麼久，看首映一定很好玩。」假如孩子決定要參加，你可以說：「很好！我們先順便想好 B 計畫吧，萬一情況不如預期，比方說，要是你排隊很累想放棄，或是好座位的票都賣完了，你覺得我們可以怎麼辦？」

不管去不去看電影，或許風險不大。其實，就算面對的是風險更高的情況，小學生一樣可以做出合理的決定。十一歲的安迪功課不好，他爸媽最近來找比爾博士諮詢，他們認為暑假請家教幫兒子加強輔導會很有幫助，但安迪自己不喜歡。比爾建議他們提供充分的資訊後，讓安迪自己決定。他們可以好好跟安迪解釋，如果他不要抗拒暑假補習，如果他認真學習，大腦可能會就此改變，閱讀和寫作會變得比較輕鬆；安迪也可以提醒自己，每星期共有一百六十八個小時，家教課只占二到三小時，他還是有很多時間可以玩樂。但是，安迪的爸媽也應該對補習的缺點直言不諱。所以比爾建議爸媽告訴安迪，如果暑假完全不上課，大腦就可以有休息的時間，暫時脫離學業壓力。

解釋清楚補習的利弊後，爸媽最後可以告訴安迪：「上課或不上課各有優缺點，很難決定，兩種都可行，可是只有你才知道哪種方法最適合你。所以我們想要由你來決定。我們有信心你會好好選擇，而且不管你選擇哪一個，都能從中學習。」

爸媽照著比爾建議的和安迪溝通了，安迪選擇了不上課，這不是爸媽希望的答案，但也不至於不合理。他們謹守了承諾，照著安迪決定的去做。

我們可以利用成本效益分析來看看，如果爸媽直接強迫安迪上家教課，情況會是如何。

可能效益：或許安迪會遇到優秀的私人家教老師，激發出他的學習熱忱，他會轉而感激爸媽的堅持。或者，如果他認真上課，在六到八週的暑假期間，他的學業表現和信心會小有進步。不過最有可能的是，安迪學到了一點東西，但不會太多，因為孩子如果排斥、覺得自己不需要或不想要接受課外輔導，收穫就會極其有限。

可能成本：強迫孩子做不想做的事，造成親子關係緊繃。這樣就等於在告訴安迪：「我們懂的比你多，你的意見不重要。」這會產生負面結果，代表安迪自己不必認真思考怎樣對未來最有利。如此一來，他就錯過了擁有更多掌控感以及成熟的機會，他的爸媽也會失去兒子向他們尋求建議的機會。

國中生：有些家長常幫孩子做一個重要決定：去上哪間學校。多年來，許多家長前來找比爾求解，「哪間學校最適合我孩子？」他的回應總是：「在我看來，真正該問的問題是，我們要怎麼幫助你的孩子找出哪間學校最適合？」

曾有一個叫麥斯的個案，他有嚴重的學習障礙，從小一到國三都需要念特教學校。他跟許多從小就讀小學校的孩子一樣，上中學時渴望改讀更多元的大型學校，有較多的社交選擇。同時，他還想向自己證明「我再也不用念特教學校了」。可以想見，麥斯的爸媽對於他的意向很擔心（因為新的學校支援服務較少），於是詢問比爾怎麼樣才能幫助麥斯明白，留在原本的學校對他最有利。比爾建議他們告訴麥斯，最終的決定權在他手上，但爸媽會盡力協助他做出明智的決定，包括提供最好的建議。

比爾跟麥斯見面時，介紹了兩、三家私立學校，這些學校都是符合麥斯能力的。比爾也分享了其他駐校諮商師的意見：如果麥斯要讀的是公立高中，可能會獲得哪些支援服務。評估過程中，麥斯非常謹慎，詳細詢問了爸媽、比爾，更向那幾間私校的招生部仔細提出問題。他想了解自己如果改讀其他學校，會遇到什麼樣的情況。

評估過後，麥斯的結論是他仍需要原本學校提供的課業支援服務，決定留下原來的學校。升上高中之後，他表現良好，生活愉快，自信心大為提升。現在的他就讀大三，課業優異，還計畫要攻讀研究所。

在麥斯的例子中，雖然最後的選擇是跟爸媽的觀點一致，但這是由他自己做出的決定。如果他爸媽當初無視兒子的意願，最後麥斯可能會認定自己不適合原本的學校，怪爸媽逼他留下。

高中生：許多高中生的父母都不放心把決定權交給孩子。青少年容易冒過大的風險，也特別會受到同儕壓力的影響。如果你還記得自己高中時代開車、約會的樣子或是派對上的荒唐行為，現在的高中生跟我們當年其實沒什麼兩樣。不過，好消息是，目前對青春期大腦發展的研究顯示，青少年知道自己的肉身是會受到傷害的，知道某些行為會帶來風險。但無可否認，他們比較容易輕忽潛在風險，只看重某個行為可能會有的正面結果，這種現象專家稱作高度合理化

（hyperrationality）。⑦ 跟青少年一起使用「合作問題解決法」的時候，爸媽要留意孩子有這種偏差傾向，把重心放在引導他們想清楚潛在的弊端。如果他們聽不進去，你可以採用稍微專制的方法，跟孩子提議如果選擇不合作要面對什麼後果。「好吧，那麼你就得付出三天都不能開車的代價。」向你拍胸脯保證，他們絕對會讓步，願意繼續跟你討論。

這時期的孩子已經接近法定成年的年齡，也最需要聽到爸媽傳達出以下的訊息：「我相信你有能力做出考量周全的決定，也有辦法從錯誤中汲取教訓。」這並不保證他們不會犯錯，錯誤在所難免，但每次的錯誤都能讓他們培養出更敏銳的直覺和自我覺察。如果你能協助他們反省哪裡做錯，不加以責備或冷言冷語：「我就跟你說了吧！」成效會更好。

大學生以上：爸媽對孩子的教養並不會在十八歲成年後就告終。看著孩子在大學跟成年早期所做的一些選擇，對你可能是一種折磨。幾年前，比爾跟好友凱瑟琳聊天時，她聊到念大一的兒子杰瑞米有女友了，但女友控制慾很強，還出現言語暴力。凱瑟琳試過好幾種方式想讓兒子離開這位女友，都不見效，於是問比爾有沒有其他方法。比爾回答：「在我看來，妳這麼做是表示杰瑞米沒有能力自己解決，所以需要媽媽插手，這樣很不尊重他。」凱瑟琳的心腸是數一數二的善良，經比爾提醒，她才意識到企圖讓兒子分手的行為有失尊重，不禁慚愧不已。沒人喜歡被強迫，她這麼做也只會帶來反效果，導致兒子更黏女友。後來，她改跟比爾討論要如何跟他溝通，好傳達出對他的信心。

凱瑟琳後來跟杰瑞米談過，說她相信兒子的能力，也能體諒他的情況，雖然這段戀情並不健康，但他在許多方面都愛著那個女孩，如果他想要她的幫忙可以儘管說。幾週內，杰瑞米決定休學去當爸爸的助手，他爸爸住在其他州，搬到其他地方就比較容易分手了。一學期後他復學了，大學畢業後，從事法務的工作，事業成功。

當然，不是每次事態的發展都能盡如人意，但是當凱瑟琳告訴兒子，她相信他能做出明智的決定，並從錯誤中學習，這麼做等於是敞開她自己，成為兒子可以求助的資源，會傾聽他的心情，陪他討論。

實做時可能遭遇的困難

我們在工作上常會碰到難以放手的家長。當爸媽的，有時情緒難免會淹沒理智，尤其是受到恐懼的影響。恐懼會讓你憂心忡忡：萬一孩子做錯選擇怎麼辦？萬一孩子受傷怎麼辦？萬一孩子不快樂怎麼辦？萬一我失去孩子怎麼辦？這些心情我們都懂，也都有過。接下來就來討論執行上會有哪些困難。透過以下的討論，可以看到「由你決定」如何落實於現實中的各種情況。

上週我十五歲的女兒去參加派對，現場的孩子都喝了酒，我女兒喝到不省人事，結果頭撞到地板還腦震盪。她根本不懂什麼叫明智的抉擇，她的判斷力這麼糟，我怎麼放心說出「由她決定

就好」？

我們來看看有哪些做法。第一個做法，你可以認定女兒缺乏明智決定的能力，需要更密切的監督，你得插手管教，等到她的判斷力進步為止。但這麼做通常效果很糟。難道你要找徵信社跟蹤孩子嗎？除此以外你要如何得知她有沒有不恰當的行為？

要天天二十四小時盯著青少年是不大可能的。因此，第二個選項是，雖然我們很支持你禁止女兒一個月都不能參加派對，但還是建議你要告訴她：你相信她這次能夠學到教訓，而且你也會擔心她的安全和健康，找些文章或 YouTube 影片給她參考，幫助她了解狂飲會如何損害發育中的大腦。提醒孩子：你無法保護她遠離生活中所有的危險，因此她要懂得保護自己。日後參加派對時，如果她感覺到同儕壓力，使她必須去做她不樂意的事，此時你永遠都願意去接她或是幫她叫車回家。跟孩子溝通時，請小心避免讓她覺得就因為那天晚上她判斷失誤，所以你不信任她。你要做的是陪伴孩子從錯誤中學習。

真正困難的挑戰在於：萬一她又犯了呢？面對一再做出不智決定的孩子，應該怎麼辦？說出來你可能不信，其實這種情況極為罕見。我們希望孩子考量周全之後做出選擇。除非他們的決定很荒謬，你才可以加以否決。萬一你的孩子持續犯相同的錯，更重要的就是協助他們練習發揮判斷力，他們才有機會成長。不過，如果孩子的問題是頻繁濫用藥物，這是例外，需要你插手介入。對於大多數只是判斷失誤的情況，建議你可以借用電視節目「菲爾博士」的問題：「這對你有幫助嗎？」並跟孩子討論下次可以怎樣做出更好的決定。

孩子做錯不處罰，不嚴加管教，就這樣放過他們，我怕他們會吸取錯誤的教訓。

不一定。為了讓孩子學到待人處事應有的行為，並不需要每次他們做錯就得承擔負面後果。比爾永遠記得，女兒六歲時，有天他要帶她從安親班回家，但她不肯把玩具收好，一開始他先用鼓勵的方式講道理，解釋為什麼她要負責收拾，她都不聽。最後他說如果她不收，他們就不回家，父女繼續僵持了七、八分鐘，後來有位安親班的志工家長開口了：「比爾，這樣子真的有人贏嗎？」這時比爾親自動手把玩具收好，才帶女兒回家。培養孩子的紀律時，沒有每次都能見效的法則。

要是我的孩子做出糟糕至極的決定，他這輩子就毀了。

如果有個三十歲的大男人進去比爾的診間，哀怨自己國三或高中時做錯一個決定，從此導致人生白費，選擇盡失，比爾會回他：「老弟，想開一點吧，你還有很多機會可以打造人生的。」每當比爾遇到有孩子（以及家長）為了看似無法彌補的挫折而心慌意亂，就會用這個假想的情況回應他們。

爸媽擔心的這個問題，點出了亟待釐清的一項誤解：人生是一場競賽，能夠抵達終點的正確跑道只有一條。這個錯誤的假設完全悖離了現實，每個孩子在身體、心智跟其他方面的發展速度都不盡相同。我們來看看茉莉的例子，她本來是個聰明的高中生，但長期活在爸媽的過度保護之下，等她進大學呼吸到自由的空氣後，如同脫韁的野馬，結果大一上的總成績太難看，爸媽警告她再這樣下去，他們就不付學費了。接下來整整三年半，她為了彌補被往下拉的大學總平均成績，勤奮用功，努力不懈，那段時光很辛苦。後來她申請醫學院時，面試老師都會問到第一學期慘不忍睹的成績，她解釋當時有點迷失，但不忘強調她很自豪，能夠懸崖勒馬重新振作，並表示這是人生中讓她更有韌性、更有恢復力的寶貴經驗，也更加清楚自己的能耐。果然，茉莉順利進入了頂尖的醫學院。

在我們眼中慘不忍睹的挫敗，其實就只是一時的漣漪。爸媽容易替孩子想太多想太遠：「如果他這次失敗，一輩子都會落後。」這樣只是自己嚇自己。孩子的大腦隨著年紀發展，趁你還在身邊，有時就放手讓孩子陷入困境，之後再拉他們一把，這樣其實更有利於他們的成長。

如果是那些被動的孩子呢？他們沒有人逼的話就什麼都不做，整天宅在家。有些青少年整個暑假只想待在家打電動，那怎麼辦？

著有暢銷書《與成功有約》的人類潛能導師柯維（Stephen Covey），曾說過改編自聖方濟和平禱詞的名言：「若希望別人了解我們，得先試著了解別人。」你不妨問孩子一些問題，找出他們為什麼不想出門的原因：是喜歡留在家裡做些低調的活動嗎（很多大人也是啊）？還是因為擔心要面對「全新陌生感」或「不可預測性」的情況（記得第一章提過的「N.U.T.S 壓力源」嗎）？傾聽孩子擔心的是什麼，但這不代表非得順著他們不可，如果你覺得全家一起到郊外踏青很重要，那你還是是能安排全家出遊。重點是要先理解孩子怎麼了，安撫他們的擔憂，可以的話，找出雙方都認同的折衷方案，這樣才是健康的解決方法。

你也絕對有權利告訴孩子：「要是整個暑假都放你在家無所事事，我會覺得自己很失職，好的家長不會這樣縱容孩子。你至少要參與一項課外活動才行，讓你自己決定，我們來動腦想一想有哪些選擇吧。」

我們家很重視信仰，要如何確保孩子會遵循我們的宗教信仰和傳統，同時也能培養他們的掌控感？

我們的經驗是孩子多半會順著爸媽，如果上教堂、猶太會堂、清真寺或寺廟是全家人經常一起從事的活動，就算他們不喜歡，也不會為此激烈爭執，而且家中的信仰多半最終也會傳承給孩子。爸媽如果向孩子示範正面的信仰價值觀，並抱持「這些宗教信念和儀式是我們家庭傳統」的態度，這會是很好的開始。如果孩子對教義或信仰基礎提出質疑，請盡可能誠實回答。萬一孩子排斥去教堂或其他宗教場所，建議你尊重他們的意願，並運用合作問題解決法，找出雙方都能認同的做法。

我的兒子很有運動天分，卻不肯好好練習，這可能會影響他念大學的機會，該拿他怎麼辦才好？

你需要先釐清：對你來說，「孩子從事體育活動」為什麼很重要？是因為除了獎學金，你沒有其他辦法負擔大學的學費嗎？如果是，請使用合作問題解決法，跟孩子解釋持續練習精進的優點，他們會有更多大學可以選擇，你也不用為了學費發愁，進大學後他們也不需要半工半讀。缺點則是他們可能不喜歡那項運動，練習也會占用課餘時間。陪他們一起評估利弊後，交給他們決定。

如果經濟並非考量因素，那就請你捫心自問真正在乎的是什麼。不適合孩子的路，就終究不是他們的路。有太多時候，爸媽會變成電影中的「剪刀手愛德華」，擅自把孩子當成樹木，想要修剪成自己偏好的模樣。但現實是，家中的小樹才剛開始茁壯，你甚至還不曉得這棵小樹會是哪種樹，或許，你的孩子注定不是一棵運動樹。

如果孩子焦慮又完美主義，討厭自己做決定呢？

多年來，比爾遇過許多孩童和青少年討厭承擔做決定的責任，這往往是因為他們害怕犯錯。他建議爸媽可以告訴孩子：「等你長大一點，我希望你做決定時能從容自信。既然現階段你還很緊張，我很樂意代替你。不過，在幫你選擇之前，我要先聽你說，如果今天是由你自己來，你認為最好的選擇會是什麼？」讓孩子做出明智的決定是長期目標，不需要在他們還沒準備好時就趕鴨子上架。

我想跟孩子討論選項的優缺點，但他們都聽不進去，怎麼辦？

再次強調，我們希望的是孩子在做決定前，能夠謹慎評估資訊，不至於做出不合情理的選擇。要是孩子做不到這一點，就別把決定權交給他們。

如果孩子有 ADHD 該怎麼辦才好？畢竟他們的前額葉皮質比一般人晚熟。或者是，如果是有其他障礙或問題的孩子呢，該怎麼處理？

就算你再怎麼渴想，你也都無法保護孩子一輩子。比爾曾遇過一對父母，女兒都二十四歲了，在社區大學剛念完第五年，雖是全職學生，累積至今的學分卻不到二十五個學分。顯然是她有

ADHD跟情緒不穩的緣故。不難想見，她爸媽多年來都密切掌控女兒的生活，用各種方式保護她。比爾鼓勵他們換個角度思考，試著在女兒的人生中扮演不同的角色。他們的疑問是：「如果我們撒手不管，要怎麼確保她自己會持續努力前進？要是她氣餒就放棄了呢？」比爾提醒他們，女兒不想要的事，他們無法逼她想要，而她不願意做的事，他們也逼不來。確保她擁有成功人生並非他們的責任，他們該做的是支持她、表達同理心，必要時可以幫她設立限制，他們自己也該以身作則，做個堅定自信的好榜樣。

在現實社會中，孩子不可能每件事都擁有決定權。難道我們不用先讓他們做好準備，幫他們適應「聽命行事、盡責地把事情做好」嗎？

這話說得沒錯，很多時候孩子（大人也是）會遇到決定權不在自己手上的情況，只不過這其中的關聯跟你以為的不大一樣。事實上，在你的能力範圍內給予孩子更多的選擇權，有助於他們在必要時更願意聽從權威的命令。

這樣的話，豈不是讓每件事都變成要經過談判協商了嗎？這樣我會很累，有時候我只希望孩子可以聽話配合就好。

你的心聲我們明白。當爸媽的，已經忙得不可開交，不可能每次一邊準備早餐一邊催促家人準時出門，同時間還要跟十二歲的孩子運用合作問題解決法或分析討論法，去論述「下雨天穿涼鞋有什麼優缺點」……

從整體來看，先請你記得，談判協商是值得孩子學會的技能。他們應該要懂得替自己出聲，也需要操練這樣的技巧，日後才能在社會上立足。要是孩子從來不曾「講贏」爸媽，就會內化他們無能為力的訊息。這樣一來，為了得到想要的東西，他們更有可能採取偷偷摸摸、撒謊、欺騙的方式，或是乾脆放棄對抗權威，認定自己沒有發言權。為了增加孩子對你的信任，你必須表現出孩子說話時你確實在聽。如果他們提出好的論點，你可以給予肯定，有時候不妨改變你原有的立場，幫助他們知道，練習找出經過思考的有力論點，其實很值得。

當然，你沒時間沒力氣的時候，也可以放心對孩子說：「你知道嗎？我很開心你是個談判高手，有些領高薪的大人就是在從事談判的工作，你天生就能這麼拿手，我真是以你為榮。只不過，有時候你跟我辯論會讓我很累，尤其是時間不夠或是有很多事要做的時候，我更覺得心力交瘁。如果我需要你配合的時候，你能聽話，不再多說，我會很謝謝你的體諒。要是你能這麼做，會讓早上的一切都更加順利進行，我也會記得你幫了大忙。」

隨時練習

- 告訴孩子：你是最懂自己的專家，其他人都比不上你，也都不知道身為你是什麼感覺。
- 你以前可能幫孩子決定過某些事，現在請改成讓他們自行選擇，或是詢問他們對某件事的意見。如果他們年紀還小，可以提供他們二選一的方案：「你覺得我們應該這樣做，還是那樣做？」
- 召開家庭會議，親子一起討論有哪些家事要做，分別由誰負責。提供孩子選項：他們可以不洗碗，改成遛狗嗎？可以不洗廁所，改成倒垃圾嗎？他們想要週日做，還是週三做？早上還是晚上做？行程表記得維持一致，但要讓他們自己決定。
- 將孩子可能會想擁有掌控權的事情列出清單，擬定計畫，看如何將部分事項的責任交給他們。
- 詢問孩子生活中有哪些想改善的事，如寫功課的時間、上床睡覺的時間、使用3C產品的時間，看他們有沒有改善的想法。
- 挑一個你幫孩子決定過但他們並不認同的選擇，進行成本效益分析。
- 告訴孩子，你在回顧人生時發現哪些做過的決定並非最好的抉擇，而你如何從中學習跟成長。
- 跟孩子聊天時，表達你覺得他們很聰明，回想有哪些時候他們做出明智的決定，或是對某事有強烈的直覺，最後的結果也證明他們是對的。如果他們願意，你們可以一起列張清單，寫下他們自行做過哪些好的決定。

- 如果你的孩子是青少年，叮嚀他們：你希望他們上大學前就能多加練習獨立生活，而且，趁他們還住在家裡，你想親眼確認他們不至於把自己的生活搞得亂七八糟。
- 跟孩子強調他們選擇做某件事時都要面對後果，有的是行為本身會產生的自然後果（natural consequences），有的是大人會要求他們承擔責任的邏輯後果（logical consequences）。鼓勵全家可以更常召開家庭會議，廣泛地討論家中的規則和政策（例如：一星期不打電玩）。

第四章
非焦慮的存在

你還記得自己第一次手握方向盤，開車上路的感覺嗎？是不是有點害怕，但也熱血沸騰？從你小時候學會走路的那一刻起，一直到十多歲為止，會陸續經歷這類的「第一次」，在這種時刻你都會感覺到自己變得更有力量，而學會開車的那一刻就是最高潮。想想看，幼兒學會走路的當下，他第一次意識到可以靠自己的力量跨出步伐。然後，突然之間他會到處跑了，雖然步伐有點歪斜，但至少可以任意活動。接著，孩子十歲了，得到爸媽的許可，開心地跳上腳踏車自己去商店買糖果或漫畫，他覺得整個城鎮隨他盡情探索。等到進入青春期後的孩子學會開車，他覺得自己就像是傳奇賽車手，踩下油門後「咻——」一聲出發，整條馬路任他馳騁。

現在，讓我們改從爸媽的角度來重播這些時刻。剛學會走路的小小孩到處亂跑，你高度緊張，在樓梯跟陽台加裝護欄。十歲的孩子騎腳踏車去商店，留下你望著他的背影，咬著指甲伸長脖子望向窗外，克制著想跟出去的衝動。剛學會開車的孩子出門後，你擔心受怕，腦海浮現電影《末路狂花》最後一幕開車衝出懸崖的景象。

育兒焦慮並非新鮮事，從有孩子以來，爸媽永遠都在擔心。只是現今的育兒焦慮更甚以往，為什麼？一部分是因為現代人可以獲得更多的資訊。在過去，爸媽必須接受「無法隨時聯絡得到孩子」，而如今，家長隨時知道孩子的一舉一動幾乎成了義務。頂尖的社會學家葛來瑟（Barry Glasser）在著作《恐懼的文化》（The Culture of Fear 暫譯）指出：「現今大多數人都活在人類歷史上最安全的時期跟地區。」大家卻感覺不到，因為新聞和社群媒體夜以繼日用可怕的新聞輪番轟炸，綁架、毒品氾濫、怪人出沒等層出不窮的報導蒙蔽了我們的觀點。①再加上動輒法院見的文化愈來愈氾濫，已大幅改變了我們對「危險」的看法。讓六歲的孩子爬樹，家長會被說疏忽；讓八歲的孩子自己走路上學，家長會被說是怠於管教。

此外，父母的生活方式也變了。整體而言，家長不再像過去那樣需要擔心生存，也就比較會操心孩子的事。在我們的曾祖父母那一輩，他們需要擔心小兒麻痺、霍亂等疾病，煩惱乾旱、世界大戰、經濟大蕭條等情況，沒有多少餘力擔心瑣事，例如小吉米的學業總平均只有B，會不會影響他錄取好大學的機會？這次蘇西的生日宴會怎麼沒有邀請他？當然，不少家庭還是需要擔心生計，但即使是其他不用煩惱三餐溫飽的家庭，一樣會為了許多事發愁失眠。

大人的焦慮會潛移默化滲透給孩子，孩子需要的不是完美的父母親，如果你能夠不帶焦慮地陪伴孩子，對他們就是莫大的助益。當你不被壓力淹沒，也沒有過度擔心、生氣或疲倦時，你就更能夠去安撫嬰兒，去處理兒童的行為問題，並且面對青少年的有限。你的言行舉止也就不至於在衝動之下傷害到孩子。只要你自己能成為「非焦慮的存在」，不要情緒失控，就足以為孩子帶來正面的影響。事實上，近期研究指出，想成為稱職的父母，最應該做的第一件事是「做好自己的壓力控管」，而不是「展現對孩子的關愛」。②有個媽媽的兒子讀小一，她每次跟兒子講到需要補習的事就開始哭，後來連小一的兒子都說：「媽媽，妳要堅強一點，不然我們講不下去。」

讀到這裡，你可能會覺得我們的建議根本是在給家長找麻煩。我們在前面先說要把你推出舒適圈，鼓勵你給孩子更多的生活掌控權，可能已經害你坐立不安了，現在又叫你要保持冷靜……我們並不是壞心眼想為難你，等你讀完這一章，你就會了解到成為「非焦慮的存在」的重要性，也會學到如何實踐，因為，在孩子面前，你沒辦法假裝自己是「非焦慮的存在」。這是演不來的。

由爸媽滲透給孩子的焦慮

先來聽個壞消息。焦慮症在家人之間容易「傳染」，父母有焦慮症時，子女也有的機率高達百分之五十。如果你是焦慮症患者，可能已經開始擔心：就算你接受治療，孩子也還是無法倖免。

這倒也不見得。孩子天生對焦慮會有不同的感受程度，有些孩子不會困擾，科學家稱他們為「蒲公英小孩」，顧名思義，他們就跟蒲公英一樣比較不受環境影響。會困擾的孩子則是「蘭花小孩」，他們對周遭環境的生物敏感性很高，對大人的教養方式尤其敏感。如果爸媽是用平靜和滋養的方式，他們會枝葉繁茂，如果爸媽動不動就情緒不穩，他們會過得比較辛苦。家有蘭花小孩不代表絕對的好壞，敏感的孩子雖然更可能受到負面環境影響，但處於平靜關愛的環境時則能成長茁壯。③

把焦慮傳給孩子的一個途徑是跟「表觀遺傳學」（epigenetics）有關，這是科學家尚未全盤了解的新領域。表觀遺傳學是指一個人的經歷會啟動或關閉特定基因的功能，來影響基因的途徑。因此，雖然孩子先天具有某些傾向的基因，但也需要後天的經歷，才會啟動憂鬱症或焦慮症的特定基因。

要啟動這些問題基因其實很容易，至少有兩種途徑：

一、來自爸媽的二手壓力（Secondhand stress）

有些人光出現在你身旁就會讓你緊張：蠻橫的上司、動輒慌亂的同事、愛碎碎唸的親戚等。對兒童和青少年而言，這種人可能是嚴格的老師、為課業煩惱的同學，或者是身為父母的你。

壓力可比擬為情緒上的病毒，具有傳染性。這話聽起來有點怪，但有大量證據支持這個科學家稱為「壓力感染（stress contagion）」的現象。就和感冒或瘟疫一樣，壓力會在某個範圍裡的人群之間傳播，影響並傳染同個空間裡的每一個人。誰不曾待過「受感染」的辦公室，感受到只要有一個同事處於長期焦慮，就會影響全體同仁上班的氣氛？在家裡，只要有一個人焦慮，就會搞得全家人跟著神經過敏。④

二手壓力可以持續很久，甚至比你本身遭逢的壓力持續更久。從掌控感的角度來看，這完全有可能。對事件或周遭環境的掌控感不足時，最常帶給我們壓力，掌控感愈低，壓力就愈大。比方說，你姐姐懷疑她手臂上的痣可能是癌症的前兆，你替她緊張，但無法強迫她去皮膚科做切片檢查（以便平息你的恐懼）。她的壓力雖然也很大，至少她還有部分的掌控權，但你沒有，無法付諸任何行動來減輕那顆痣帶給你的壓力。

孩子打從還在娘胎裡，就會受到環境的影響，對大人的壓力也很敏感，一直到他們出生後的頭幾年都是如此。爸媽如果處於高度壓力，孩子的基因就會受影響，包括分泌胰島素和大腦發展的基因。壓力透過甲基化的過程影響胎兒和幼兒的基因表現。甲基群這類的化學物質，會導致本來應該關閉壓力反應的基因鎖定在啟動的位置。⑤基因表現的變化，到了整個青春期都還是看得到。⑥

雖然二手壓力對於胎兒和一歲嬰兒的腦部發育是最具決定性的影響，不過近來的研究顯示，二手壓力對其他年齡的孩子也有影響。例如，爸媽自己對數學感到焦慮，孩子就更有可能被影響，但只有在家長經常焦慮地親自教小孩數學時，才會把壓力傳染給他們。⑦換句話說，如果你有「數學焦慮症」，就別提議要教孩子數學，這樣對他們可能還比較有幫助。反過來，孩子也會影響爸媽，面對煩躁的孩子，你腦中的杏仁核會起反應，讓你更難保持冷靜。所以，很多爸媽會在孩子生氣時，自己也氣呼呼地罵他們幹嘛發脾氣，這種情景不只是顯得諷刺，經常也令人好笑。

所以，這背後的科學是什麼？情緒病毒是在哪裡傳染？又是如何傳染？

首先，第一章提過杏仁核會偵測到威脅，也會注意到其他人焦慮、恐懼、生氣、挫敗的情緒，甚至，就只是聞到人處於壓力時的汗味，杏仁核也會感受到恐懼和焦慮。

其次，作為「駕駛員」的前額葉皮質含有鏡像神經元，顧名思義，鏡像神經元會模仿看到的東西，這對孩子擁有同理心這類的情緒很重要。以自閉症患者為例，他們就是缺乏傳統的鏡像神經元功能，因此無法對其他人「感同身受」。鏡像神經元讓孩子得以透過觀察去學習，不過也會讓孩子「鏡像反射」父母的焦慮，就跟鏡子一樣完全映照出自己看到的東西，這個過程從嬰兒期就已經開始。新生兒的爸媽處於壓力時，寶寶更容易哭泣；父母沉著自信的時刻，寶寶較不會大驚小怪。

如果你認為可以對孩子隱藏起焦慮，這其實是在自欺欺人。心理學家艾克曼（Paul Ekman）畢生致力於辨識及分類多達數千種的人類臉部表情，雖然有許多表情是我們刻意做的，來對其他人傳達感受，但同時我們也有一種「不由自主」的表情系統，無論想不想分享，都會顯示出我們的感受。艾克曼接受作家葛拉威爾（Malcolm Gladwell）採訪時曾經解釋：「你跟別人相處時一定有過這種經驗，對方提到了你的表情，可能會問你在不高興什麼或是在傻笑什麼，但你卻沒意識到自己出現那些表情。」也就是說，雖然我們聽得到自己的聲音，卻看不到自己的臉部，「假如我們知道自己臉上寫著什麼心情，就能夠隱藏得更好。」⑧

無論你想不想，孩子都看得出你的感受。即使你不認為自己有把情緒投射出去，他們依然會鏡像反射出你的感受，同時也會開始感覺到那樣的情緒，這是因為孩子往往很不擅長詮釋自己看到的東西。假如你的先生一整晚情緒都很緊繃，你可能會想：「他現在火氣很大，但不是因為我，就隨他去吧。」可是孩子的詮釋功能還不成熟，他可能會想：「爸爸很暴躁。一定是我做錯事惹他生氣。」

如果孩子處於壓力下，原本就已經不成熟的詮釋功能會變得混亂。孩子善於觀察但拙於詮釋。

所謂的「成熟」，就是一個人對於情緒的自我調節增強了，他的前額葉皮質意識得到自己當下的行為，知道自己處於掌控之中，所以有辦法「抑制（inhibit）」。換作是孩子感覺到威脅時，比如面對壓力大或暴躁的爸爸，他們的大腦裡並沒有已經發育完全的駕駛員出面安撫「沒什麼大不了的，亂流的顛簸遲早會過去，我們先飛往不同的高度就好」。孩子會慌亂，杏仁核會接管大腦，不自覺地讓他們處於壓力而變得暴躁。這種情況一旦過於頻繁，杏仁核會變大，反應會更加激烈。套用第一章提過的壓力研究學者薩波斯基的形容，如果壓力長期持續下去，杏仁核會愈來愈容易「歇斯底里」。⑨

你一定有這種經驗：發現別人口是心非時的情況。如果孩子心裡有事，只是嘴上說著「我很好」，是不可能瞞過細心的爸媽的。相同的道理，爸媽也應該避免心口不一。有的家長擔心跟孩子說太多，會增加他們的情緒負擔，因為他們還沒準備好如何應對。其實無論你說或不說，孩子都能夠感受到你的情緒，反而會讓他們害怕跟胡思亂想。人在不知道事情的緣由時容易自行編故事，而孩子想出的情節經常還比實情更加嚴重。

女兒剛滿一歲時，我們搭飛機帶她去芝加哥拜訪朋友。回程時，我們遇上了旺季搭機經常出現的惱人狀況——在機艙裡等了很久都不起飛。我們跟著其他乘客一起受困，大家的情緒都不好，我女兒也不例外，而且她還選擇了大多數的嬰兒會有的表達方式：嚎啕大哭。我們就這樣跟其他兩三百名旅客，在愈來越燥熱的機艙中，枯等了漫長的兩個半小時。我印象最深刻的是，當時女兒這麼煩躁，讓我壓力大到不行，同時也覺得很丟臉，因為我們成了「孩子很吵的那一家人」。我非常想要讓她平靜下來，但根本做不到，我自己已經徹底被壓力淹沒，那時候的我簡直是「非常非常焦慮的存在」。

我們搭飛機時，空服員都會提醒乘客：「萬一遇到機艙壓力下降的情況，麻煩各位父母記得先自己戴上氧氣罩，接著再協助孩子。」我們面對心中的壓力也應當如此，萬一機艙（或是學校、日常生活）的壓力上升了，在嘗試幫助他人之前，我們需要先搞定自己的壓力。

奈德老師

奈德曾有個十六歲的學生叫艾絲，她的媽媽得了癌症。她爸媽私下告訴奈德這件事，沒有告訴艾絲，因為艾絲天性容易緊張。她媽媽接下來要接受治療，爸爸則父代母職，照顧艾絲的妹妹，還要處理媽媽的其他事，所以父母可能沒法像以往一樣照顧艾絲。他們交代奈德「請別告訴艾絲，我們不希望讓她操心」。

他們聊了一會後，奈德回到這個話題，他覺得艾絲一定會注意到爸媽不對勁，畢竟爸媽的表情她從小看到大，再熟悉不過，怎麼可能不會發現情況有異？如果她覺得明明有事，爸媽卻保證一切都很好，她會怎麼胡亂猜想？父母要離婚了嗎？父母在生她的氣嗎？很難說她會怎麼自己嚇自己。

後來，他們決定坦白告訴艾絲情況。她知道了媽媽生病而且需要接受療程後，變得比較安心，也選擇盡一份心力，幫爸媽分擔更多家務，她也會協助爸媽照顧妹妹。

雖然後來媽媽病情好轉，但癌症還是讓他們感到害怕，永遠會是全家生活中的陰影，也是無法徹底消除的不安。可是，讓孩子知道發生了什麼事，把一切說開，對全家都有好處。同一件事不至於有兩種版本，一個是爸媽自己知道的真相，另一個是講給孩子聽的說法。告訴孩子事實，全家人就能夠同心協力，就跟鏡像神經元一樣同步一致。

二、爸媽的行為

第二種無意間可能會啟動孩子焦慮基因的方式，則是爸媽的行為。假設你的焦慮多半是屬於社交焦慮（這也是最常見的焦慮類型），這代表你在社交場合會強烈害怕受到他人審視或貶低。約翰霍普金斯大學的一項研究發現，有社交焦慮的父母比較不擅長表達溫暖和關愛，也更容易批評孩子，他們也更常表現出對於孩子能力的懷疑。這類父母過度控制的可能性更高，比較不願意給孩子自主權——我們都已經知道，這樣的行為只會讓孩子更加焦慮。⑩

如果上述情況對你並不陌生，別擔心，問題可以解決。既然行為可能啟動不想要的基因，想當然耳，只要你避免某些行為就能夠預防。約翰霍普金斯大學的研究人員曾進行一項研究，受試者是一群有高度風險會罹患焦慮症的孩子，分成了三組。第一組是接受家庭治療介入方案，治療方向著重在減少親子雙方的焦慮因素，例如：減少家長本身在教養的過程中產生焦慮的情況，這組孩子在隔年得到焦慮症的比例是百分之九。第二組的家庭只拿到了如何管理焦慮的書面說明，隔年有百分之二十一的孩子得到焦慮症。第三組沒有參加介入方案，也沒有拿到書面說明，隔年有百分之三十的孩子得到焦慮症。二〇一六年有項研究重複了這項實驗，這一次的介入方案組只有百分之五的孩子罹患焦慮症，控制組則是百分之三十一的孩子罹患焦慮症。⑪

如果你沒辦法控管自己的焦慮，請小心。你焦慮時就會對孩子控制得更緊，如此更可能導致他們反抗，這樣一來你的焦慮指數又再會攀升，更想控制孩子，然後他們就會變得更叛逆……你看得出來這樣就叫做惡性循環吧？有焦慮症的家長不妨尋求心理治療，學習一些可以重新訓練心智的方法，避免陷入惡性循環。

本章的科學就說到這裡。接下來我們講常識。

爸媽對孩子的擔心，會削弱他們的自信。比爾最近有一個個案是十六歲的羅勃，他有社交焦慮症，比爾詢問他的社交生活時，他回答了喜歡跟朋友做哪些活動，還提到跟家人相處的時光有時也很愉快，但有時候他想「逃離」家人。

羅勃：我媽永遠都在擔心我，怕我會做壞事。有天次晚上我只是沒跟她說我人在哪裡，她就擔心死了。哪像我爸啊，他就只有跟我說「好好玩，但別玩到被抓去關啊」。

比爾：你媽媽像這樣擔心你多久了？

羅勃：有一段時間了。本來我沒有察覺，是去年我希望她可以給我多一點空間，才注意到的。她還說，我小時候她會到教室外面，偷看我跟同學的相處情形。

比爾：多小的時候？

羅勃：小四到國一。

比爾：你當時聽了怎麼回她？

羅勃：（聳聳肩）就算我很害羞，有時候可能會跟同學處不來，她也不用一直擔心。

比爾：你覺得你跟媽媽感情好嗎？

羅勃：她不要一直找我麻煩時，我是覺得還不錯。

比爾也跟羅勃的爸媽聊過。他們就跟許多家長一樣，提到孩子的難題時，會先默默掉淚，然後才開口：「我只是希望他能夠喜歡自己。」比爾遞上面紙，等他們平復下來後才回話：「只要大人一直緊張兮兮，他（或其他任何小孩）就很難喜歡他自己。」這是常理，如果我們無法接受孩子本來的樣子，要怎麼期望他們接受自己？

平靜也會傳染

孩子就像鏡子，不只會反射出你的壓力，也可以反映你的平靜。你可能認識一些本身很平靜的人，他們總是散發出沈穩安適的氣質，除了能夠維持自己的掌控感，也能接受周圍世界的混亂。遇到危機時，你會想打電話給他們；覺得浮躁時，你會渴望他們也在，因為只要有他們的陪伴，你的心情就能平復下來。他們不會對你說教，甚至也不用做什麼事，就能將平靜和自信傳達給身邊的人，幫助其他人在自己的生活建立相似的平衡感。

我們之所以這麼清楚，是因為對許多個案和學生而言，我們正是「非焦慮的存在」。我們自認有點像是電影《綠色奇蹟》裡能吸走別人癌細胞的約翰考菲，但我們能做的是移除別人的內心壓力。最近有個母親跟我們分享，她常參加我們的講座，每次她聽到講座中傳達的訊息——爸媽其實不需要一直操心或叨念孩子，這樣是沒關係的，而且也是很安全的——她就能保持跟我們一樣的沉著跟信心，至少，能維持一小段時間。

也有別的家長告訴比爾：「上次離開診間後，我難得這麼平靜，也可以很樂觀正面看待孩子的生活。問題是，才維持不到一小時，我跟孩子學校的另一個家長聊過後，焦慮指數就又飆升了。」

奈德的平靜對學生跟家長的影響或許更加明顯。雖然他刻意不記錄學生分數的進步，但學生來上課後參加標準化測驗時，分數常會增加個幾百分。當然，上課本來就會學到數學跟詞彙，但他們沒有人相信單憑幾招數學技巧或是一張新的單字表，就能讓下次考試時突飛猛進。這些孩子先前已經試過其他課程、教材、以及應試策略，為什麼才跟著奈德上了幾堂課，分數就能攀升？

來接受奈德面對面課業輔導的孩子，家庭背景形形色色，有的備受溺愛，有的孩子爸媽是工作狂或直升機家長，也有些孩子根本沒有爸媽。但是，無論這些孩子在家受到關心的程度為何，奈德本身就是一種「非焦慮的存在」，這一點對他們有所幫助，連帶也提升了他們的考試成績。

學生總是告訴他：「要是你可以陪我考試，只要你在考場裡，我就知道自己會順利過關。」聽起來像無稽之談對吧？奈德光坐在考場的一角盯著自己的鞋子或玩手指，孩子怎麼可能就會記得畢氏定理或複雜英文單字的意思？

不過，奈德確實做過實驗。他先讓孩子寫模擬考題，自己坐在對面靜候。接著他會讓孩子寫考題，但他會離開，留下他們在寂靜無聲的空間。最後，孩子會在一個模擬真實考場的環境裡寫考題，和其他的孩子一起作答，大家都在絞盡腦汁。你肯定猜想得到哪一次孩子考得最好吧。教室裡有奈德時，孩子感到平靜，也記得他對他們抱持的信心，因此要回想起他教過的內容毫不費力。

一旦奈德離開教室，孩子只能靠自己，腦中的負面念頭開始活躍，表現跟著變差，等到再加入其他的孩子，個個都是「很焦慮的存在」，此時壓力就開始如同瘟疫，在一個接一個的孩子當中蔓延與遞增。

我們很喜歡「非焦慮的存在」這個說法，但創造這個用詞的不是我們，而是佛萊曼（Edwin Friedman）。他不但是猶太教的拉比，同時也是一位家庭諮商師。[12]按他的觀點，我們處在一個長期焦慮、過度反應的社會，負責領導家庭、學校和組織的人當中，很少人是「非焦慮的存在」。佛萊曼指出，當領導者忠於自我，且不會過度焦慮或擔心，就不至於將過度的擔心或害怕傳給其他成員，此時團隊的表現最好。在他的觀點中，這一點對於家庭、宗教組織或大公司而言都是如此。

佛萊曼的主張受到科學證據支持。記得前面提過的「加州的放鬆鼠」嗎？（年幼時跟母鼠分開一小段時間，回籠後母鼠會幫忙舔舐理毛），同一批研究人員後來研究了平靜和焦慮的教養方式分別對幼鼠的發展有何影響。他們發現，壓力較小的母鼠會花很多時間幫幼鼠舔舐理毛，這些幼鼠也比其他較少受到舔舐的幼鼠還要平靜，也更加願意探索世界。為什麼呢？是因為牠們感受到較多的母愛嗎？有可能。但是，我們以及許多相同領域的專業人士都相信原因在於：那些母鼠傳達出了「世界是安全的，你可以放鬆自由探索」的訊息，同時這也改變了幼鼠身上調節壓力的基因。

這個現象不是遺傳的關係，不是因為母鼠本身平靜所以生下的幼鼠才會比較平靜。那些比較少舔舐理毛的母鼠所生下的幼鼠，儘管在基因上更容易焦慮，但被經常舔舐的母鼠「認養」後，也都會開始變得平靜。⑬

這些經常幫幼鼠舔舐理毛的母鼠所做的，正是本書再三強調的重點：讓家變成安全基地。當你的家是個平靜之處，沒有過度的爭執、焦慮、壓力，就成了孩子所需的充電站。每次充完電，他們可以回到外在世界，好好應對緊繃的社交活動、課業壓力，以及預賽或甄選等各種挑戰。他們心裡知道，一天結束後，有個安全的地方可以休息復原。

想讓家成為安全基地，要記住別把孩子的生活和問題當成是你自己的問題。當你保持冷靜，會更容易採用這個理念，反過來說，當你採用這個理念，也會更容易保持冷靜。只有處於平靜之中，你才能放手，願意讓孩子去經歷不安，學著自己管理，願意讓孩子去體驗痛苦，不會急著擔負解決的責任。當你保持冷靜，情緒就不會過度跟著孩子起伏。將你的快樂跟孩子的心情切割開來，接受就算他們不開心，你照樣可以過得快樂平靜，這樣你才能提供所需的支持。有些家長來找我們時，他們的孩子正面臨著嚴重的困境，我們經常向這些爸媽強調這一點，雖然他們本身很少帶給孩子問題，但他們的負面反應會讓全家人都受到波及，往往使得他們無法順利當孩子睿智的顧問，只是變成窮擔心的爸媽，這樣無疑是雪上加霜。

第一章提過社會支持是控制壓力的要素，如果家長處於焦慮或批評孩子，孩子就感受不到自己擁有支持，這等於是雙重打擊：爸媽不僅導致孩子焦慮，也沒有善盡支持他們的責任。

羅莎剛開始當媽媽時，參加一個互助團體，成員們圍成一圈分享自己的母親有哪些值得和不值得效法的地方。輪到羅莎時，她說她的媽媽很有愛，也都不吝表達這份愛，問題是，媽媽總是把她生活的高低起伏過度放在心上，所以她後來學會了隱瞞事情好保護媽媽。甚至，羅莎自己都已經忘掉的不愉快，她媽媽在許久過後還會煩心，因此媽媽就無法成為支持羅莎的力量。比方說，有一次羅莎從幼兒園下課回家，跟媽媽說其他小朋友不願意跟她玩，她媽媽一聽當場就哭了起來。

當然，也不乏完全相反的家長，坐羅莎旁邊的另一個新手媽媽聽完她的故事後大笑回應：「我們兩個的媽媽應該要當朋友，搞不好她們就能互相平衡一下。換成是我媽就會念我：『小姐，我送妳去上幼兒園不是去交朋友的，是去學東西的！』」

如何成為「非焦慮的存在」？

要真正成為「非焦慮的存在」（強裝鎮定只會被孩子看穿），你必須能夠控管自己的壓力。別誤會了，其實你跟孩子一樣需要掌控感，而且，當你太想要陪伴支持孩子，有時會適得其反。要做到不焦慮地陪伴孩子，主要是從你自己開始，以下五點是我們曾提供給家長的實用建議。

一、最重要的是，享受跟孩子的相處時光。

身處競爭激烈又繁忙的社會，很容易就忽略了基本的重點：你能給予孩子和你自己的最佳禮物，就是享受孩子的陪伴。你不用時時刻刻都跟他們膩在一起，你只需要回想一下，在孩子還是小寶寶的時候，每當忙了一天後下班回家，你看到他們時都會綻放的開懷笑臉，你不妨想像一下小寶寶的感覺：每次他們看著我時都會大大地微笑，就好像我是上天的禮物一樣。

你的孩子也需要感受到跟小寶寶相同的愉悅——每當你看到他們，臉上就會煥發光采，相處時也由衷地開心。這種感受非常重要，威力也相當驚人，能建立孩子的自我價值感和幸福感。比爾二十出頭時，有一陣子日子過得很苦，但當時有兩個朋友每次都會熱情展現見到他有多麼開心，那段四十年前的往事，如今依然深深烙印在他的腦海。

比爾開始為孩子跟家庭提供心理治療服務時，這份力量強大的回憶也影響了他的思考，他開始建議家長要把「享受孩子的陪伴」當成優先要務，這樣孩子就能體驗到自己是帶給別人快樂的來源。

將「愉快的親子相處」設定為你的第一優先，之後每當你意識到自己無法享受孩子的陪伴，就可以想想到底是哪裡出了問題。如果是因為你在生氣，請先專心解決生氣的事；如果是受工作壓力干擾，請運用放鬆策略和認知技巧，盡量降低焦慮；如果是跟另一半感情不佳，請尋求婚姻諮商；如果是孩子的問題行為困擾著你，請找專家協助改善；如果是你的生活社交活動不足，請多跟親朋好友聯絡。不過，其實問題也有可能出在你「太常」陪他們，缺少自己的時間。雖然你不必把「讓孩子開心」當成你的人生最高目標，但是不妨留意有什麼事會影響你們的愉快共處，再想辦法排除障礙。

比爾曾幫二十一歲的艾立克做過諮商，已經成年的他，一直無法像個成熟獨立的大人一樣生活。他在念高中時已是問題學生，上大學後又被退學兩次，而且他還有成癮的問題。他向比爾描述了在校的求學困擾，也提到青春期在家時會跟爸媽三天一小吵五天一大吵，比爾聽完後問：「你覺得有什麼事是爸媽如果換個方式對待高中時期的你，會讓你好過些的嗎？」沉思很久後，他開口回答：「要是他們看到我可以開心一點的話，可能會有幫助吧。」

二、不要預支未來的煩惱。

爸媽焦慮的幾乎都是未來的事，也就是幾乎無法控制的事。每當我們向家長保證，無論孩子現在遇到什麼難題，一切都會船到橋頭自然直，爸媽的焦慮程度就會大幅降低。孩子表現不佳，爸媽之所以備感壓力跟痛苦，是因為害怕孩子會就此一蹶不振，擔心孩子會深陷困境，永遠無法脫身。

恐懼的心情出現時，記得把眼光放遠一點。人生不是一場競賽，何況世界上大器晚成的人比比皆是，原本表現欠佳的兒童和青少年，後來都擁有快樂成功的生活。孩子在童年或青春期的表現，不等同他們一輩子的表現。前額葉皮質在青春期會快速發展，一直持續到成年初期，所以馬克吐溫才曾說：「我十四歲時，只覺得自己的父親愚昧無知，完全受不了這個老人在我身邊。沒想到，等到我二十一歲，卻意識到他七年來的成長讓我嘆為觀止。」

多數孩子在童年、青春期、成年初期都沒有經歷太多艱難，就算確實遇到難關，許多人最後也都順利克服。如果你一直杞人憂天，替孩子擔心，這樣只會愈幫愈忙。

三、認真做好自身的壓力管理。

一九九〇年代末期學界做過一項調查，兒童和青少年表示他們最想要的事情是「爸媽能過得更快樂、壓力更小」，甚至超過了「爸媽多花點時間陪伴他們」這個選項。⑭別忘了，當時智慧型手機尚未盛行，生活步調也不像現在這麼瘋狂。俗話說「孩子有多不快樂，爸媽就會多不快樂」，反過來說也是一樣，就算你沒有對孩子大小聲、責罵、說教或是冷落，他們還是能察覺到你的壓力跟不快樂。不是只有爸媽會擔心孩子，孩子也會擔心爸媽。

所以，請把生活步調放慢，保持運動，睡眠要充足。（請留意睡眠充足的定義。曾有父母自滿地誇耀他們一定都會「睡飽」四小時，結果他們的兒子也跟著有樣學樣。）如果你還沒有靜坐的習慣，不妨開始練習。有個做超覺靜坐的青少年曾經跟我們分享，他發現「超覺靜坐可以讓思緒平靜，也可以讓媽媽鎮定。」自從他媽媽養成靜坐的習慣，在家就比較能做到不焦慮的陪伴。

讓自己超脫，為自己保留足夠的休息時間，這一點到第六章會再詳述。現在的成年人連暫時放下3C產品的時間都很少，很少在放鬆時把注意力轉向內在。已有上百項研究顯示放鬆大有好處，所以，別再心不在焉，要專注活在當下，無論是你獨處或陪伴孩子時，都請盡量全心全意。

四、與恐懼共處

每當你焦慮，不妨詢問自己一個能為你帶來力量的問題：「我最害怕的是什麼？」在腦中想像最糟糕的情況是什麼，這樣就能幫助你平靜。詢問自己「我會怎麼做？」你會意識到自己依然願意給予孩子關愛和支持。這樣可以幫助你放下，不再試圖掌控自己無法控制的情況。以下是我們最常聽到家長擔心的問題。

我害怕孩子這輩子就完了。或許你擔心孩子現在犯的錯，會導致他們日後無法接受良好教育，無法獲得成功必須的技能，結交不到真正的朋友，或是一輩子結不了婚等等。首先，請你回想自己國、高中遇到的挑戰，如今你還是深受其擾嗎？你已經成長跟改變，當初的難題都成了小事。如果你能給孩子機會，他們也可以。

記住我們在第二章問的問題：「這是誰的人生？」萬一哪天你擔心的最壞情況發生了，你對孩子的愛會一樣嗎？你會盡你所能幫助他們嗎？答案是肯定的。你的責任就是給予孩子愛和支持。保護他們免於痛苦不是你的責任，而且你也無法辦到。

如果我不堅持我的標準，孩子可能會以為我認可他們的不良行為。很多焦慮的家長往往會對孩子特別嚴格，他們不容許半分的鬆懈，因此持續表現出對孩子某些行為的不認同，一直挑剔孩子相同的問題，例如：餐桌禮儀、保持環境整潔、要刷牙或寫功課等。這樣只會招致反效果。事實上，如果你一直想要改變孩子，而他們心存抗拒，則他們更可能持續出現負面的行為模式，因為此刻他們的掌控感是來自於「不要受到你的影響」。試想，如果你的伴侶、家人或是朋友不停叫你改掉某些行為，順從他們肯定是你最不願意做的事，不是嗎？

我怕要是稍有疏忽，孩子受傷或死掉怎麼辦？如果你極度擔心孩子在上學途中被綁架、遭攻擊或出車禍，我們的回應可分成兩部分。

第一，請記得現在是史上居住最安全的時期，你會恐懼只是因為用扭曲的觀點看世界。現在的犯罪率和車禍死亡率都創下數十年來新低，升高的是我們防範危險的標準，[15]一心想確保每個活動百分之百安全，每項物品都要消毒，但這樣是沒用的。以遊戲設施為例，作家蘿森（Hanna Rosin）在《大西洋月刊》當中指出，[16]現代人大費周章想要消除遊樂場地的所有風險，卻也大幅壓縮了多數遊戲讓孩子探索創造的空間，更何況，「我們對安全性的高度講究，並未明顯降低兒童事故的發生。」

第二，當你想要盡可能保護孩子的安全，最佳的辦法其實是讓他們擁有經驗，學會如何判斷。允許六歲的孩子爬樹，萬一他們跌倒，就能學會管理風險跟控制肢體的重要技能。就算手臂骨折要打石膏，他們知道自己經歷過一場可怕的意外，但存活了下來，這會幫助他變得更加強壯。蘿森的文章指出，曾從高處摔傷的孩童，到了十八歲時懼高的可能性較低。比起苦口婆心，經驗往往是更優秀的老師，孩子也會學乖下次更加注意。他們需要練習控管、承擔風險（指的是不會危及性命的風險）。畢竟，人生不可能毫無風險，我們談戀愛、工作、財務上總是需要冒險，學習辨認並管理風險是成長的一部分。提醒孩子，你無法一直看顧他們，保護他們的安全，他們得對自己負責任。要是孩子認定你永遠都在，就無法學會謹慎。有個母親是這樣比喻的：「想保護孩子的腳，與其試圖把全世界都鋪上地毯，不如直接給他們穿鞋要容易得多。」或者，套用電影《怪奇孤兒院》當中孩子對院長說過的話：「我們不需要妳讓我們覺得安全……妳已讓我們變得更勇敢，這樣更好。」

五、抱持不加評斷、接納現實的心態。

作家艾哈德（Werner Erhard）在一九七〇年代有句名言：「該是什麼的，就是什麼（What is, is.）。」意思是要接納這個世界原本的樣貌。套用在人身上的話，就是當你愛一個人，也要去愛他的缺點。

所有的情緒痛苦，都有共同的源頭：希冀現實能改變。期望孩子成績更好、交更多朋友、少玩點電動跟社群媒體、少點焦慮、多吃或少吃一點、飲食習慣健康一點……在《擺脫情緒痛苦得來速》（Rapid Relief from Emotional Distress 暫譯）中，作者艾莫瑞（Gary Emery）和坎貝爾（James Campbell）建議每個人要學著接受現實，誠實以對，跟當下的處境和平共處，[17]他們提倡一套簡稱為「行動ACT」的方法，分別代表了接受（Accept）、選擇（Choose）以及付出行動（Take Action），如果套用在孩子身上的情況，可以改寫成：

接受：我「接受」孩子在校表現有待加強，我「接受」孩子沒有朋友、有閱讀障礙……而且我把這個情況視為只是他們人生之路的一段過程。

選擇：我「選擇」成為沉著冷靜、善於體諒的家長，跟孩子的關係建立在對他們的支持之上。

付出行動：我會「付出行動」，提供孩子協助，專注在他們的優點，必要時幫他們設立限制。我也會以身作則，當個接納、懂得照顧自己的好榜樣。如果孩子在閱讀、數學或其他地方由別人幫助他們比我適合，我也會尋求他們的協助。

所謂的接納，不等於是你贊成、縱容或任由自己被冒犯，而是單純面對現實的情況，不在內心抱怨或全盤否定。如果你的想法是「這個世界或我的孩子應該要是什麼樣子才好，現在這樣是不對的」，這樣不會有幫助。「接受現實」是唯一適合取代這種想法的替代方案。

「接納」這種態度，是帶著力量。首先，接納孩子本來的樣子，傳達了你對他們的尊重；其次，接納也是代表你在做選擇，選擇接受「這就是事情本來的樣子」，這樣會提升你的掌控感，而一味掛念著你必須改變、卻無能為力的事，則會降低掌控感。例如，為什麼我的孩子有ADHD？為什麼我的孩子有厭食症？為什麼這種事偏偏發生在我身上？最後，如果我們從接納開始，就能更有成效地設定限制和紀律，接納會讓我們更懂得靈活變通，處理事情時可以更周延，而不是依靠直覺跟衝動的反應。

就我們所知，你的孩子目前是什麼樣的人，以及面臨著什麼情況，有可能就是他們現下注定應該如此。如果你能接受這一點，這不代表你不希望他們有最好的前途，只是代表目前你沒有證據能夠確定他們就是偏離正軌。

讓我們來看一則中國的「塞翁失馬」故事。從前，有一個很有智慧的老農夫，他跟獨生子相依為命，家貧如洗，只有一匹馬可以幫忙耕田。有一天，馬逃跑了，鄰居對他感嘆：「真不幸啊，你們家已經那麼窮，這下子連馬都沒了。」老農夫回答他：「不幸或幸，很難說。」接下來的那段日子，農夫都只能跟兒子親自下田，幹著乏味漫長的苦力工作，父子倆都搞得很狼狽。沒想到，大約一週過後，他們的馬不但回家了，還多了兩匹野生的馬，顯然是牠離家時遇到一群野馬，其中的兩匹跟著牠一起回家。鄰居說：「你真是好命啊，現在可有三匹馬幫忙耕田啦！」老農夫淡定回應：「不幸或幸，很難說，人生的路遠得很。」老農夫的兒子在田裡想要馴服野馬的時候，從馬背上摔了下去，腿嚴重骨折，只能臥床休養，老農夫聽到鄰居又評論他們家真是不幸時，依然老話一句：「不幸或幸，很難說。」不久之後，皇帝出兵攻打蒙古，命令每戶人家都要派出壯丁，老農夫的兒子由於臥床無法行走，不能出征，自然保住了一條小命。

這個故事的重點再清楚不過。面對孩子的教養，我們也應該都跟老農夫一樣謹記在心：人生的路很長，沒有人能確知接下來會發生什麼事。

隨時練習

- 安排時間與孩子相處，親子時間最好完全禁用3C產品。記得花相同的時間輪流陪伴每一個小孩，這樣對他們很有療癒作用，也有助於你享受他們的陪伴，還能讓他們感覺得到爸爸媽媽把他們當成生活中的第一優先。
- 如果你有嚴重的焦慮症，請想辦法處理。接受治療對你自己跟家人都有好處，我們推薦認知行為療法，你會學到有效的策略，找出是哪些扭曲、無用的念頭導致你嚴重焦慮，也能學會摒除腦中的負面念頭。此外，你也可以學靜坐、上瑜伽課、運動、接觸大自然，而且睡眠盡量要充足。如果跟朋友相處有助於你心情平靜，就多跟他們聯絡。
- 避免出於恐懼而幫孩子做決定。每當你發現自己想的是「要是現在不做這件事，我怕就會……」，那就立刻停止往下想。你該做的是真心覺得適合的事情，而非擔心後果不得已才做的事。
- 如果孩子遇到麻煩，你可以每天空出一小段時間為他們擔心就好。把「煩惱時段」寫進行事曆，有助於你的大腦知道不用一整天都為這件事掛心。
- 記住有哪些事該由孩子自己負責，而你的責任絕對不包含看到孩子的一切都順順順利。
- 如果家中青春期的孩子有事讓你煩心，而你們已經討論很多次都還是無法解決，你可以寫一封短信給孩子，簡單說明你的擔憂，提供孩子可能需要的幫助，並保證接下來你一個月都不會再主動提起。違反承諾重提時（你一定會的），要向孩子道歉，並保證不會再犯。

- 拿出一張紙，在中間畫條直線，左邊欄位寫下「沒關係宣言」，例如：「杰瑞米有學習障礙，這樣沒關係」、「莎拉目前交不到朋友，這樣沒關係」、「班恩目前有憂鬱症，這樣沒關係」。接著在右邊欄位寫下你對於沒關係宣言浮現了什麼樣的想法（可能是反駁），再對這些想法提出質問，例如：「我真的確定這個想法符合現實嗎？」「如果放掉這個想法，我會是什麼樣的人？」這項自我質疑的練習是由作家兼演說家凱帝（Byron Katie）與他人合作提出的實用方法，用以察覺有哪些想法會讓自己深陷於負面的評斷。⑱
- 幫你自己制訂減壓計畫。你可以更常運動嗎？可以增加睡眠時數嗎？什麼活動有助於你保持冷靜？你如何才能更常從事這項活動？千萬別為了陪孩子而犧牲掉自己的身心健康與快樂，一定要保留時間給自己。
- 對於自我接納先以身作則，並向孩子解釋你如何練習接納自己。

第五章

內在動力：如何幫助孩子培養動機

培養孩子的動機是一件棘手的任務。爸媽無不希望孩子可以主動想要練習樂器、把數學考好、整理家裡、幫忙擺餐具……但是，萬一他們就是不想做呢？我們已花了不少時間了解「爸媽無法強迫孩子去做他們不想做的事」，你或許已在納悶：那我到底還能怎麼辦？

答案揭曉：你能做的其實可不少。

首先要指出一個重要的差別。有些事情爸媽希望孩子去做，純粹是因為這些事「必須完成」。例如，女兒練習小提琴並不是優先要務，但女兒上車後繫好安全帶、早上準時刷牙、換衣服準備出門，這就是「必須完成」的事，否則孩子上學就會遲到，父母上班也會來不及。

這類例子不勝枚舉。有些事需要孩子完成，全家人的生活節奏才能順利，但孩子對這些事缺乏動機，他們的百般不願也為其他家人帶來壓力。如果你在平日早上七點左右前往一般人家門外，就會聽見屋裡的人滿是挫折感與壓力。對於這些非得完成的事務，多數爸媽依賴的是自古傳承下來的外在動機策略——「胡蘿蔔和棍棒」的賞罰制度。獎勵可以帶來成效，在某些情況甚至可以激發良好的習慣，也可以鼓勵孩子完成短期目標、改正行為，並願意跟大人合作。獎勵可以促使孩子跨出最重要的第一步，進而開始去做某件事。對於有些孩子來說，尤其是ADHD兒，獎勵可以活化他們的大腦去從事無趣的任務，也可以幫助他們認真處理對自己確實頗具難度的事情，像是準時睡覺或寫功課。不過，上述這些情況都無關乎培養孩子的動機，只是在設法要孩子配合而已。

這種短暫的措施，不是本章要探討的主題。爸媽的目標應該放在「孩子長期人生所需的自我動機」之上，也就是幫助孩子找到內在動力，讓他們能夠投入一件事後堅持不懈、激發潛能，並採取行動邁向他們想要的生活。最近四十年來的研究一再顯示，無論爸媽是從外在給予孩子誘因（例如：好寶寶貼紙），或是施行自然後果、邏輯後果以及其他形式的監督管教，都有損孩子的內在動機。我們想做的是協助孩子懂得自我激勵，了解他們能對社會有所貢獻，成為自身生活的掌控者，活出意義十足的人生。

內在動機的損害不會立即發生，而是隨著時間逐漸削弱。研究顯示，對孩子的成績或其他成就給予獎賞，可能會降低表現、破壞創造力，甚至導致考試作弊或服用增強表現的藥物等不良行為。①更重要的是，這些外在激勵因素可能會讓孩子覺得自己的人生是由別人負責，而非他們自己。獎賞也可能會磨損孩子對某個事物的興趣，變成只對獎勵本身感到興趣。

還有，我們的大腦聰明得很，會識破外在激勵因素。人類的演化方式就是偵測出這些因素，進而抵制他人想要脅迫我們的意圖，我們常會設法在沒有真正完成工作或任務的情況下就取得獎賞。這正是為什麼有的孩子每科都拿高分，但沒多久就把學習內容忘得一乾二淨。

本章的目標是讓你放下多數的胡蘿蔔和棍棒，讓我們進行一趟更為深入的大腦之旅。笑一個吧，你將不虛此行。

影響行為背後的感受和想法

只要認識「動機」在大腦和身體當中的運作原理，就可以幫你更加理解孩子。好消息是，心理學和神經科學對於如何「製造」動機的看法一致，甚至還提供了一份「食譜」，主要成分如下：

正確的思維＋自主權、勝任感、關聯性＋多巴胺的最佳含量＋心流

如何設定思維模式。你可能聽過知名心理學家卡蘿．杜維克（Carol Dweck）對於動機和思維的研究成果？她的研究在許多領域都受到肯定。據她表示，擁有「固定型思維」的學生會將犯錯看成是自身缺乏能力所致，且無力改變。相較之下，擁有「成長型思維」的學生則專注於努力，深知唯有如此才能讓自己更加卓越，這類學生擁有掌控感，相信自己有能耐將一件事做得愈來愈好，更確切地說，是相信自己有辦法在「每件事」都能精益求精。

杜維克的研究也發現，成長型思維的學生認為上課的重要目標是學到東西，而不是拘泥於取得好成績。換句話說，他們的動機是來自內在，而非依靠其他人讚揚自己很棒、很聰明。增進孩子的成長型思維正是絕佳妙方，有利於提升掌控感、情緒發展以及學業成就。②

如果你想鼓勵孩子建立成長型思維，杜維克博士的建議是：**不要稱讚孩子的天賦能力，而是要稱讚他們試圖解決問題時付出的努力以及運用的各種策略**。別對孩子說「你好聰明」，改說「看到你這麼積極求知，我覺得很好」，也別說「這次成績很棒」，改說「你這次考試準備好認真，我覺得你很棒」。杜維克解釋：「把焦點放在內在的心力時，可以消除無助感，帶來成功的表現。」③要想孩子擁有自我動機，成長型思維無疑是最具價值的心態。

自我決定論。培養孩子的動機是我們工作的重點，所以我們研究了頂尖專家的相關理論。除了杜維克博士以外，卓越的心理學家戴西（Edward Deci）跟瑞安（Richard Ryan）也是我們取經的對象。這兩位學者提出了在心理學領域廣受支持的「自我決定理論（self-determination theory）」，認為人類有三大基本需求：

自主感（sense of autonomy）

勝任感（sense of competence）

連結感（sense of relatedness）

這三項都是培養內在動機的要素，其中以「自主感」最為關鍵，讓我們從這點開始。激勵孩子（大人也是）的最佳方法就是支持他們的掌控感。有上百項研究指出，無論是在學校、家庭或是企業，比起給予獎賞或懲罰，向對方解釋一項任務重要的原因，並在他們執行時給予最大的自由，才能夠激發最強烈的動機。如果老師能培養學生的自主感，會催化他們的內在動機，也會渴望面對挑戰；而父母若能鼓勵孩子建立自主感和掌握感，他們就更有可能樂於探索興趣，拓展自己。大人想提升孩子的自我動機，最好的辦法就是盡可能給予他們選擇的掌控權，這也包含了詢問他們想要勝任、負責哪些事情。④

第二個關鍵就是勝任感，對於這一點可別誤會了。許多爸媽只關心狹義的勝任感，以為讓孩子變身數學達人或足球高手，就能誘發內在動機，他們看重的是外在的勝任表現，於是一邊對孩子嘮叨挑剔，一邊幫孩子擬定計畫，但這樣只會犧牲掉自主感和連結感的需求。我們不妨將自我決定理論想成是一張三腳凳，要是只有一支椅腳特別長，並不會讓人坐得比較高，只會讓整張椅子傾倒。

勝任感當然有其重要性，沒有人會喜歡覺得「我爛透了！」不過，就如杜維克所言，比起擁有超群卓越的表現，勝任感的重點在於「感覺得到」自己有辦法掌控某個情況，這代表的是足以勝任的感受，而不是贏得一座「叫我第一名」的冠軍獎盃作為展示品。這份成就量表來自於內在，而非外在。支持孩子培養勝任感是做爸媽的職責所在，「這次的自然科考試你真的很認真準備，就算沒拿到你理想的成績也沒關係，我以你為榮！我們都很清楚，你離目標愈來愈近了。」請記住，你沒辦法代替他們建立勝任感，企圖這麼做也只會減損他們本身的動機。

最後，連結感是指感受到跟他人有情感連結、受到關懷。孩子覺得跟老師有連結感時，會願意為了老師用功。每當奈德問自己的學生前一學年最喜歡學校的哪一門課，聽完回答後他都會再接著問：「是因為課程本身嗎？還是因為老師？」至少有一半的答案都是「因為老師，老師教得很好」。相同的道理，當孩子覺得跟你擁有連結感，當你傳達出無條件的愛，他們會在心中想著：「比起成績，爸爸媽媽真正在乎的是我。」也就是說，如果有人關心孩子，給予他們無條件的愛，孩子也會對他們的價值觀跟目標產生認同。

假如你相信教育和努力的力量，而且希望孩子也有相同的信念，那麼不要每次孩子考不好回家後你就加以責備。你可能認為這是傳達價值觀最好的方式，但這樣會帶來反效果，因為這種做法意味著有條件的愛。他們有可能已經為了成績不好心煩，你應該表達的是體諒：「我知道你不好受，也知道你很認真準備，如果你願意，下次考試我很樂意跟你討論可以怎麼準備。」你注意到了嗎？這樣回應時，你不只是向孩子傳達了同理心（連結感），同時也在提醒他們還有方法可以讓下次表現更好（勝任感），而且，補上一句「如果你願意」，會讓他們知道自己擁有掌控權，有爸媽擔任可靠的顧問，而不是霸道的主管（自主感）。

該怎麼獎勵：多巴胺的作用。心理學界從一九七〇年代以來對於動機的主張，到今天也獲得腦科學研究結果的證實。我們在第一章就提過，大腦中的獎勵系統是以「多巴胺」作為燃料來活化腦部並供應能量，每當好事降臨，多巴胺就會迅速激增，特別是在我們引頸期盼的時候。不只是人，動物也是一樣，想像一下，狗狗看到主人朝放牽繩的地方伸出手時會有什麼反應？牠知道主人是要拿牽繩，代表可以到外頭蹓躂了，牠會立刻站起來亢奮地轉圈，巴不得快點出門，這時的牠完全無法在原地保持冷靜。你在上班的時候如果覺得某個任務很無聊，此時你的前額葉皮質裡多巴胺含量就較低，你就提不起勁，也懶洋洋的不想去做。孩子不想寫功課時就是這種狀況。

多年來我們遇過許多孩子，需要三催四請才會寫功課。他們的爸媽說到他們的時候，聽得出對孩子的愛，同時也無奈地說他們是世界上最會拖延的孩子：「每次要寫功課的時候，我們就火大，他一拖再拖，我們告訴他快點寫好就能去玩，講幾次都不聽，真的不知道該怎麼辦。他明明就有能力做到，只是不想做。像昨天晚上，弟弟七點半就寫完功課了，他拖到七點四十五分都還沒開始動。弟弟想去吃冰，我們就告訴他，等他寫完我們就去冰淇淋店。結果他八點就搞定了。寫功課才花十五分鐘！他平常都要拖上好幾個小時才開始。」

多巴胺在產生動機、預期愉悅等事上都扮演舉足輕重的角色，也難怪孩子會有上述情形。寫功課的念頭無法刺激她的大腦分泌足量的多巴胺，所以她渾身沒勁，但要去吃冰淇淋的想法立刻讓多巴胺的含量急速上升（就如同利他能 Ritalin 對 ADHD 兒的效果），因此，她才有辦法專注於無趣的任務，打破紀錄飛快地把功課搞定。

就算用冰淇淋當誘因可以短期見效，你也不可能每晚都用同一招。況且，我們也知道了給予獎賞只會摧毀孩子的內在動機。所以，該如何幫助孩子建立健康的多巴胺系統呢？方法會跌破你的眼鏡：只需要鼓勵孩子認真去做他們熱愛的事情就好。是的，就是這麼簡單。

喜歡的事就去做吧：進入心流。一九八〇年代中期以前，當時的人並未意識到大腦是能改變的，以為天生如何就一輩子如何。後來科學家才發現，其實大腦能夠建立新的迴路，一個人如何運用專注力以及專注於什麼事物，都會對腦部發展帶來顯著差異。⑤

孩子認真去做喜愛且富挑戰性的事情時，便會進入「心流」狀態——時間過得特別快，雖然全神貫注，但沒有感受到壓力。心流狀態下的大腦，多巴胺等特定的神經化學物質會激增，⑥這些神經化學物質對大腦而言好比是增強表現的藥物，讓人思考更敏銳，吸收資訊更迅速。

要想體驗完全投入的心流狀態，從事的活動必須具有挑戰性，不至於乏味，但也不能太過於困難，否則壓力就會過大。想像一下打網球時，如果對手的實力遠低於你，打起來多沒意思。可是如果對手比你厲害太多，簡直像在折磨你似的，你也無法樂在其中。要是對方程度跟你差不多呢？這時的你就會體驗到何謂心流。

因此，當八歲的孩子緊抿嘴唇，全神貫注用積木蓋城堡，他們在做的其實是讓大腦習慣產生動機，正在設定自己的大腦，將強烈的愉悅感連結到高度專注、練習、認真投入的狀態等。就如同經常處於高壓時，會讓年輕的大腦發育不健康一樣，頻繁處於心流狀態時，則能讓年輕的大腦更具動機與專注力。

心理學家拉森（Reed Larson）研究孩童和青少年的動機發展時，發現了心流體驗正是製作出動機的秘密因素。[7]針對拉森博士的研究成果，卓越的神經科學家黛蒙（Marian Diamond）的結論指出：「孩子專心做最喜歡的消遣時，不只會感到興奮，也忘掉了煩惱。伴隨這些感受出現的就是高度內在動機，會強化孩子們的努力、學習、成就感。這些收穫，是從其他方式無法得到的。」[8]這就像是進行不同運動類型的交叉訓練，假設你的終極目標是培養孩子強壯的心理和雙腿好參加馬拉松，先讓他們玩跳繩或跳房子正是鍛鍊腿力的好方法。

就和運動一樣，心智的訓練也需要逐步進行。孩子在八歲學會玩樂高以前，四歲時先玩的是幫娃娃穿衣服，這個遊戲需要高度的內在動機（他們必須自己真心的想要玩），但不需要高度的注意力（他們可以一下子就結束穿衣服的遊戲，直接玩芭比娃娃）。隨著孩子漸漸長大，他們參加更具挑戰性、更組織的遊戲或活動，就會需要更高度的內在動機和注意力。換句話說，這時他們就漸漸開始體驗到心流狀態。[9]

上述歷程不僅適用於孩童，同樣也適用於青少年。青春期的孩子可能學業表現欠佳，卻熱愛滑雪、繪畫、彈奏樂器等，如果你希望他們有動機去做那些你認為他們應該專心做的事，絕招就是允許他們也把時間花在他們自己想專注的活動。

比爾博士之所以知道這個方法有用，除了他的科學知識之外，更有他個人的經驗。他念高中時GPA成績只有二點八分，也沒興趣當好學生。讀國中的時候他愛上搖滾樂，到了高中樂團就是他的全世界，每晚都花大量的時間練習，忙著自學和弦、彈奏樂器以及練唱，樂此不疲。晚上在家時，他經常七點一到就迫不及待開始練音樂，在心中跟自己約定八點十五分就要出來寫功課，但通常等他感覺時間到了，其實已經九點四十五分了。這就是心流狀態的魔力。日後回首，他才恍然大悟：青春期的自己無意中打造出了熟悉心流狀態的大腦。等到他後來遇到感興趣的學科才有辦法全心投入，後來更成了終生志業。

青少年就是青少年，不是成年人

有個十三歲女孩說過的話我們非常欣賞。她的爸爸很嚴，希望她成績變好，而她的心聲是：「我老爸是我認識的人當中最聰明的，但他那些方法用在我身上就是沒用。長在我脖子上的，又不是中年男子的大腦。」

這個女孩可以說是有超齡的智慧。上述這種親子代溝的情況很常見，爸媽受不了孩子念書的方式，也不懂孩子大腦的運作方式跟上一代不同，因此不知道「對大人有效的方式，不適合十三歲的孩子」這個道理。

我們來看看奈德老師有位名叫格藍的學生。他是個聰明的孩子，充滿好奇心，反應靈敏，而且還辯才無礙。不過同時，他也是個拖延專家，每件事都要到最後一刻才會做。他媽媽每天都載他去上學，可是他都是拖到上學途中，才開始在車上趕報告，而且還是用手機輸入。雖然他媽媽很受不了兒子這樣，但是每天早上的匆匆忙忙，再加上大腦內激增的化學物質，都讓他全神貫注，順利搞定作業，而且他每一科還都拿A。只是，他寫作業的方式，媽媽很不認同。

「要是他可以提早開始寫報告，每天都寫一點，不是會輕鬆很多嗎！」他媽媽抱怨。這話說的也沒錯，只不過，奈德老師聽完媽媽的敘述之後，很委婉地回說，她希望的方式，只有對媽媽比較輕鬆。

「你這話是什麼意思？」她問。

「我的意思是，」奈德回答：「妳現在聊的是個青春期的男孩，對吧？青春期對妳來說是比較久以前的事了，其實他只是大腦的運作方式跟妳不同。這孩子是想辦法要把作業完成，他知道自己處於壓力時效率最好，或是要有壓力才有辦法做事。」

「可是要我眼睜睜看到他浪費這麼多時間，又都趕在最後才把事情做完，我很難受啊。」媽媽說。

奈德微笑建議：「那妳就不要看嘛。」

格藍跟媽媽之間的緊張狀況並不罕見。部份的原因在於，兩性的多巴胺機制不同。整體而言，女生對學業成就比較感興趣，也較能長期維持動機，經常設定較高的標準，評估自身表現時也較為嚴格。她們更在意要讓父母、師長開心。⑩由於她們通常同理心較強，因此也就會更怕讓老師失望。她們的多巴胺通常較早開始分泌，也持續較久的時間，所以有些人甚至能夠提早兩天寫完報告。女生不需要依靠「截止時間逼近的壓力」才能開始做功課。事實上，截止時間若是過於急迫，反倒容易讓她們慌張，杏仁核會激活，無法好好做事。

兩年前，奈德有幾個學生念同一所學校，有次他們在同一週都需要交歷史報告。在截止前的週五，奈德問第一個女生報告做得如何，她回答：「很不錯，就剩下要補充腳註而已。」第二個女生的進度也差不多：「寫好嚕，但還要修潤一下。」第三個女生的回答也一樣。隔天，換三個男學生來上奈德的課，奈德問第一個男生：「嗨，奧斯卡，報告進度怎樣啊？」他回答：「噢，還不錯！我一直都在做……我是說，我已經有靈感可以怎麼寫了。」輪到第二個男生，他回答：「我要找時間，把我想好的內容寫下來……嗯，算是還不錯！」第三個男生基本上也是相同。請注意，這些男孩子並沒有覺得壓力大，對他們而言，就只是還沒動手寫而已。

男生跟女生當然不該放在一起相提並論，但也有例外，用「性別」來分類畢竟無法適用於每個孩子。一般而言，女生偏好事情在掌控之中的感覺，一旦進度落後或待辦清單太長，有些女孩子就會容易感到壓力。女孩長大成人後，許多人當了媽媽，在家庭中通常都是媽媽監督兒子的功課，兩性大腦之間的運作差異，造成的結果就是一次又一次的「多巴胺大戰」。

除了性別是可能的影響因素之外，對於患有ADHD、焦慮症、憂鬱症的孩子來說，動機的運作方式也大不相同。ADHD兒的多巴胺含量比一般孩子低，需要旁人的各種協助才能啟動他們的動機。[11]家有ADHD兒的家長請放心，我們會在第十一章專門討論有哪些辦法可以幫助孩子專心寫功課，如適度的藥物、提供誘因、多運動等。

最後一點需要知道的是，會讓孩子產生動機的事物因人而異，有些孩子喜歡建立親近的人際關係或幫助別人，有些孩子則渴望高度成就，有些孩子熱愛學習新事物和獲得新技能。即使是喜歡相同事物的孩子，也可能是基於不同的理由。許多熱衷於電玩或運動的孩子，並非喜歡比賽的刺激或是勝利的快感，而是因為跟朋友一起從事活動很愉快。有些孩子努力取得好成績是為了個人的滿足感，有些則是為了長期目標而致力於學業表現。同樣地，孩子也可能為了各式各樣的原因參加高中學生會的競選，例如想要學習政治運作、協助解決朋友的困擾、替申請大學的履歷加分、體驗具有聲望的感覺、滿足具有地位的渴望等等。

如果爸媽能留心這些差異，就能幫助孩子了解什麼事物能誘發他們的動機，以及什麼事情對他們真正重要。知道這些之後，也可幫助爸媽理解為什麼孩子有時會做出看似極不明智的決定。比方說，孩子本來可以選擇進入更具學業挑戰性的菁英高中，卻決定要跟所有朋友一起念當地的公立高中。⑫我們認識一個學生，她棄讀原本課業壓力較大的高中，因為學校叫她放棄喜歡的課外活動，這樣才有更多時間寫作業。可是她想：「我才十五歲，何必放棄現在熱愛的事情？」於是她轉到別所高中，並以優異的成績畢業。如今她讀大學了，在校表現得很好，雖然她的大學不是以學術表現著稱的名校，但卻是她的第一志願。她對於學術研究沒什麼興趣，這孩子很聰明，早就認清了這一點。

四種方法，解決孩子缺乏動機的問題

有些孩子處於「動機光譜」的兩個極端：一端是超級完美主義者，極力追求成功，搞得自己壓力大到生病；另一端的孩子則對一切都不在乎，明明知道哪些事情符合自身的最佳利益，卻依然反其道而行。我們的發現是，處於這兩極的孩子都是缺少掌控感，但最適合他們的解決方法差別很大。以下就根據最常見的動機問題將孩子分成四類，我們來看看可以怎麼應對。

一、關於「自毀前程」的孩子：我的孩子知道他需要什麼，但就是沒有去做的動機。感覺他簡直是在自毀前程。

許多孩子符合這類描述，他們自己也想要在學校或學校樂團表現良好，偏偏就是無法投入所需的時間，去把該做的事完成。

如果孩子屬於這個類型，你可以幫助他們了解這個事實：目前看似不重要的事，對他們的長期目標卻很重要。很多家長來尋求我們的協助之前，其實都已經試過告訴孩子這件事，我們也知道這並不容易。如果孩子主要的興趣是跟朋友相處交際，除了給予鼓勵，你還可以協助他們看到這個興趣對他們將來的工作可能有什麼幫助，比方說，他們這樣的特質，就適合成為老師、心理學家、談判專家、律師或業務主管，這些都可能是讓他們得以實現自我的職業。同時，你也要提醒孩子：要求「人際技能」的工作職位，大多數都規定要有大學甚至碩士學歷，如果孩子想要用有意義的方式跟人互動，藉此為生，就必須認真念書，以便獲得學位。

你也可以協助孩子找到屬於自己的理由，進而願意投入心力在自己認為重要的事情。我們經常試著幫助孩子分辨「感覺想做」跟「決定要做」兩者的區別。我們可以用新手爸媽當例子：新生兒半夜大哭，是由爸爸負責去把嬰兒抱到媽媽身旁喝奶。爸爸每次都「感覺不想要離開被窩」，但是依舊「決定要下床去抱小孩」，總不能讓女兒挨餓吧（而且把新生兒搞定，父母也才能繼續睡覺）。運用這樣的思維，我們會鼓勵孩子自我喊話：「就算感覺不想，我還是決定要做，因為這對我很重要，對我的未來也很重要。」不難想見，孩子經常會發現，比起只是在心中說著「我不想做」，改成宣告「我決定要做」更有激勵的效果。

所有的成功學教練或生產力大師都會告訴你，如果孩子選好目標後，能在腦中想像達標的畫面，就會讓大腦誤以為真的已經實現。[13]讓孩子寫下目標也一樣，這是一種很有力量的強化方式，而且由他們親手寫下，也很適合提醒他們這是屬於自己的目標，不是爸媽的。寫下目標有利於大腦更常透過前額葉皮質運作，而非只是對於眼前的急迫需求或壓力做出回應或反應。

此外，你也可以提醒孩子要達標並非一蹴可幾。假設你的孩子是奧運選手，目標是贏得四面金牌，把目標寫下後貼在牆上，每當他飢腸轆轆想吃披薩，一看到牆上的目標，就可能會放棄油膩膩的垃圾食物，改吃一盤健康的雞肉沙拉。這並不是說孩子非得有參加奧運那樣遠大的目標——在設定目標時，其實難度不能太高，時間也不能拉得太久，才能激發孩子的動機——不過，相信你懂得我們想傳達的重點是什麼。

你還可以鼓勵孩子把寫下目標的紙張放在經常看得到的地方，可以收在書包內明顯的位置或是貼在臥房牆上。奈德曾有個學生想要轉學到喬治城大學，為了提醒自己努力達標，他甚至一直把喬治城大學的校服穿在身上。

你也可以協助孩子在感興趣的領域建立訓練的紀律。要是孩子喜歡打棒球，平常只有例行練習，沒有額外加強，你不妨提議：「我知道你熱愛棒球，只要有人陪你打，一次玩好幾個小時都沒問題。你想要我每星期邀請有在打棒球的高中生跟你一起練嗎？還是邀請你的朋友比較適合？」孩子在培養技能時，大腦會開始習慣認真投入的狀態，有助於他們在重視的活動上愈來愈進步。

上述都是比較簡單的建議，對很多「自毀前程」類型的孩子而言恐怕還不足，他們許多人都有多巴胺含量過低的問題，我們光是協助他們理解事情的真相、想像目標成真，這樣還不足以讓他們的大腦有足夠的刺激。如果孩子極度討厭做作業，建議你尋求專業人士評估，確認他們是否有**ADHD**、焦慮症、睡眠障礙、學習障礙的可能性。要想激勵這類型的孩子，其他策略還包括：

- 保持運動：即使是短時間的爆發力運動，也可以增加前額葉皮質的多巴胺，進而活化孩子的大腦，願意開始去做一件事。身體的活動，可以幫助整個人都動起來。
- 尋求社交支持：如果是兒童，你可以找年紀較大的孩子指導他們寫作業，或是讓孩子參加學習小組，跟那些比自己用功一點的同伴一塊念書，可以幫助他們專心。如果是青少年，極力推薦你善用同儕之間的支持，青少年的大腦發育模式讓他們會習慣調整自己配合同伴。研究也顯示，比起跟成年人學習，孩子從其他孩子那裡學的效果更好，由年齡較大的孩子輔導寫家庭作業，孩子的多巴胺會急速增加。⑭此外，適合交給其他人的另一個理由是：如果你的控制欲較強，或者，就算你不是控制狂，但孩子認為你是，他們「自毀前程」的本能就會開始作用。

- 搭配刺激的輔助：這類型的孩子有些需要靠背景音樂才能完成原本想逃避的任務，音樂可以當作阻絕外界的白噪音，以免他們分心，也可以讓無聊的活動感覺不那麼無趣，還能舒緩焦慮。有些孩子則比較適合安靜的環境，可以讓孩子實驗一下，找出哪一種比較適合自己。近期還有證據顯示嚼口香糖能促進大腦活化，加快處理速度，並提高生產力。⑮
- 維持健康、高蛋白的飲食習慣，並充分休息（相信你已經聽過無數次了，在此就不再贅述，但是這一點確實有效）。
- 嘗試循環練習：這類孩子通常會喜歡以下的練習方式，這樣會讓他們表現比較好：「有時間限制的、短暫的期間內密集做事，時間一到就依照規定休息」。試想，參加講座跟上課時，開頭和結尾都讓人比較難忘，但中間呢？台下的人常在神遊。因此，二十分鐘念自然、二十分鐘念第二外語、二十分鐘念社會，中間各留時間休息，這樣重複兩回合，效果可能比每科一次連續念四十分鐘來得好。這是因為增加更多的起始次數，可以幫助大腦更加專注，也更有學習動機。向孩子提議可以嘗試循環練習，他們可以自訂時段，或是由你在旁擔任教練，設馬表，大喊提醒「時間到」。
- 提供誘因：是的，我們說過外在誘因對發展內在動機有害，但有時候提供誘因也會有效，只要孩子了解你的目的是為了刺激多巴胺分泌來活化大腦，幫助他們完成本來無法去做的事情。你可以跟六歲的孩子說：「我知道少了鼓勵，你的腦袋會無法清醒，所以我很樂意提供鼓勵幫助你的大腦動起來。」提供誘因的時候也可以結合創意，還記得不寫作業的孩子，聽到要吃冰淇淋就能夠有效地完成作業嗎？爸媽下次可以說：「我曉得要讓你有動力去準備國語考試真的很難。如果你願意，我很樂意想個辦法幫你活化腦中的多巴胺，給你鼓勵。我們來試試看小測驗好嗎？考你二十個字，目標是答對至少十七個，如果沒達標，你就要做二十下伏地挺身，如果你辦到了，就換我做十下伏地挺身。」

二、關於「熱愛萬事，不愛功課」的孩子：我的孩子熱忱十足，唯獨不愛功課。

多年來，比爾在診間見過很多對學業沒興趣的孩子，但他們卻極度熱衷於手工藝、音樂、運動或是製作星際大戰模型等其他活動。

他告訴這些孩子的父母，只要孩子們努力做自己由衷喜愛的事情，那就沒什麼好擔心的，因為他們正在塑造一個「最終能幫助他們邁向成功」的大腦。比爾也告訴這些孩子：「在你覺得重要的事情上努力精益求精，對你的大腦會有絕佳的幫助喔。」（**熱衷於打電動可能是例外！**雖然打電動也並非全部都是壞處，但我們必須要謹慎判斷。第九章會再詳細探討 3C 產品對發育中大腦的影響。）比爾也提醒孩子，如果他們能將「完全沉浸」的這種心流感覺應用在課業學習上，會大有好處，而且他相信他們絕對有能力做到。

作家羅賓森（Ken Robinson）是探索天賦熱情領域的知名專家，他的著作《讓天賦自由》強調了尋找「熱情所在」跟「一技之長」之間的交會點有多麼重要。雖然一般國中生可能對這本書沒興趣，不過父母可以跟孩子分享書中的故事。例如《辛普森家庭》的創作者格朗寧（Matt Groening），他不喜歡上學，對畫畫卻極為狂熱；或是著名的《貓》劇編舞家琳恩（Gillian Lynne），她小時候上課完全坐不住，後來進了舞蹈學校卻發光發熱。這類故事可以啟發家長跟孩子正面的討論：「想要」一件事代表什麼意義？以及如何收集資訊，以求達到目標？[16]

比爾曾有一個個案叫賽巴斯丁，就讀非常嚴格的郊區高中，但他的GPA成績只有二點三分。據他描述，分數這麼低是很正常的事，「因為我根本不做功課，我是說真的，從來都不寫。」不過他跟老師的關係很好，所以每科老師都讓他及格。他告訴比爾，成績單這麼難看，自己大概沒有前途可言，恐怕也沒有大學肯收他，這輩子只能做些低薪的工作了。不過，他也有喜歡做的事，平常熱衷於參加當地的搜援隊，在週四和週六的深夜，他都忙著幫助民眾解決緊急事件。

比爾問他有沒有考慮過直接輟學。賽巴斯汀聽到了驚訝萬分，納悶反問：「你怎麼會這樣建議？」

「感覺你是在浪費自己的時間，也在浪費老師的時間。你每天花六個小時在學校做著自己不喜歡的功課，精力也都消耗在抗拒、說謊、假裝以及跟老師打好關係。」比爾一口氣說：「這樣的話，不妨考慮轉當全職的搜救人員。」他告訴賽巴斯丁，高中念得很差並不至於毀掉他的一生。

就算在高中每門課都被當掉，想回學校念書時，還是可以去讀社區大學（屬於開放入學制），等拿到三十個學分左右，幾乎就能申請大學，而且不需要出示高中成績單。比爾要他先回去思考怎麼做才符合自身的最佳利益，下次見面可以再討論。

過了一個禮拜，比爾即將和賽巴斯丁的父母見面討論。比爾心裡有點忐忑，聽說他們兩位都是大學教授，因此料想自己勸賽巴斯丁休學的這一番話，應該會讓父母不大開心。沒想到，他們一見面就先謝謝比爾對兒子開誠布公，那天兒子離開診間後開心多了，也更有活力，他們已經好一段時間都沒看到他心情這麼好。接著他們說，兒子已經有了新計畫：先念社區大學，再申請大華盛頓特區幾間大學主要的防火學系。

後來，比爾得知，原來賽巴斯丁開始研究「不要讀高中」這件事的時候，才發現原來只要自己輟學，就無法繼續擔任搜救隊的隊員。有了這個新資訊後，賽巴斯丁更有學習動機，在校表現也立刻變得積極起來，更接受一位優秀的私人家教輔導，每週四晚上也停止出任務，而他看待學校的角度也不同了。兩個月後，賽巴斯丁的媽媽聯絡比爾，她說他的GPA成績已進步到三點六分，接著詢問比爾能不能安排跟賽巴斯丁的妹妹碰面，她向來是個好學生，但看到哥哥的轉變後開始緊張了起來，因為她不像他已經知道自己真正熱愛的是什麼。

賽巴斯丁的故事是皆大歡喜的結局，卻也發人省思：如果你的孩子跟賽巴斯丁的情況一樣，你能怎麼辦？

如果孩子對課業毫無熱忱，我們的建議是先讓他們接受檢查，確認有無學習障礙、憂鬱症、焦慮症、ADHD的可能性。如果他們沒有這些問題，請尊重他們，同時也要幫助他們了解現實情況。你可能會驚訝發現，一旦孩子感覺到你的尊重，便會願意聽取你的建議。因此，如果孩子說想拿體育獎學金念杜克大學參加棒球校隊，先問他們打算怎麼達到目標，接著你們可以一起坐下來，用電腦查詢學校的成績要求跟申請條件，協助他們蒐集資訊，弄清楚該怎麼做。

如果說支持孩子去追求課業以外的興趣是個好方法，那麼「限制他們從事這些活動當作懲罰」顯然就是不智之舉。我們明白家長為什麼會想要限制孩子參加運動或課外活動，因為一天的時間就是這麼有限，孩子如果為了其他事精疲力盡，找不到時間寫功課，而你又任由他們把課外活動擺在學業前面，就會讓他們分不清優先順序。

這種擔心可以理解，但是科學證據並不支持。請記住，孩子如果不愛念書就是不愛念書，你也無法強迫他們。而且，禁止他們做感興趣的活動，不僅於事無補，反倒可能更加削弱他們的學習動機。

三、關於「意志消沉」的孩子：我的孩子對什麼事都沒興趣，完全不知道自己要的是什麼。

青少年經歷一段無精打采的時期是很常見的，這種樣子可能會讓你聯想到《小熊維尼》那頭總是無精打采的驢子屹耳。如果這種情形持續兩、三週以上，或是發生得很突然，可能就比較需要擔心，可以安排醫學評估，確認是否有導致孩子變得冷漠的身體病因。必要的話也可進行心理或精神評估，確認是否有憂鬱症或吸毒的可能性。

檢查後排除了上述這些嚴重的問題，接著你可以鼓勵他們參加服務性質的活動，並跟他們討論看電視跟打電動的時間限制。你也可以引導孩子多多參與他們可能會喜歡的活動。不過，最重要的是，你要表達對他們有信心，相信他們終會找到熱愛的事情。爸媽是無法代替孩子找出熱情的，這點對你可能很難接受，但記住這一點會有幫助。

你也可以向孩子強調「自我覺察」的重要性。讓我們很訝異的是，許多孩子從來沒有問過自己想要什麼，也從來沒有人問過他們想要什麼。他們不是忙著討其他人的歡心，就是忙著對抗其他人的控制。但是，他們需要為自己用心思量，想想他們自己的才華跟人生的目的，在心中問自己：「我想要什麼？我熱愛做什麼事？」就算你給不了答案，還是可以協助他們去提問。請認清，找到人生的興趣和動機是孩子的責任，不是你的責任。

你也該協助孩子多留意自己擅長的事。「屹耳」類型的孩子很容易就看輕自己的天賦：「我會的大家都會，沒什麼了不起。」他們也會錯誤地推斷：「這件事我會做得好，一定是因為很簡單。」這類孩子經常忽視自己的才華，只看到其他人最為擅長的領域，而且，每當他們發現自己缺乏這些領域的能力，正好就用來佐證自己悲觀的看法。

如果孩子找不到自己的強項，他們可以詢問自己：「有什麼事至少我做得跟其他人一樣好？」這樣可以引導他們去探索大方向的問題，例如：「我的人生目的是什麼？我在什麼方面需要人家的協助？我要怎麼辦，才能讓自己執行想要做或需要做的事情？」一旦他們來到了自身興趣、才華、自我覺察這三者的交會之處，就會擁有人生的方向感。當然，孩子年輕時覺得好的領域不見得一輩子都會繼續發展，但他們能就此邁出重要的一步。

比爾博士曾有一個個案叫蕾特，她有語言學習障礙，從五歲就給比爾看診，一直持續到大二。她十四歲時，她的媽媽告訴比爾很擔心女兒，雖然她的作業表現還算不錯，整體而言也都達到了爸媽的要求，但是她好像還沒有發現人生的熱情所在。比爾告訴媽媽，爸媽可以提醒孩子他們可能有興趣的領域，不過，孩子找到人生熱情所在這件事，父母是強求不來的，必須順其自然，而且往往無從預測。

半年後，蕾特的媽媽來找比爾討論學校的事，她提到：「蕾特最近剛加入了動物救援聯盟，感覺她很喜歡。」接下來的幾個月，蕾特投入更多的心力，到了年底，她已經能夠完整背出市內所有的動物之家以及待救援的流浪狗。比爾完全不意外。生活會變化，有些原本看似希望渺茫的情況也會跟著出現轉機，機會隨時可能說來就來。

救援動物成了蕾特的熱情，讓她用有意義的方式付出自己對動物的愛。三年後，她在高三到幼兒教育機構實習時，發現自己對於救援動物的付出和專注力，也能應用在她跟幼兒相處的工作上，因此開始積極學習兒童發展和學前教育。最近她剛取得幼兒教育的大學學位，愉快地從事第一份正職，擔任幼教老師。

許多屹耳類型的孩子偏好待在家裡，排斥嘗試全新或不同的事情，舒適圈的範圍很窄。他們偏好閱讀、單獨玩耍或是打電動，不喜歡動態的活動，也經常不願意參加自己不熟悉的社交場合。

很多這類孩子的爸媽都反映，要是不一直嘮叨孩子，他們就永遠不會踏出家門。想要忍住不嘮叨這類孩子的衝動很難，但是，一直碎碎唸也無法讓他們產生動機去嘗試新事物。這類孩子經常缺乏變通能力，對於自身適應新事物的能力也沒信心，以致對於嘗試新事物會有焦慮。此外，由於他們並非天生就擅長交際，也可能會對家庭和課堂以外的社交要求感到焦慮，因此，想幫助他們就得需要結合多種方法：

- 請保持冷靜，專注於鞏固你跟孩子的關係。如果你經常採用誘哄的方法，只會削弱親子關係。請記住，有些人一輩子裡面感興趣的事很少，社交圈也小，但是照樣能快樂度日。
- 詢問孩子想不想在面對陌生的情況時自在一些，減少緊張的心情。如果他們回答想，可以提議帶他們去找專家協助，提升面對新挑戰時的自信。
- 告訴孩子身為家長的你有責任讓他們多接觸世界，但你並不喜歡一直嘮叨要他們嘗試新事物，詢問他們會建議你怎麼做。你的希望是孩子能多些活動力跟參與度，而他們則想盡量減少不熟悉或具挑戰性的情況。跟他們一起討論找出滿足雙方需求的合理折衷方案。
- 身體的活動有助於提升所有類型的孩子的動力。試試看能否讓孩子對個人運動產生興趣（比較少孩子從事這類運動），例如：劍道、攀岩、柔道。如有必要，你也可以提供孩子短期的獎賞。

四、關於「求好心切」的孩子：我的孩子壓力大到不合理，他認為如果進不了頂尖大學，這輩子就會完了。

有些孩子會受到競爭激烈的學校環境影響，或是天生就喜歡盡量爭取榮譽。哈利波特的好友妙麗就是這類的孩子。他們的壓力經常來自父母師長，不過也可能是同儕之間焦慮和競爭的心態互相傳染。

妙麗類型的孩子非常渴望出類拔萃或滿足他人的期望，甚至已達不健康的程度。他們的動機主要是基於恐懼，焦慮無法達到自己或他人設定的高標準，也往往缺乏掌控感，認為自己「無法影響自己的存在」，這是前史丹佛大學教務長莉思科—海姆絲（Julie Lythcott-Haims）在著作《放手，讓孩子真正長大》（How to Raise an Adult 暫譯）當中的形容。⑰

如果孩子的壓力是來自爸媽，問題很好解決，只要你停止給他們壓力就好。即使你原本就以孩子為榮，他們可能會誤解爸媽愛的是他們的成就。這通常只是溝通不良，跟孩子說清楚即可。但是，如果你已經表明了「孩子，我不在乎你的成績，也不在乎你上哪間大學」，卻無法改善他們焦慮跟惶恐的程度，要想解決就會更加棘手。

我們最近辦了一場講座，主題是壓力和睡眠不足對發育中大腦的影響，聽眾是一群大學英文先修課程班的高三生，他們平時壓力很大，也疲憊不堪。聽講時，他們很有禮貌，勤寫筆記，提問的水準也都很高。演講中我們提到，如果沒有長期疲勞跟高度壓力這兩項因素，那麼孩子將會更加成功。現場的孩子好像都很認同這個想法。不過，講座結束後，老師告訴我們：「這些孩子每一個都覺得如果進不了耶魯大學，就只能去速食店打工。」先前也有一位頂尖私校的英文老師分享過類似的事，這類型的孩子到了高三時，光想到萬一進不了好大學就已足以「讓他們每個人終日提心吊膽」。

所以，該怎麼辦？對於如此依賴外在成就指標的孩子，要如何培養他們的內在動機？首先，詢問他們是否想要知道如何提升動機並減少恐懼和焦慮，等他們說好後，向他們澄清真實的情況：他們這輩子能否出人頭地並不會完全取決於讀哪間大學，以下幾個研究就是證據，請跟你的孩子分享。

研究人員黛爾（Stacy Berg Dale）與克魯格（Alan Krueger）幾十年來持續追蹤同屆高中生畢業後的職涯發展，他們發現，考大學時SAT分數相似的學生，無論後來有沒有進入頂尖大學就讀（也包括曾申請但未獲錄取，或是獲錄取但選擇去念人氣較低的大學），對日後收入都幾乎毫無影響。⑱

另一項蓋洛普和普渡大學的共同調查則發現，學生選讀的大學類型，例如公私立或是人氣高低等差別，對他們日後的職場參與度和幸福感也幾乎毫無影響。

最能預測幸福感的要素，其實是大學期間的內在因素，例如：（一）遇到關心學生的好教授，激發學習心並給予鼓勵；（二）大學期間擁有學以致用的實習或工作機會；（三）積極參與為期一個學期或更久的課外活動或專案。⑲此外，在二〇一三年，皮尤研究中心（the Pew Research

Center）的一項研究指出，在家庭生活、個人財務以及工作各方面，公立與私立大學的畢業生所回覆的生活滿意度是相同的。[20]

上述研究都可看出，只要孩子聰明又具學習動機，就讀哪間大學不是那麼重要。一旦曉得這一點，有些孩子會比較能把心思放在對自己真正重要的事。

你也可以跟妙麗類型的孩子分享教育心理學家馬許（Herbert Marsh）的大魚小池理論（big-fish-little-pond theory），[21]也就是當一個人在同儕當中表現良好，他看待自己的眼光會更加正向。因此，相較於身處競爭激烈的學校，在滿校的優等生當中感到迷失，要是孩子就讀知名度較低的學校，但能從中脫穎而出，長遠來看對他們會更好。作家葛拉威爾（Malcolm Gladwell）在著作《以小勝大》（David and Goliath）的例子指出，有位優等生決定就讀布朗大學主修科學，後來卻發現周遭環境重挫她的士氣，最後甚至放棄了學位。如果她進的是競爭較不激烈的學校，或許她天生的興趣就能多些開花結果的機會。葛拉威爾在書中寫道：「我們很少停下腳步思索，頂尖名校是不是一定對我們最好。」[22]所以，請你的孩子也想一想，在小池塘裡當條大魚會不會更加適合他們。

你也可以協助妙麗類型的孩子明白，就算不及格很可怕，單憑一次差勁的成績也不至於永久關上機會的大門，反倒可能幫助他們感到解脫。我們曾有朋友在高一時的大學先修音樂理論課被當掉，她一開始嚇壞了，最後卻因此放下了拿不到GPA四分的恐懼，原本的恐懼之深，讓她的生活綁手綁腳。她見證到最糟糕的情況其實沒有毀掉自己，也沒害她前途黯淡，這帶給了她力量，讓她更願意冒險，也更能夠過自己想要的生活，無需繼續抱持著宛如有怪物在她背後不斷追趕的恐懼，最終，她也擁有了更加成功的人生。

比爾在自己的孩子念小學時，就認真地告訴他們，學校成績跟成功人生往往是兩回事，他們願意分享成績單的話他會看，但他更關心的是他們學習上跟待人處事方面的成長。孩子聽完後看起來都還滿相信比爾說的話，也開心爸媽不會為了成績緊迫盯人。比爾的女兒升高三後，有天晚上她去聽他演講青春期大腦的主題，有些部分正是本書探討的內容，回家途中她告訴比爾：「你說高中成績對成功的人生沒那麼重要，我覺得你自己也不相信這些話。」

比爾反問女兒怎麼會這麼想，她回答因為學校的老師跟輔導員成天都把當個好學生的重要性掛在嘴上（她正是好學生）。於是比爾向她保證，基於大量的科學研究，他確實由衷相信自己所說的話。為了證明他是說真的，他提議只要她有任何一科拿到C，就會給她一百美元當零用錢，另一方面這也是因為他很樂意看到她能親自體驗，成績單上有C並不會讓她的世界就此垮掉，未來人生的所有選項也不會因此消失，她仍能為自己創造有意義的人生。（不過，她沒有答應就是了。）

奈德老師則會提醒每一個妙麗類型的孩子（他教過很多）：你能做的最重要的事，就是去打造出自己想要一輩子相伴的大腦。你想要高壓過勞、日後容易焦慮憂鬱的大腦嗎？你想要工作狂的大腦嗎？或者，你想要自己的大腦擁有力量與快樂，復原力又高呢？奈德的這個做法值得讓各位爸媽參考，你也可以對孩子說：「依你的聰明才智，一定能達到目標的。問題在於，這對你長期的發展是否健康？是否符合你的最高價值觀？」先鼓勵他們思考最高價值觀，也就是覺得什麼對他們最為重要，並要求他們確認自己是否正往符合的方向走去。接下來，你可以協助他們設定符合價值觀的目標，因為訂立能夠掌控的目標時，會讓大腦很開心。第十章將討論幫助孩子達標的心智策略，同時也會詳談目標如何設定。

隨時練習

- 給孩子自主權（很重要，自己說三遍）！
- 探索何事會激發孩子真正的內在動機。你可以詢問他們記憶中或平常何時會感到「由衷滿足」。如果是擁有健康自主動機的孩子，常會回答在學校或體育活動中表現良好的時候、從事愉快消遣的時候，或是跟親朋好友做有趣的事情的時候。相較之下，動機過高的孩子以及無法維持動機跟努力的孩子，常會回答的是他們不用負責的時候、沒有背負他人期望的時候，以及沒有感受到壓力的時候。
- 找機會認真跟孩子討論他們想要什麼樣的人生。詢問他們：你熱愛什麼？認為自己擅長什麼？覺得自己活在世上的目的是什麼？
- 協助孩子把目標說清楚並寫下來。這部分第十章會再深入探討，目前你只要幫助他們講出目標，就已經是跨出很有建設性的一步。
- 給予孩子所需的空間和時間去做熱愛的事情，提升他們的心流體驗。
- 教導孩子要樂於接受挑戰，面對困難時要堅持不懈，並以身作則。指出孩子具有哪些正向積極的個性，例如：「我注意到你的個性不會輕言放棄」。
- 教育孩子不要只想取悅他人。如果他們一心追求別人的稱讚，有時可以提醒他們：「大家都喜歡把事情做好，獲得別人的肯定，這樣會覺得很開心，這很正常。不過，我的經驗是，最有智慧的做法是由你評估自己的表現，然後專心在對的事情上求進步。」

• 如果孩子找不到熱情所在，別忘了，還有很多人的經歷能為他們的生活帶來正面影響。可以由各種不同的領域尋找導師或是榜樣，幫助孩子探索多樣的職涯和人生選項。

第六章

兩種效果驚人的休息方式

古印度的吠陀傳統說，休息是所有活動的基礎。休息、活動；休息、活動；我們所做的一切事情都需要這樣的輪替。體育活動和健身運動正是如此，間歇訓練讓人了解到，運動的好處是來自於休息時身體的恢復。瑜伽也是一例，每次的練習都是以身體靜躺作為結束。在大腦的世界也是相同的原理，做白日夢、靜坐、睡眠都能讓大腦休息，一來會強化對於新資訊和技能的記憶，二來會讓腦部在恢復活動時更加健康。大腦有四十個以上的「靜息狀態神經網路」，亦即人在休息時，大腦依舊有這麼多部分是激活的，這個事實說明了休息應該受到重視。我們應該要保留時間，讓大腦可以深層休息——我們稱之為「徹底的休息時間」。

現代人休息跟活動的比例是失衡的，我們的文化並不習慣「靜下來」。一系列研究顯示，受試者裡有百分之六十四的年輕男性和百分之十五的年輕女性，寧可選擇按鈕電擊自己，也不願安靜坐著六分鐘。①現代人只要手上沒做點什麼，就會不知所措。青少年、成年人，甚至愈來愈多的兒童都睡眠不足，也沒有足夠的反思時間，導致身心疲憊，不堪負荷。

不是只有大人才會形容自己的生活「忙瘋了」。我們遇過的孩子當中，有相當高的比例本身已處於高度的內在壓力，外在壓力更讓他們喘不過氣，導致他們經常精神不濟。

休息有很多種形式。所有能舒緩身心、恢復活力的活動如園藝或閱讀，我們都很認同。不過，由於現代的生活步調更快，因此需要更徹底的休息時間。玩電動、看電視、看 YouTube 影片、跟朋友傳訊、參與團體的體育項目或活動等等，這些都不算徹底的休息時間。**徹底的休息，是指無所事事、不帶目的，而且無需高度專注思考，這樣可以幫助我們的大腦更為健康**。許多人時時刻刻都在使用 3C 產品或是多工處理事務，產生容易分心和思考麻痺的毛病。空出一段休息時間正是關鍵解藥，讓人有機會消化累積的種種刺激。每一天的生活都要處理許多活動、任務以及人際互動，這些事如同高速落下的雪花，在腦中堆積成雜亂的積雪，讓人迷失方向。徹底的休息時間就好比是除雪機，可以把積雪剷掉，讓生活重返秩序，讓我們能在平坦的地面上滑雪，避開雪花堆積所導致的裂隙或突如其來的雪崩。

本章將先探討「白日夢」和「靜坐」這兩大效果驚人的休息方式。至於最重要的休息「睡眠」會留待第七章詳盡討論——睡眠充足對現代人的生活格外重要（問題是對許多人而言也很難做到）。

發呆神遊：做白日夢好處多多

科學家過去一直努力想要找出大腦處於專注狀態下（例如正在處理任務或專心應付外在的刺激）是如何運作的。直到最近，他們才開始研究「非專注狀態下」的大腦。一九九〇年代中期，神經科學家賴可（Marcus Raichle）注意到，大腦專注於處理任務或目標時，某些區域會變暗。一九九七年，賴可和華盛頓大學的同事組成了研究小組，分析這些區域後將其命名為預設模式網路（DMN, default mode network），到二〇〇一年賴可博士才發表研究成果，說明預設模式網路何時會發亮：當大腦醒著、但未專注於任務的時候。②過去十多年來，賴可主導的新一波研究指出，大腦處在「非專注的休息時間」會激活預設模式網路，而這對大腦的健康不可或缺。③

每一次眨眼，我們的預設模式網路都會活化，同時意識網路則會短暫地休息，就算只是簡單閉上眼做一次深呼吸，也可以幫助大腦煥然一新。當一個人的預設模式網路啟動，他會開始想自己的事，也會思考過去和未來，以及需要解決的問題，這些都是發展「自我感」的關鍵；他也會思索別人的經驗跟感受，這是發展同理心的重要過程。

靠著預設模式網路的區域，我們得以進行反省，這很重要，因為這樣我們才能成為懂得思考、體貼他人的人，也能整理眾多的思緒，幫助我們立足。想像一下，假如你的朋友脫口而出不經大腦的話，你跟他起了爭執，在忙碌不堪的白天你沒機會仔細思考，只曉得朋友的話令你惱怒。到了隔天早上盥洗時，你突然覺得：「其實也不是什麼大不了的事，但她為什麼會說出那種話呢？

也許是她昨天過得不順吧。我甚至猜得到她在想什麼。」於是，你腦中每重播一次爭執的畫面，這件事就顯得愈不重要——前提是你需要讓你的回憶有機會重播。要是沒有休息時間，你就只會繼續生氣，無法有後來的心境轉變。前面提過，大腦會根據使用的方式來發展，因此，如果不去思索自己跟別人的事，我們如何能認識自己，也了解別人？

請注意，一旦你太常重播回憶，或是這麼做讓你感到痛苦，並且陷入了負面念頭的循環，這時就不是輕鬆神遊了，而是過度沉溺。這兩者一定要分清楚，因為很重要。我們每天真正需要的，是抽出一些「內心沒有感到壓力」的休息時段。

當我們處於健康的大腦狀態，而且有幾分鐘的休息時間，大腦進入預設模式網路之後就會開始分析、比較，接著解決問題。值得注意的是，大腦一旦專注於某項任務，預設模式網路就無法啟動。腦部學者伊莫蒂諾—楊（Mary Helen Immordino-Yang）說，大腦裡面有兩種系統輪流工作，一種是我們專注在目標、努力工作的時候會激活的系統，叫做「任務正向網路」（task-positive），負責「向外看」。另一種則是大腦輕鬆時候會激活的系統，叫做「沒有任務網路」（task-negative）的輕鬆系統，負責「向內看」。④例如說，找地址或準備考試的時候，我們向內看的白日夢系統會關掉。反過來也是，做白日夢時，我們就會沒辦法往外看，無法執行明確的任務。

我們的文化看重忙碌，但研究結果告訴我們，放空的時間真的很重要。著名的認知心理學家辛爾（Jerome Singer）率先提出這一點，他說大腦的「預設」狀態，其實是不受拘束、發呆神遊的頭腦狀態。辛爾博士在一九六六年的著作《白日夢的必要》（Daydreaming 暫譯）指出，做白日夢、想像、幻想是擁有健康心智生活的要素，讓你能夠自我覺察、孵育創意、規畫人生、思索事件以及跟他人互動的意義、用他人的角度看事情、沉澱自己的情緒、思考他人的情緒，還有進行倫理上的辯證，⑤這些全都有利於誘發出讓我們出現靈光乍現的「啊哈！」時刻。

身兼音樂家、暢銷作家、神經科學家等多種斜槓身份的學者列維亭（Daniel J. Levitin）強調，發呆中的大腦比專注於任務的大腦更容易產生智慧洞見。唯有放任心思漫遊，才能把一些原本並未意識到有關的事物，出乎意料地加以連結起來，原本讓我們感到棘手的疑難雜症也會頓時迎刃而解。⑥義大利理論物理學家羅維理（Carlo Rovelli）在《七堂簡單物理課》分享了愛因斯坦的故事，他先是到義大利「漫無目的地遊蕩」了一年，有時會跑去大學聽課，後來，他在相對論上就有了突破。⑦

預設模式網路切換的效率愈高，你處理生活事件的能力就愈好。當你結束白日夢模式重返生活中持續的眾多刺激，大腦已經準備就緒採取行動回應。具有高效率預設模式網路的人在認知能力的測驗上表現較佳，這類測驗包含了記憶力、思考靈活度、閱讀理解能力的評估。能快速切換預設模式網路的人心智上也比較健康，⑧擁有高效率的壓力反應系統，需要時可以快速啟動，不需要就迅速關閉。

患有ADHD、焦慮症、憂鬱症、自閉症、精神分裂症的人，預設模式網路無法有效地運作，他們很難在「向內看」和「向外看」之間轉換自如，常常會一直在做白日夢或者過度聚焦於自我。當一個人過度沉溺自我時，預設模式網路切換的效率低落，在該專心處理眼前事情的當下，卻糾結在自己的念頭。

我們的社會很怕「無聊」，反而喜歡比賽「誰比較忙」，簡直是時間愈少，自我價值感就愈高。大人的高度生產模式也傳染給了孩子，在美國，一家人開車外出時，孩子總是吵著要聽東西或看手機，不然就是玩遊戲，他們失去了安靜欣賞窗外景色、隨口閒聊或是發呆做白日夢的能力。心理學家考克斯（Adam Cox）指出，五十年前沒事可做時，孩子約莫兩、三小時後才覺得無聊，現在的孩子卻是三十秒後就開始感到無聊。而大多數的成年人開車時，在路上遇到「先停再開」的號誌，在減速到完全停止再往前開的那短短四秒內，便想要看手機。⑨對於習慣高度接受外在刺激的青少年而言，無聊令他們坐立難安，「透過網路持續與外界連結所產生的混亂，則讓人感到撫慰與熟悉」。⑩

要想解決這種情況，我們的建議是遵循「少就是多」的原則。網路連結和活動的時間應該跟安靜的時間輪替。你在候診或等公車時，會立刻拿雜誌或手機起來看嗎？不妨改試試看安靜坐著幾分鐘。你開車、走路或跑步運動時，會聽 Spotify 音樂平台或廣播嗎？可以嘗試改成聽自己腦中的聲音。這樣的話，你會聽到哪些念頭呢？現代人的生活充滿了外在刺激，因此我們更需要刻意保留休息時間。在過去，爬山或露營時可以與世隔絕放鬆一下，如今，世界上幾乎每個地方都能上網，所以我們需要主動選擇不帶手機出門或關機。

說到這，如果說有哪件事是我們希望你一定要改變的，那就是：請允許你的孩子「無所事事」。家長引起的問題，有時就和無所不在的 3C 產品一樣嚴重。奈德有個處於高壓狀態下的學生說：「我想要的，是一段完全屬於自己、可以隨心所欲的時間，幾個小時就好。我想放空。可是，每次只要我有空檔，爸媽就會幫我填滿，要我準備考試或是念書。」家長幫孩子塞滿一個又一個的活動，就怕孩子輸給其他人或是虛度光陰。其實，發呆的空閒時間是生活中不可或缺的一部分。

兒童心理學家弗萊（Lyn Fry）建議，在孩子剛放暑假時跟他們一起坐下來討論，讓他們自己列出有空時想做的事，暑假期間他們嫌無聊的話就拿這張清單出來看看。⑪孩子自己要知道如何安排時間，而不是由爸媽代勞，他們也可以利用這段時間思考自己想成為什麼樣的人。「學習

以前人家常形容我兒子馬修是「愛做白日夢的孩子」。他四、五歲時，有一天我們父子一起吃早餐，我看報紙看到一半抬頭，瞧見馬修的眼神正在發怔。

「你在做什麼？」我問他。

「我在聽聲音啊。」馬修回答。

「喔好，」我有點糊塗了，那時家裡明明很安靜，「那你可以先把麥片吃掉嗎？」

「好的。」馬修答應。但過了一兩分鐘，他又開始看著其他地方發呆。

「你在聽什麼？」我擔心他還要拖很久才會吃完。

「聽我頭裡面的歌。」他告訴我。

那一刻我才意識到（日後也有許多次類似的經驗），每當我打斷馬修的白日夢，就是我這個大人正在認定「現在要上學比較重要」。最新的研究證實了做白日夢對於孩子認知發展的重要性，可能不亞於他們所作的其他種思考類型。如今，每次我有朋友納悶馬修的音樂才華是打哪來的時候，我就會想起他以前愛做白日夢的好處。

奈德老師

忍受孤獨」和「可以自在獨處」是孩子在童年時期極需學習的重要能力。

靜坐對大腦的影響

心理學家邦妮．扎克（Bonnie Zucker）曾寫過兩本兒童焦慮症主題的好書，她有次在心理健康領域的專業人士工作坊上，介紹焦慮症的治療方式，她詢問現場三百多位與會人士有沒有固定靜坐的習慣。她說：「靜坐的幫助很大，所以，我想請在場還沒有開始的人培養這個習慣。一年後可以和我聯絡，分享靜坐如何改變了你的生活。」

我們百分百認同她這番話。世界變得太快，讓大家的怒氣和恐懼不斷增加；科技的進步加速了生活的步調，我們不再有時間跟自己好好相處。靜坐的練習也因此愈發重要。孩子不太會主動要求學習靜坐，但研究指出，孩子一旦養成靜坐的習慣，對他們的幫助就跟對成年人一樣大。接下來這一小節會簡單探討「正念靜坐（mindfulness）」跟「超覺靜坐（Transcendental Meditation）」，這兩種最普遍的形式（很多兒童和青少年都有採用），我們也會解釋讓孩子靜坐的原因。

正念靜坐

科學家卡巴金（Jon Kabat-Zinn）因為大力推廣「正念減壓（mindfulness-based stress-reduction）」而著名。他把正念定義為「以特定的方式聚精會神：有意識地、專注當下、不做評斷」。基本的正念靜坐練習包括專心呼吸、留意念頭的浮現，目標是專注於當下的每一刻體驗，無需評斷或做出反應，並觀照所浮現的念頭，留意自己對這些想法有何反應。

其他練習包括：在正念的狀態下，用注意力「掃描」身體感到壓力的部位，或是在正念狀態下進食及行走。有些正念練習則鼓勵培養美德，例如耐心、信任、接納、善良、同情以及感恩。

正念練習有多種形式，有些心理治療師透過它幫助孩子學習調節情緒，也有些學校實施相關課程。美國影星歌蒂韓（Goldie Hawn）的腦力升級（MindUP）課程或正念學校（Mindful Schools）課程，將正念練習帶給了加州奧克蘭地區低收入家庭的小學生。學校的正念練習有時包括引導式的靜坐、觀想、使用肯定語、呼吸練習、正念瑜伽、音樂運動系列練習，以及能夠促進積極表達自我的寫作與視覺藝術練習。

由於正念練習的範圍極廣，因此從學前班的孩子到大學生，都有人應用正念練習作為輔導的介入措施。知名神經科學家戴維森（Richard Davidson）目前便在研究小至四歲的幼童練習正念的影響。

雖然正念對兒童有何影響的研究仍在早期階段，但現有的研究已發現，讓孩子進行正念練習可以降低壓力、攻擊性以及社交焦慮，也能增進「抑制」和「工作記憶」等執行功能，並提升數學的學習成效。[12]此外，研究顯示正念有助於成年人的大腦活化，甚至能造成基因表現的變化，亦即特定基因的開啟與關閉。⑬

最近我們跟紐約大學應用心理學副教授艾朗森（Josh Aronson）談過，他是頗具聲望的學者，本書不少論點就是出於他的研究。他現階段的研究是讓低收入學校的弱勢學生使用正念練習的手機軟體「Headspace」，結果顯示，二十天的正念練習後，孩子表示經歷到前所未有的體驗。有些人說生平第一次開始對自己的身體感到自在，而且懂得欣賞大自然的美景；有個男孩則回報平常上學途中，他都在擔心：「我會被毒販擄走或被人開槍打死嗎？警察會不會以為我是壞人把我抓起來？我考試會及格嗎？我朋友也會及格嗎？這樣他們才有未來可言。」練習靜坐十天後，他第一次注意到晴天時周遭世界看起來多麼美麗，「開始練習前，我完全沒有抬頭看過身邊。」

艾朗森博士主張，學校應該定期讓孩子練習靜坐，讓這個習慣變成社會結構的一部分。只要有孩子開始靜坐，漸漸會有更多孩子跟著配合，一旦他們掌握到訣竅，多數孩子都能從中獲益。

超覺靜坐

我們都有超覺靜坐的習慣。帶領的老師會告訴靜坐者一個不帶實質含意的特音（mantra），當靜坐者反覆默唸特音時，頭腦就慢慢靜下來，讓意識體驗到較為寂靜的層次。最後，特音會幫助靜坐者的大腦進入海洋般的深層沉靜，那是一種全然清醒但無所思想的境界，這正是超覺靜坐中「超越」的含意，是頭腦完全脫離思考的過程。

儘管超覺靜坐的過程是一種「無所為」的絕佳範例，但四十多年的研究發現，這種深度讓大腦跟身體平靜下來的體驗有利於身心健康，也能提升學習效果與課業表現。

兒童、青少年和成人在超覺靜坐期間的生理狀態是一種「休息中的警醒狀態」，有別於入睡跟閉目養神。研究顯示，超覺靜坐時身體可達到的放鬆深度，在耗氧量、皮膚電阻等重要表現都遠勝於睡眠的程度。⑭超覺靜坐時的深層休息，有利於神經系統從壓力和疲勞的負面影響中恢復。壓力反應系統的效率也會提高，不僅在面對壓力源時的調適跟回應更加靈敏，同時又能快速關閉。擁有高效率壓力反應系統的年輕人，「放手、釋懷」跟「復原」的時間都比較短——有些研究發現速度會快上一倍，進而提高了抗壓性跟復原力，這兩者都是一個人能否在學業、職涯、人生獲得成功的有力指標。此外，處於休息中的警醒狀態時，腦波活動的連貫性會顯著增加，可增進注意力、記憶力以及抽象推理能力。⑮

α 波是屬於頻率較為緩慢的腦波，會在一個人放鬆時出現。比爾在田納西大學接受生物回饋訓練時，曾參加用電子感應器觀察腦波的實驗。醫生先是將感應器連接到比爾的頭部，接著要求他閉上眼睛，大概過了三、四秒，比爾突然聽到醫生喊著：「哇，好誇張！」

比爾連忙睜開眼詢問：「怎麼了？」

「沒事，沒事。只是剛剛你一閉上眼睛後，就大量出現了 α 波，波形很漂亮。」

比爾告訴醫生他已經固定靜坐二十五年了，醫生回答他：「看得出來。」這件事證明了多年的靜坐確實會改變大腦的運作方式，這一點在比爾身上格外具有說服力。過去的他，絕對不是「非焦慮的存在」，光是他出現的時候就會讓其他人備感壓力。

多年來，超覺靜坐的研究結果顯示，孩子一天只需兩次、每次十到十五分鐘的練習，就會體驗到壓力、焦慮、憂鬱的症狀大幅減輕，較少浮現怒氣跟敵意。[16]他們睡得更好、思考更有創意、身體更健康、自我價值感更高，而且在校表現更好，在認知能力和學業能力的測驗都有進步。

雖然超覺靜坐的過程中並沒有試圖去控制心智，但由於大腦獲得充分休息，能用不同的角度看事情，因此靜坐者的內控信念會增加。這也使我們不再感到快要崩潰了，讓我們大腦的運作效率更高，增加我們面對挑戰的能力，更有信心去處理生活中迎面而來的大小挑戰。有些資源不足的都市學校已經開始施行「寂靜時間」（Quiet Time）計畫，讓學生每天靜坐十五分鐘，這些弱勢學生有許多人的生活環境充滿了暴力、恐懼和創傷，靜坐對他們影響深遠。[17]

雖然我們很清楚靜坐對孩子有幫助，但並不贊同強迫他們去做，這樣是沒用的，也跟本書所支持的論點背道而馳。根據我們的經驗，許多年齡較大的孩童、青少年跟年輕人是願意主動靜坐的，只要有人告訴他們靜坐是一種減輕身體、感情痛苦的工具，也可提升在校表現。另一方面，若靜坐是家庭日常的例行活動時，青少年也會更願意。對青少年來說，同儕的認可極為重要，有同儕的支持跟認同時就會更容易養成習慣。我們建議你可以先跟孩子討論靜坐，邀請他們練習，如果他們感興趣，請他們認真實踐，每天一到兩次，持續三個月。你可以直接告知孩子靜坐的優點，也可以請小兒科醫生或是有這個習慣的朋友跟孩子聊聊。請協助青春期的孩子思考如何將固定的練習納入每日行程表，但要先讓他們心甘情願，再開始練習的實驗期。你也可以幫助孩子看出靜坐所帶來的變化，這將有助於他們掌握自己的練習，並鼓勵他們養成習慣。為了避免孩子認為你只是出一張嘴，你最好自己先開始，再邀請孩子一起。

你能使得上力的地方差不多就是這樣，剩下的別多加強求。比爾的兒子在十幾歲時，曾經問比爾會不會因為他不想靜坐而感到失望，比爾是這樣回答兒子的：「我當初會練習靜坐，並不是爸媽練我才練，而是因為我有興趣。如果你沒有興趣，就不要硬練。」

比爾早年會練習超覺靜坐，是因為有人告訴他，深度休息後的大腦更有效率，可以事倍功半。雖然他當時不覺得靜坐是浪費時間，但也沒期望能幫自己省下時間。不過，開始練習後，他很快

> 十九歲的大學生伊莉莎白在課業學習上遇到困難，來找我看診做測試。她說兩年前父親驟逝的陰影，讓她有焦慮症和憂鬱症的病史，而且她常吸大麻，加上睡眠障礙，導致自己經常缺課，無法好好念書。我們討論時，我建議她改用超覺靜坐來取代大麻，因為靜坐或許能幫助她平穩心緒、改善睡眠，還能逐漸療癒她失去至親的哀痛，而且也不含大麻的副作用。
>
> 她同意姑且一試，接下來的半個月她都沒有吸食大麻（這是學習超覺靜坐的先決條件），接著開始固定靜坐，她很快就注意到自己心裡平靜下來了，也比較好睡。不到幾個星期，她變得更開朗，開始渴望追求熱愛的視覺藝術。那些還在抽大麻的同伴都說靜坐讓她變得「自然嗨」，也因為情況好轉，她開始去社區大學上課，重拾學業，並在家附近的藝術學校自願擔任助教。
>
> 她後來不但鼓勵母親練習超覺靜坐走出喪偶之痛，自己也想要成為超覺靜坐的老師，教導其他年輕人。最後，她決定到大學攻讀優質的視覺藝術課程，她目前還在念書跟受訓，充滿了活力和熱忱。
>
> 比爾博士

就發現，雖然每天額外抽出時間練習兩次，每次各二十分鐘，但是他能夠完成的事情卻更多。四十二年過去了，情況依然如此。每天他看診結束前的最後一個工作是把個案的檔案跟測試資料整理完畢、歸檔。如果他那天沒有靜坐，這個工作會花三十分鐘，要跑五到六趟去存放區歸檔。但是，如果當天有靜坐，他通常只需跑兩趟，全程只花十分鐘──因為他靜坐後腦袋更清晰了，效率更增加了，而且效果可以持續到晚上。這絕非什麼神奇的魔法，只是他更能聚精會神，思考更有效率，犯的錯也就相對更少。

家長常見的疑問

老師說我的孩子在學校整天都在做白日夢，我要怎麼知道他有沒有 ADHD？

對上課內容不感興趣時，有 ADHD 的孩子的確會常發呆出神。如果老師反映孩子的情況比同學頻繁，而且也擔心孩子有分心、缺乏組織、無法完成交代的任務，或出現衝動、身體躁動等情況，請尋求小兒科醫生的協助，確認孩子是否有 ADHD。

我要如何確認孩子有沒有焦慮症？他常發呆，我聽說兩者有關聯。

如果你的孩子沒有ADHD，但經常發呆，可能有兩個原因。第一是他們對周遭的世界不滿，寧可躲進腦中的世界。第二個是他們執著於回想某件發生的事，或是擔心會再重演。多數「過度」做白日夢的孩子，都還會表現出其他種焦慮症的跡象。如果你覺得孩子常做白日夢，但是沒看到他們有焦慮的跡象，例如：睡不好、身體躁動、頭痛、煩亂不安、完美主義，或是過於擔心別人對自己的評價，你應該就不需要太擔心。

超覺靜坐跟正念靜坐，哪種比較適合孩子？

這兩者不能放在一起比較。超覺靜坐是高度標準化的課程，正念靜坐則整合了多樣練習。不過整體來說，兩種都能讓人獲益匪淺。

正念靜坐是每天都能善用的實用工具，幫助孩童跟青少年認識跟調整自己，也能幫助孩子培養仁慈和同情心，這兩種特質愈來愈重要，因為在當代充滿壓力的生活中，年輕人很難體驗到同理心跟利他主義。至於超覺靜坐，靜坐者深刻體驗到的「休息中的警醒狀態」極有價值，每天練習兩次，就能有效降低壓力跟焦慮、改善學習，也有助於營造正向的學校氣氛。

從更實際的角度來考量，正念靜坐有些優點是超覺靜坐沒有的，例如學習成本較低、就算是幼童也可練習，也因此全美有這麼多間學校都是施行正念練習。此外，學生自己也能練習正念靜坐，毋須有受過特別訓練的老師。

超覺靜坐則是一種標準化技術，必須透過訓練有素的老師傳授，這樣不管在哪裡實施，才能達到一致的準確性。但由於學習成本較高，且需認證過的老師才能教導，因此「寂靜時間」計畫的執行較具難度。有些地方會有公益團體協助資源短缺的學校，好讓學生們能學習超覺靜坐。

超覺靜坐、正念靜坐、做白日夢對於大腦的發展都非常重要。不過，說到徹底的休息時間，睡眠才是第一主角，每個人終其一生有三分之一的時間都在睡覺，這是我們每日生活賴以維生的基礎。睡眠究竟有多重要？下一章請見分曉。

隨時練習

- 白天找機會發呆。你可以安靜坐著幾分鐘，看看窗外或是天上的雲，也可以做些不大需要花心思的活動（例如：除草），好好「跟自己相處」。
- 全家人一起討論「離線」的重要性，還給自己真正自由的時間。跟孩子分享：只有當大腦不專注於任何事物，他們才能真的思考自己跟他人的事，而且發呆時常會發現新事物，或是出現洞察力。因此，他們需要保留休息時間給自己，來鞏固在校學到的知識。
- 詢問孩子：「扣除念書、運動、傳訊、跟其他人交談的時間都不算，你覺得你有保留足夠的時間給自己嗎？你放鬆的時間夠嗎？」如果孩子回答不夠，協助他們思考一天可以找出哪些時候安靜坐著發呆就好。同時，你們也可動腦討論，要保留足夠的時間給自己，會遇到哪些困難。
- 下一次你開車載孩子外出時，先別急著讓他們用3C產品，向孩子提議：「讓我們一起欣賞風景幾分鐘吧，好嗎？」
- 不妨從你自己開始練習靜坐，以下幾所學校都提供了優質的參考資源：麻州大學醫學院（umassmed.edu/cfm/）、加州大學聖地亞哥分校（health.ucsd.edu/specialties/mindfulness/Pages/default.aspx）、威斯康辛大學麥迪遜分校（centerhealthyminds.org）（譯注：中文讀者可搜尋「華人正念減壓中心」）。你也可以參考超覺靜坐的官網（tm.org）（譯注：超覺靜坐有中文官網），如果感興趣，你可以到離家最近的靜坐中心參加說明會，並詢問家裡就讀國高中的孩子是否願意同行。為了激發孩子的興趣，你也可以告訴孩子，不少維持超覺靜坐習慣的名人都覺得獲益良多，其中也不乏許多青少年喜歡的偶像，例如：歌手凱蒂佩芮、歌手凱莎（Kesha）、韓裔喜劇演員趙牡丹、金鋼狼休傑克曼。

- 如果你對正念靜坐感興趣，可以跟孩子一起試用「Headspace」、「Mind Yeti」等手機軟體，特別是當你處於壓力時，會發現這些軟體格外實用。家中的孩子年紀如果還小，請參考艾爾德佛（Lauren Alderfer）的童書《貪心猴和快樂熊貓》，以及正念治療師史妮爾（Eline Snel）附練習光碟的著作《像青蛙坐定：給孩童的正念練習》。

第七章

睡眠——最徹底的休息

二十世紀初的美國，成年人每晚平均睡眠時間超過九小時，後來電力和科技的傳播改變了一切，如今成年人的睡眠時間少了兩小時。睡眠專家指出，如果白天感到疲倦，或要咖啡因才能繼續工作，就代表睡眠不足。另外，如果早上沒有鬧鐘就起不來，也代表需要更長的睡眠時間。從這幾點判斷原則來看，許多人都嚴重睡眠不足。

許多青少年表示，他們上學的時候常常精神不濟。事實上，針對青少年睡眠模式的研究結果顯示，十五歲以上的青少年當中，百分之五十以上的人每晚睡不到七小時——一般建議青少年要睡八到十小時，可是高達百分之八十五的人未達到這些時數。十四到十五歲之間似乎是主要的轉折期，孩子開始嚴重睡眠不足。①從一九九〇年代末到二〇〇〇年代初期——當時智慧型手機尚未導致睡眠不足的問題惡化——兒童睡眠研究學者卡科頓（Mary Carskadon）所研究的青少年當中，有半數平均每晚只睡七小時，因此早上感到疲憊不堪，而且他們的腦波圖就跟嗜睡症患者一模一樣。②睡眠不足雖然在青少年當中最為嚴重，不過比爾博士所測試的幼兒園孩童跟小學生當中，許多孩子早上也都是哈欠連連，而且他們說已經習慣了「長期」感到疲倦。

學者卡科頓認為，「孩子從幼兒園就開始學習飲食的金字塔圖表，卻沒有人教導他們生命的金字塔是以睡眠作為基礎。」③大自然的一切都需要休息，所有的動物和昆蟲都需要睡覺，就連小小的果蠅也一樣。如果給果蠅喝咖啡，牠們會連續幾小時狂亂動個不停，但最終會倒下，開始大量昏睡補眠。如果不讓實驗室的老鼠睡覺，牠們死亡的速度甚至會跟餓死一樣快。④睡眠能讓大腦跟身體的運作最佳化，一旦缺少，就會出現惡性循環。**缺少睡眠會弱化一個人的自制力**，愈累時就愈不想睡覺，卻愈想留在原地，忍不住再看一集影集。你的自制力會蒸發，因此很沈溺在YouTube 頻道裡，或是瘋狂一直看手機。比起睡飽後早上九點的精神奕奕，深夜十一點時疲憊的你，更有可能會一口氣吃光整桶冰淇淋。睡眠不足會讓原本的壞習慣更加惡化。睡眠不足表面上看似容易解決，但這個惡性循環其實不容易打破，因為疲憊會讓人更焦慮，更焦慮時就會更難入睡。這個問題事關重大，畢竟睡眠可以說是對大腦發育健康最重要的關鍵。

許多家長都曉得睡眠的重要性，希望找出方法讓孩子睡飽一點，卻又感到束手無策：孩子的功課太多，學校規定的到校時間太早，孩子的足球比賽偏偏訂在晚上八點開賽……這些事爸媽都無法控制。不過，最讓人七竅生煙的，就是父母叫不動孩子去睡覺。本章會深入探討這些難處。首先，讓我們來認識睡眠可以如何大幅提升掌控感。

睡眠與大腦

我們兩位作者儘管生活繁忙，但都堅持睡眠要充足，不需要靠鬧鐘就能自然清醒（比爾需要睡七小時，奈德需要睡八到八個半小時），因為我們深知睡眠是一切的基礎。好好睡覺可以比作是一棟房屋的地基，平常容易忽視，且沒什麼特別之處，但少了地基，整棟房子會瓦解。地基脆弱時，若再遇到多雨的冬季或鬆軟土壤，那棟房屋就會變成災難。睡眠等於是大腦的食物，因此，每當你晚上想要先回覆郵件晚點再睡，或是你的孩子想再多處理一件事時，請記住以下這幾項重要的睡眠須知，並跟孩子分享，當成你們做決定時的指導原則。

睡眠不足等同一種慢性壓力。研究壓力的重要學者麥克溫（Bruce McEwen）指出，睡眠不足對身心的影響，跟慢性壓力的效果相仿，造成皮質醇上升、抗壓性降低、血壓升高、副交感神經系統（負責平穩心情）效率衰減。睡眠不足也會加劇發炎反應，影響胰島素分泌，減少食慾且導致憂鬱。麥克溫還發現，年輕成人長期睡眠不足時（每晚的睡眠時數不到六小時）的影響，就等於急性睡眠不足。連續六星期每晚只睡四到六個小時的受試者，跟連續三天完全沒闔眼的受試者，在認知任務的表現上一樣差勁。⑤

一個人的壓力反應系統如果運作正常，他的皮質醇含量在早上醒來時最高，晚上睡覺前最低。皮質醇是幫助我們離開被窩的力量。可是人處於高度壓力時，皮質醇含量的模式經常會顛倒：夜間準備休息時，皮質醇含量開始升高，早上要起床時，皮質醇含量卻降低。這種情形也發生在許多睡眠不足的孩子身上。

睡眠不足會嚴重損害情緒的控管力。當一個人睡眠不足，如果遇上了讓他情緒激動的事件，杏仁核的反應就會更加激烈，大腦的活動會近似於有焦慮疾患的人。⑥許多青少年常見的負面特質，如陰晴不定、判斷力差，實際上可能只是睡眠不足所致。奈德都會問學生：「你有注意過自己很累時，媽媽就特別愛找你麻煩，連好朋友都特別惹人厭，而且都是在同一天發生的嗎？」這是因為睡眠不足會減少一個人的抗壓性，削弱他思考因果關係的能力，並降低他的判斷力。青少年睡眠不足時，更容易依賴咖啡因、尼古丁、酒精及毒品來調整自身的情緒。事實上，他們只需要睡眠充足，就更懂得如何應對。⑦

睡眠不足是一枚「負面情緒炸彈」。這是知名睡眠學者史帝戈德（Robert Stickgold）的研究成果。他將受試者分成兩半，第一組三十六小時沒睡，第二組則睡眠充足，他給他們看正面、負面以及中性的詞彙，例如「冷靜」、「悲傷」、「柳樹」，並要求他們評估看這些詞彙時的情緒狀態。接著，第一組補眠兩晚後，兩組受試者再接受記憶測驗（事先並未告知）。結果顯示，充分休息組記得的詞彙多了百分之四十，而正面詞彙跟負面詞彙的比例相差無幾。至於睡眠不足組，整體來看，他們記得的詞彙較少，而且比較記得的是負面詞彙——正面詞彙記得百分之五十，負面詞彙則記得高達百分之八十。史帝戈德博士表示：「這個結果指出，可怕的是，只要你睡眠不足，一天下來，你記得的負面事件很有可能是正面事件的兩倍，如此一來，你對那一天的記憶不但偏頗，而且還可能讓你憂鬱沮喪。」⑧

睡眠不足就跟慢性壓力一樣，對於本來就脆弱的孩子而言，更容易引發焦慮症和情感疾患。當你睡眠不足時，前額葉皮質和杏仁核的連結會減弱，⑨大腦中的「駕駛員」無法發揮作用，「鬥獅者」卻跑出來主控局面。這種前額葉皮質和杏仁核的缺乏連結的狀況，常見於創傷後壓力症候群、憂鬱症、躁鬱症以及其他精神症候群患者。⑩睡眠不足跟憂鬱症也有高度的關聯性，有睡眠呼吸中止症的男性，得到主要憂鬱疾患的機率是一般人的兩倍半，女性則是五倍。使用幫助呼吸道在夜間保持敞開的正壓呼吸器（CPAP）後，能大幅減輕他們的憂鬱症狀。女性在青春期過後得到憂鬱症的機率是原本的三倍，這可能跟她們開始比較難獲得充足睡眠有關。

睡眠不足有影響生理機能的可能性。睡眠不足會損害血糖的調節，導致肥胖。針對日本、加拿大、澳洲的孩童研究顯示，每晚睡眠少於八小時的孩子，肥胖機率是睡十小時的孩子的三倍。⑪在休斯頓，一項針對青少年的研究顯示，每晚少睡一小時，肥胖機率就會增加百分之八十。⑫由於睡眠不足會降低免疫力，睡眠不足的青少年也可能較常生病。⑬睡眠不足時，能殺死癌細胞的好細胞會大幅減少，因此美國癌症協會已將夜班工作列為可能的致癌原因。⑭

睡眠充足是優質學習成效的關鍵。要想獲得好的學習效果，幾乎沒有什麼事能比得上睡眠充足的重要性。簡單來說，學生睡了八小時然後上課四小時的學習效果，會高於只睡四小時然後上課八小時的表現。而且，只要出現很輕微的睡眠不足，就足以損害思考和認知表現。有一項針對國一生進行的輕微睡眠限制研究，讓受試者連續三晚比平常多睡或者少睡一小時，結果發現，比其他受試者僅僅少睡了三十五分鐘的學生，在認知測驗的表現竟然跟小四生一樣——等於認知能力退化了兩年！⑮

想想看你睡著時，大腦在做什麼？它會「重播」你所經歷的事，從皮質到海馬迴來回反覆發送信號，整合並鞏固你的記憶。新學到的內容會在心智的螢幕上播放，深入附著，並跟以往學過的東西連結。睡眠可以幫全腦充電，提升注意力，達到大腦對於新事物的最佳學習效果。睡眠進入「非快速動眼期」的時候，「睡眠紡錘波」（sleep spindles）腦電活動會急速增加，幫助大腦將海馬迴的短期記憶區資訊移到皮質的長期記憶區，這一段「慢波睡眠」有利於強化新的記憶，儲存剛學的資訊，睡眠專家沃克（Matthew Walker）把這個過程比喻成是「按下儲存鍵」。腦電波從大腦的一區傳送到另一區，沃克稱為「反覆吟誦的同步化之歌」，有利於大腦連結不同區域的資訊，讓彼此產生關連，建立全面性的理解。⑯

在史帝戈德博士（Robert Stickgold）早期的睡眠研究當中，受試者在三天的時間內玩了七小時的俄羅斯方塊。然後當他們一睡著，就立即喚醒他們，接著詢問他們有關玩遊戲的記憶：百分之七十五的人表示在腦中曾經浮現遊戲的畫面，意味著大腦在睡眠期間仍然持續增進玩俄羅斯方塊的技能。史帝戈德博士的結論是，相較於學習新任務後徹夜未眠的人，在學習完且練習過後就去睡覺的人，第二天會記得更清楚。⑰

就算已非在校學生，依舊可感受到睡眠對學習力的影響。去年春天比爾決定開始學習希伯來文。第一個禮拜，他每早出門上班之前自學幾分鐘的希伯來文，進展不錯。有天晚上，比爾自認為自己精神還不錯，足以進行專業討論、彈吉他或對話，於是在晚上八點四十五分開始練習希伯來文。

不料，他發現當時已經「讀不進去」了，他吃力地讀出練習本第一行的幾個單字（都是由三個字母組成），接著來到第二行（他以為第二行的難度有提高）。他盯著眼前這組全新詞彙，努力了幾分鐘之後，回頭看了第一行，這才發現：原來第二行就跟第一行完全一樣！只是他的精神狀況之差，竟然分辨不出來。他覺得那天晚上他大概只剩百分之十的腦力。

可是如果先上床休息，隔天早上再回來看書，他知道二十分鐘內就能搞定。問題是，有很多學生在大多數的時候，都是在這種「大腦效能不足」的狀態學習的！

睡眠也跟成績好壞直接相關。大量研究顯示，光是檢視學生自填的敘述，都可看出「他們的睡眠時間減少」跟「學業退步」之間存有關聯性。目前美國有些學校把規定的到校時間延後，從而降低了學生缺課、遲到、上課打瞌睡的情況，並且改善了他們的情緒，提升了自我效能感（覺得自己有充分能力，相信自己可以完成某事）。[18]

最近一項由教育學者瓦爾史創（Kyla Wahlstrom）對九千名高中生的研究指出，當上學時間延到早上八點三十五分或更晚，學生成績提升了百分之二十五。瓦爾史創博士表示，愈晚上課，學習效果愈好，例如從七點半延到八點半，會比只延到八點來得更好。[19]

睡飽飽，精神好

我們充分休息、沒有感覺到壓力的時候，前額葉皮質就能由上而下調節情緒。睡得好時，前額葉皮質跟其他系統之間的連結會更新、強化，我們腦中可靠的「駕駛員」就會開始負責調節思考跟行為。

奈德老師常遇到成績頂尖、課外活動表現也很出色的孩子，生活很開心，不覺得有壓力。當他詢問他們的睡眠習慣（這是他必問的事），聽到的答案總是：「我都是十點上床，很累的話我的腦袋沒辦法正常運作。」當然，有可能是這些孩子效率較高，學習較輕鬆，才能在合理的時間內完成該做的事並上床睡覺，但更可能的是，正是因為他們睡眠充足，才會有效率，學得更好又更快。（另一方面，調節能力差的孩子經常有睡眠障礙，第十一章會詳加探討。）

簡單來說，睡眠有療效。我們睡著後，快速動眼期（夢境出現的時候）會消除情緒經驗當中不愉快的感覺，這時大腦不再存有任何跟壓力相關的神經化學物質（每天二十四小時當中，只有這個時候是如此）。睡眠專家沃克博士解釋，此時大腦會重新啟動情緒以及令當事人困擾的記憶，在神經系統化學物質維持安全的水平且沒有感到壓力的環境下，做著反思性質的夢，最後再將這些記憶帶回大腦。這個過程的科學原理，解釋了大家常聽到的俗話：「晚上睡一覺，早上起床情況會變好。」⑳

這種經驗幾乎大家都有，一夜好眠後，隔天醒來覺得掌控感增加。想要睡得著，訣竅在於懂得放下，我們必須放棄想控制的心情，才能睡好。但是我們並無法代替別人一夜好眠，那麼該如何才能幫助孩子獲得充足的睡眠？我們應該把「睡得好」列為優先要務，但這樣並不容易做到，隨著孩子的年齡不同，所面對的挑戰更是大不相同。接下來探討家長最常見的問題，以及我們的建議。

孩子要睡多久才夠？

整體來說，學齡前的孩子每天總共需要睡十到十三個小時（其中的一小時經常是午睡）。六到十三歲的孩子需要九到十一個小時，十四到十七歲的孩子需要八到十個小時，十八歲到二十五歲的年輕人需要七到九個小時。㉑這只是通則，醫學博士歐雯（Judith Owens）是兒童睡眠的世界級研究專家，她表示睡眠需求也會呈現鐘形曲線，有人需要的睡眠少，也有些人需要較長的睡眠才能有效運作。㉒要確認你的孩子是否睡眠足夠，有幾個評估原則：他們能夠不靠鬧鐘就起床嗎？白天會精神不濟嗎？白天會心情不安或煩躁嗎？這幾點原則可以當作你的指引，協助孩子獲得他們所需的睡眠時間。

如何知道孩子的睡眠問題已經需要醫生協助了？

有幾個常見的睡眠問題是爸媽應該要留意的。前幾名是失眠以及睡眠相關的呼吸問題，例如睡眠呼吸中止症。如果孩子打鼾、睡不著或是一直醒來，請尋求小兒科醫生的協助，必要時也可找睡眠專家，以確認身體是否有狀況，例如：氣喘、過敏、扁桃體或鼻咽部腺樣體增大，這些都可能干擾孩子的睡眠。即使是四、五歲的幼童也可能會有失眠問題，青少年的失眠狀況更是常見，是一種「睡眠相位後移症候群」，他們要到凌晨一、兩點才會有睡意，生理時鐘需要重新設定。失眠也常跟自閉症、ADHD有關。㉓此外，孩子如果都睡不好，你也需要確認他們是否有壓力過大、焦慮症、憂鬱症的可能性。要是孩子沒有ADHD或自閉症，但就是靜不下來，或是需要房裡有大人陪伴才能睡，這也算是一種行為成因導致的失眠。請向認知行為治療師或行為睡眠專家諮詢，及早採取介入措施常可見效。

我知道睡飽很重要，但學校規定很早就要到校，放學後我女兒還要寫作業跟課外活動，都弄到很晚才睡。可是我不想逼她放棄熱愛的課外活動。該如何是好？

這個問題我們時不時就會被問到，也遇過這樣的孩子。奈德有個學生叫凱莉，她參加了三種體育活動的校隊，還到大學修了本國史、英文、微積分三門先修課程，可想而知她媽媽有多擔心她睡眠不足。

有一天，奈德詢問凱莉：「妳事情好多，還好嗎？」

「還行，」凱莉聳聳肩，「只是很累，覺得壓力很大。」

「我懂，」奈德回她，「妳媽媽跟我聊時，很擔心這麼多事妳怎麼負荷得了。我好奇一下，妳每天都幾點睡？」

「通常是凌晨兩、三點。」

「這麼晚！妳可以告訴我每天時間是怎麼安排的嗎？雖然妳在課業跟校隊都很認真，但是妳睡這麼少，這樣不管做什麼事，都很難拿出最佳表現。」

「唔，我通常花五個小時寫功課。」

「我的經驗是，當我們多睡一點，寫功課的速度就能加快一點。也許妳多睡一點，其實四小時就能寫完。話說回來，妳到底為什麼都半夜兩、三點才睡？」

「我還有很多活動。」

「妳參加了三個校隊是嗎？妳還參加了什麼？」

「我算一下喔……還有協助發展障礙人士的『摯友』公益計畫、模擬聯合國會議。我也是學校社會行動計畫的組長、榮譽委員會的成員。噢，我還是學生大使、學生輔導員跟『同儕師徒計畫』的導師。而且，我有在接受諮商……啊，還有打曲棍球、幫助特殊需求孩子運動的計畫。」

我們多麼希望凱莉的故事是虛構的，可惜不是。她需要學習的事情這麼多，其中最需要學習的就叫做「如何明智抉擇：學習割捨」。奈德提醒她，他無法告訴她有哪些事情是不該做的，但是她參與的活動實在太多，每一項能付出的心力就變得很少。孩子到了高中一定要學到：想做的事無法全部兼得，應該要將自己身心的健康快樂擺在第一優先。

對於像凱莉這樣格外積極進取的孩子，或者是有完美主義的孩子，奈德經常會用以下的話語鼓勵他們，歡迎借用：

我知道你是個勤勉認真的好孩子。你已經答應要做那些事、參加那些活動，所以你不想讓其他人失望，寧可自己晚睡，努力把一切做完，選擇犧牲自己。問題是，要是你長期過勞，就無法全力以赴。有一點你還不曉得，那就是其實你不需要所有的領域都是一百分。你需要先找出自己希望專精在什麼事，再投入時間心力。你可以考慮放棄某項課外活動，或者，如果有哪門課你沒那麼喜歡，而且你知道需要花上不合理的時間準備，那就把成績的目標設低一點。把空出來的時間留給自己，每天睡飽一點，用在對你而言真正重要的課程或活動。如果你拒絕了某個機會，不要想成是讓別人失望，而是把機會留給其他人表現。

我家兒子正值青春期，我提醒他要多睡一點，他反駁說我理想中的九個半小時太久，他睡少一點精神也沒差，而且他很多朋友每晚只睡七個小時，甚至更少。我該如何判斷孩子真正需要的睡眠時間？

事實上，青少年進入發育期後，會經歷正常的睡眠相移，因此多數人要到晚上大約十點四十五分過後，才會開始出現睡意（而他們大腦的睡眠模式會持續到大約早上八點為止）。[24]此外，青少年對燈光的影響比較敏感，但他們晚上更常使用 3C 產品，讓情況變得更加棘手。處理的關鍵是要用尊重的方式跟孩子協調，特別是對青少年。許多孩子之所以不肯改變睡眠的作息，是因為討厭聽到爸媽嘮叨。重點在於，當你跟孩子聊這件事，記得要認同他們是懂自己的。你可以說：「你說的或許沒錯，比起多數人，你可能需要的睡眠沒那麼多。讓我們來確認吧，我會支持你自己做出明智的決定。」睡眠專家艾薩琳（Helene Emsellem）著有《不午睡，等著當魯蛇》（Snooze...or Lose 暫譯），她指出，當青少年無意改變晚上睡覺的時間，也不在乎白天的疲倦，爸媽一味想叫他們接受改善睡眠的介入措施，都只是白搭。[25]

因此，首先我們假設你的孩子已經充分明白「睡眠不夠的時候感覺怎樣」以及「一夜好眠之後精神飽滿的感覺是怎樣」。接著你可以說，有些人需要的睡眠時間的確較少，所以他可能只需八個小時或八個半小時，但有鑑於多數孩子無法準確判斷自己有多累，或者是需要睡多少才夠，所以你想邀請他做個實驗。找一天上學日，請他晚上十一點在熄燈的臥房躺下，看他需要多久的時間睡著？如果他沒幾分鐘就呼呼大睡，就代表嚴重睡眠不足。另一個可以考慮的實驗是提議他做個「研究」，先請他連續三天晚上等到「感覺到有睡意了」再去睡，然後將他白天的情況從一到五評分，包括清醒、專注、學習效果、生氣不耐、擔心、挫折的程度，也可以一起評估跟其他人能否和睦相處。接下來的三天，請他改成依照你認為適合的時間上床，一樣要他評分白天的情況。完成後，詢問他心得，如果他確實覺得沒有差別，那麼他可能就是對的。

我的女兒顯然長期疲勞，但我無法說服她多睡點。她說睡覺只是浪費時間，我該怎麼辦？

的確很難。一方面你希望尊重孩子的自主權，不希望把睡覺這件事弄得像是你在控制孩子。你無法硬逼孩子睡覺，也無法讓他們喜歡睡覺。但另一方面，還是有你能使得上力的地方。每天晚上，不妨讓家中固定保持寧靜的氣氛，並讓家人做些放鬆的事。萬一孩子抗拒，你可以說：「如果你有睡眠問題，我的責任就是幫助你解決。所以，醫生說你幾點該上床，時間一到我就必須確保你的房間燈都關了。」

關於睡眠的重要性可以說是鐵證如山，孩子是無法辯駁的。此外，別忘了你是要當孩子的顧問，以下是你可以考慮使用的策略：

- 由爸媽以外的人勸告，孩子往往比較聽得進去。如果你的孩子是學齡兒童，告訴他們，你會請教小兒科醫生對於睡眠有何建議，或是請教他們所尊敬的大人。如果你的孩子是青少年，詢問他們是否願意看你想分享的睡眠文章。

- 面對學齡兒童或是更小的孩子，你們可以事先討論好雙方同意的熄燈時間，然後你再強制執行。提醒他們，這是你身為家長的責任，你有權利規定他們幾點睡覺，以及晚上使用 3C 產品的時間（第九章將會詳談）。
- 由於 3C 產品跟同儕壓力會讓青少年很難早睡，所以你可以說：「我知道要你早睡不容易，我不是要控制你，但是，如果你想要早睡，而且需要人幫忙，我很樂意提供你一點獎勵。」在這種情況提供誘因無傷大雅，因為你的目的不是「叫他去做你想要的事」，而是「幫助他去做他自己想要、卻不容易辦到的事」。兩者之間的分別很細微，但是很重要。[26]
- 對於年紀較大的孩子，可以用給予特權的方式：睡眠充足時才准許他們開車（畢竟疲勞駕駛非常危險）。至於如何評估孩子的睡眠狀況則複雜許多，像是何時睡著、維持入睡多久等。如果想使用「活動紀錄器（actigraph）」等較可靠的工具，需要專業的訓練，而且也不適合爸媽在家使用來追蹤孩子的睡眠。而市面上 Fitbits 這類直接穿戴跟記錄的智能手環或手錶，收集的數據又不夠準確。但是，你能請孩子自己準備一本睡眠筆記，寫下幾點關燈，隔天早上再寫下前一晚大概花了多久睡著，以及半夜是否醒來睡不著。他們可能不清楚自己是躺多久才睡著的，這沒關係，他們可以回想：「昨天比前天容易入睡嗎？還是比較難？」協助孩子找出自己是否獲得足夠的睡眠，是個需要循序漸進的過程，而信任、溝通、透過親子攜手合作來解決問題，則是過程當中的關鍵。

- 鼓勵孩子先做完需要使用到電腦或手機的功課，再寫閱讀作業，這樣可以早一點結束接觸螢幕光源。
- 跟不喜歡把時間花在睡覺的孩子聊聊，詢問他們：「如果你知道了只要多睡一個半小時，就可以每件事都做得更好，會改變你對睡眠沒那麼重要的想法嗎？」「如果你知道了睡眠不足會有得憂鬱症的風險，會願意改變心意嗎？」
- 跟孩子分享你自己也想早睡的打算，詢問他們：「你願意跟我一起幫助彼此每天都要睡飽嗎？我們都要提醒對方記得早睡，你覺得如何？」

我的女兒國一，感覺她攝取的咖啡因很驚人，每天都喝好幾瓶含咖啡因的汽水，外加一杯星巴克咖啡，不過她是沒喝能量飲料，至少目前還沒。這個情況需要擔心嗎？

關於這個問題，直接了當的回答就是：是的，你需要擔心。現在青少年對咖啡因的飲用量大增，著實令人擔心，更何況，有些含咖啡因的飲料甚至會行銷賣給四歲的幼童，也讓人很無言。許多青少年每天攝取的咖啡因高達八百毫克，等於是八杯咖啡的含量（全球頂尖的醫療機構梅奧診所 Mayo Clinic 建議青少年每天的咖啡因上限是一百毫克，兒童則完全不該攝取咖啡因）。

咖啡因對孩子的發育有何影響，尚未有詳細的研究。確知的是，孩子會提高對咖啡因的耐受性，接著發展出習慣飲用。㉗而且，咖啡因會留在體內數個小時，假如你是早上十點喝咖啡，到了下午四點，你的體內還會有一半的咖啡因。㉘雖然孩子對飲食的新陳代謝比大人快，但刺激因子留在他們的身體這麼久，還是讓人無法放心。我們會建議你別提供孩子含有咖啡因的食品跟飲料，不過，吃些巧克力或偶爾喝杯汽水是無妨。如果他們想模仿朋友，體驗看看「當大人」是什麼感覺，你可以跟奈德一樣，建議他們喝低咖啡因的飲品（雖然其實還是有含咖啡因）。

要讓青少年完全遠離含糖的咖啡因飲品，簡直難如登天。因此最佳的解決方式就是告訴孩子咖啡因會有什麼影響，像是短時間內會體驗到好處，時間一長就變成是壞處。孩子想睡時喝咖啡提神，到最後只是讓自己睡得更少，影響健康，還會跟成年人一樣體驗到副作用，例如緊張不安、思緒紊亂、焦慮以及心悸。而且，短時間內喝太多咖啡因，或是猛灌能量飲料時，都會讓這些症狀加劇。

請孩子攝取咖啡因後，記得注意自己清醒、緊繃以及緊張的程度。當青少年確實留意時，有些人會回報雖然咖啡因讓他們不至於睡著，卻沒有讓他們更加清醒或思緒清晰。告訴你的孩子，其實還有其他提振精神、增加活力的好方法，例如：維持充足的睡眠、多運動等等。告訴孩子，在我們的社會，想獲得充分休息，而不靠刺激物提神，對於大人來說也很困難。而找出如何管理自己的精力，終究是孩子自己的責任。像比爾是告訴來諮商的孩子，如果他們可以想辦法保持睡眠充足，不需依靠提神的刺激物，等他們長大後進入成年早期，就等於是在人生賽程中遙遙領先了。

我和孩子都是夜貓子，要違背習性，改成早點睡覺，實在是很難。

我們都明白，想早點睡覺卻擁有相反的生理節奏，要改變確實不是一件容易的事。關於這個問題，有一項研究可以跟你分享。研究人員萊特（Kenneth Wright）曾經研究同一群年輕人在兩段期間過後所分泌的褪黑激素有何變化：第一週是一般的上班日型態，第二週則是去露營，在營地完全沒有電燈和 3C 產品。

日常生活的第一週過後，受試者的褪黑激素（讓人產生睡意的賀爾蒙）在他們睡前約兩小時開始分泌，他們平常是在約凌晨十二點半上床。但是，露營一週回來後，他們的褪黑激素提前兩小時分泌，而他們的就寢時間也提早了兩個小時。這項研究還發現，露營減少了「貓頭鷹熬夜人」和「雲雀早起人」睡眠時間表之間的個體差異。

夜貓子的生理時鐘經常因為接觸電子媒體跟電燈的影響而延後，簡單來說，如果你跟孩子是夜貓族，吃過晚餐後，你們就需要特別注意光線的影響，也要比早起的「晨型人」更早開始做些放鬆的事培養睡意。你也可以加裝藍光護目鏡，許多裝置現在也能設定為低藍光效果。但看網路新聞、電影或電子郵件等刺激，依然常會阻礙你一夜好眠，所以除了光線，對這些刺激也要多加留意。

我的孩子是青少年，他平日六點半起床上學，週末就都賴床到十二點半，這樣沒問題嗎？

這個問題沒有標準答案。不過，當一個人週末比平日晚起許多，就跟有時差一樣，不但會對時間感到錯亂，也會覺得自己狀況不好。因此，有些睡眠專家建議青少年週末的起床時間不要比平日晚超過兩小時。如果需要補充精力，可以改睡午覺。也有些專家，如兒童國家醫療中心睡眠醫學部的行為睡眠專家勒雯（Danny Lewin），認為協商和變通才是正確的方式，這一點我們也認同。跟孩子討論理想的睡眠時間，找出適合你們的最佳方案。告訴他們，要是比上學日晚起二、三小時，會有時差的不適感，到了週日晚上也會更難入睡。不過，如果孩子有專心聽你的建議跟衡量優缺點，剩下的就交給他們決定。

隨時練習

- 讓「好好睡覺」成為你們家重視的家庭價值，訂定全家人睡眠充足的目標。奈德總是告訴青春期的學生「先付錢給自己」，這是借用財務規畫的觀念，也就是先存錢，再消費。他叮嚀孩子：「你們每週的睡眠時間差不多要達六十三個小時（每天九小時），所以先空出這些時數，再計畫剩下的時間要做的事。」這個建議除了適合孩子，對大人也實用。你可以跟孩子聊自己在睡眠上遇到的挑戰，如果你已經找到解決的辦法，就跟他們分享，同時也歡迎他們提出建議。
- 評估孩子在就寢時間前做的事是否能助眠。如果不能，請參考專家寫的文章，了解何謂良好的「睡眠衛生」，也就是良好的睡眠習慣。在有睡意之前，就應該要先上床，因為人疲累時，會更難壓抑再多做一件事或再多看一集節目的慾望。你可以鼓勵孩子保持提早準備入睡的習慣，最遲在睡前半小時就應該把燈調暗跟拉下窗簾，促進褪黑激素的分泌。使用全遮光窗簾的效果較佳，也可搭配舒緩的音樂。喝杯牛奶也不錯，溫牛奶確實能幫助睡眠。如有必要，請和小兒科醫生討論使用褪黑激素，這對於高度焦慮或是有ADHD的孩子非常有效。多鼓勵孩子在白天運動，特別是他們有不好入睡的情況時，更是適合。
- 如果孩子有淺眠或是睡不著的問題，可以考慮使用白噪音生成器。
- 對於喜歡運動的孩子，你可以上網搜尋睡飽會大幅提升運動表現的驚人威力。針對史丹福大學籃球隊的一項研究發現，當每晚睡眠時間超過八小時，在為期幾週的訓練過後，球員全部都跑得更快，投籃也更加準確。㉙告訴孩子，許多 NBA 球隊聽從了睡眠專家的建議，已經取消早上的投籃練習，就是為了要讓球員睡眠充足。

- 全家人一起討論如何讓晚上的臥房成為「零 3C 產品區域」。行為睡眠專家勒雯博士建議，孩子（與家長）應該在就寢時間前的半小時到一小時，就將手機留在廚房充電（這讓我們只需要對抗滑手機的慾望一次，不用對抗整晚）。勒雯博士也鼓勵家長用尊重的方式跟青春期的孩子商量，如果孩子無法連續七個晚上在臥室不用手機，那麼可以嘗試五個晚上嗎？你也可以跟孩子討論房間裡有手機跟沒手機時，有什麼差別。如果孩子堅持要帶手機進房當鬧鐘，請立刻另外買個真正的鬧鐘，他們想要哪種高級款型就買給他們，這錢會花得相當值得。
- 如果你的孩子是高中生，建議他們請教每天睡八小時以上的朋友或是其他同年級的孩子，詢問他們是怎麼辦到的。孩子彼此學習的效果經常會比跟大人學要好得多。
- 孩子疲倦時，提醒他們記得對自己跟他人要保持耐心。請幫助孩子辨識疲累時會有不同的情緒反應，留意自己可能會對家人跟朋友比較看不順眼。
- 理想的情況是孩子可以學習平穩自己的情緒，不過這對於一些孩子而言會超出能力範圍，特別是有 ADHD 跟焦慮症的孩子。有些孩子需要聽音樂（但避免用手機）或開著電視才能睡著，雖然不大理想，但如果真有幫助，就沒有禁止的必要。
- 鼓勵青春期的孩子疲累時，如果沒課或在自修，可以趁機小睡二十分鐘恢復元氣。但不宜超過二十分鐘，否則可能會頭腦昏沉，並破壞夜間的睡眠節奏。小睡片刻就等於是讓孩子充電的時間，支撐他們到晚上的就寢時刻。

- 如果孩子有睡眠障礙或是嚴重睡眠不足，你可以考慮請醫生開立診斷證明書，建議孩子不用上每天的第一堂課。你也可到教育紀錄片《力爭碰壁》（Race to Nowhere）的官網查詢如何幫助孩子睡好的資訊。
- 如果孩子因為生理時鐘的關係在早上無法清醒，讓他們曬曬太陽會很有幫助，不過，還是請你先諮詢睡眠專家的意見。此外，如果天氣允許，讓孩子去露營吧。我們常見到一整年都睡不好的孩子，當他們參加夏令營後，生理時鐘就都順利調了回來，畢竟露營時沒有電燈跟3C產品能用，只能九點半就早早上床睡覺。要是正值寒冬，或是你住在日落較晚的高緯地區，就無法透過露營調整。但是，當露營可行時，這個方法確實是成效顯著。
- 多閱讀睡眠主題的文章和書籍。我們的推薦書單包括了艾薩琳的《不午睡，等著當魯蛇！》（Snooze . . . or Lose! 暫譯），以及弗柏博士（Richard Ferber）的《趕跑孩子的睡眠問題》（Solve Your Child's Sleep Problems 暫譯）。
- 評估學校的事對孩子的睡眠作息影響有多大，尤其是回家作業。這部分比較複雜，孩子的學校環境正是下一章要談的主題。

第八章
在課堂內建立孩子的掌控感

很多孩子都討厭上學，這不是巧合，因為隨著年級增加，孩子的掌控感會愈來愈低。①為了幫助孩子對自己的學校生活負責，我們需要先從他們的角度出發，幫他們想想看上學是什麼感覺。

低年級的時候，孩子還擁有選擇的自由。年級越高，規定要交的作業越來越多，得聽著師長的命令排隊，連上個廁所都要先徵求師長同意，更別提大人的命令什麼都得百分之百照做……孩子在學校的每一刻，幾乎都是這樣度過的，他們的自主權消失得無影無蹤。

我們希望孩子從幼兒園到大學的各個階段，都能享有積極參與、高度創造性的學習體驗。學校應該啟發學生，也要給學生放鬆休息的機會，且讓孩子天生的好奇心可以發揮，每天都有大量的時間處於心流狀態。理想的學校環境是老師擁有自主權，孩子也有選擇的自由，這可說是完美的內控信念模式。

可惜，現在的學校教育，無論是公立或私立，都不是朝這樣的方向前進。目前的教育趨勢不僅讓老師難以發揮專長，學生更是無法好好學習。學校採用的「防範教師」的課程設計方式（按，teacher-proof，指的是課程大綱、課本、教材等都是由上而下、由專家設計制訂的，給予老師詳盡的指引，使老師不能對課程內容任意詮釋或更動，免得「誤教」。目的是讓全國產生一致的教育成果），結果是老師們只能依規定執行制式的上課內容，完全失去了教學上的自主權。

此外，許多全天幼兒園的下課時間只有十分鐘，校方誤以為只要限縮休息時間，增加上課時數，就能換得更高的考試分數。孩子在小學一、二年級被家庭作業給難倒，等到了高中時已經認定「我的價值僅僅取決於在校成績、全國標準化測驗的分數，以及錄取的大學」。這些全是來自外在的評量，評量的制訂者則是孩子無法接觸到的大人。教育變成用數字（分數）定義、分類學生，學校教育改從精算師的思維出發，成了《哈利波特》裡替孩子貼標籤的分類帽。讀到這裡，你還會奇怪為什麼有些學生會被壓力壓得喘不過氣嗎？

二十多年來，在國內施行的教育改革，看得出來對於大腦運作方式或孩童健康發展等科學知識可以說是毫無研究。教育領導人跟決策者問的不是：「我們的孩子需要什麼才能擁有健康發育的大腦？他們怎麼樣學習可以達到最好的效果？最適合教孩子閱讀或代數的時間是他們幾歲的時候？」不，這些人關心的問題是：「我們需要這個孩子擁有什麼能力，來符合學校、當地或是全國的標準？」多數改革只著重在填鴨式教學，透過不斷考試去確認孩子記住了什麼，卻完全未重視孩子的大腦發育，這樣的教學成果只是事倍功半。教育改革會失敗不是沒有原因的，施行的那些政策只是損害學校師生和行政人員的掌控感，難怪會產生更大的壓力、更低的學生參與，還引發老師前所未有的不滿跟身心俱疲。

我們心裡有數，單憑這本書無法撼動學校的政策，但起碼可以提供各位爸媽資訊，知道如何有效地為孩子挺身而出。本書也可以提供教育人員具體的行動方針（我們由衷希望教育人員都能讀到這一章），哪怕這些行動無法動搖整個教育體制，至少也能扭轉幾個孩子的學習經驗。

雖然本章的目的不在於全面診治學校政策的毛病，不過我們相信，一旦你了解掌控感的影響力，就會重新看待學校環境的重要性，畢竟孩子一年有九個月都要到學校，每天至少要待上七個小時。

讓孩子對學習更加積極

如何增加孩子對自身學習的參與度，是教育者跟家長共通的一大挑戰。尤其是在國高中，許多孩子只想敷衍了事，就連有些優等生也都是抱著「會得分才跑壘」的心態，跟成績無關的事就不肯去做。②我們教出的下一代對發展自己的心智興趣缺缺，只一味關心數字指標跟結果。

想提升孩子在課堂上的參與度，最好的方式或許就是給孩子「課堂外」的自主權。第五章提過心理學家戴西跟瑞安的自我決定理論，這兩位學者也發現，如果父母比較願意給予孩子自主權，則孩子會「更加自發地看待學校作業，也更能察覺到自己的勝任感。同時，在老師眼中，這些孩子也更自動自發，能力更強，在課堂上的調整能力也越高」。③此外，他們的在校成績跟標準化測驗的分數也都要來得更優秀。

老師在課堂上協助孩子更加投入，這件事的重要性也不可輕忽。在教學環境裡給予孩子自主權並非難事，可以先從多多提供學生選項開始做起：「你們想要舉辦睡衣派對，還是舉辦看照片說故事，自己選喜歡的照片帶來跟班上介紹、分享以及討論呢？」「這份報告你們想要上課寫還是回家寫？」「這個你們想要在課堂上做完，還是回家再做？」「這項作業你們覺得自己做就好，還是喜歡小組一起做？」

其他的方法對學生也會很有幫助，例如：讓學生用各種方式展現自己對教材的理解、尋求學生的反饋、鼓勵學生探索適合自己的學習策略，或是多向學生解釋你要求他們做某件事的理由，以及你希望他們會有什麼收穫。

我們都知道，孩子喜歡、欣賞某個老師時，在那一科就會更願意認真，表現也會更好。老師也有優劣之分，有些算不錯，有些非常優秀，有些則不怎麼樣。不是所有老師都能跟每個孩子建立感情，也有的老師甚至跟所有學生都很疏離，這個問題有部份原因出在老師的教學自主權經常少得可憐，導致很多老師容易暴躁跟不滿。研究顯示，每當老師能夠選擇教學內容跟教法，教學的表現就會提升，壓力也較小。可惜的是，近期的研究指出，過去十年來老師的自主權呈現下降的趨勢。④

身為家長，如果你覺得孩子的師生關係不大穩固，可以從以下幾點著手。首先，你可以試著協助孩子跟老師建立關係，例如，鼓勵他們跟老師聊上課內容，或是問老師小時候的興趣。萬一孩子跟老師真的就是不投緣，你也可以考慮找校長溝通，看看能否幫孩子轉班，不過這個方法難度較高，就是姑且一試而已。其實，或許最有效的方法是向孩子強調：要為他們的學習負起責任的，不是老師跟校長，也不是爸媽，而是他們自己。假如孩子在國一時數學念得不好，到了國二學習不能連貫，那麼，他們責怪國一的老師沒教好，頂多是讓自己心裡好過一點而已，於事無補，還不如找方法自力救濟。這絕對不是在建議你告訴孩子學不好都是他們自己的錯，而是需要提醒他們：學著接受事實，不能奢望永遠都會遇到親切的年度模範教師。因此，無論老師好不好，你都要協助孩子擬定學習策略，成為自己學習上的主人。否則，他們知道自己沒有學到東西，又無能為力改變，就只能深陷於沮喪的處境。

萬一跟老師合不來，你的孩子怎麼樣才會想要持續學習？是下定決心取得優異表現，來證明老師是錯的嗎？這樣很好。還是說，只求及格，免得明年重修同個老師的課？這樣也不錯。請跟孩子強調：不需要被差勁的老師絆住自身的學習。姑且不論學業，這也是一門重要的人生課程。

你也能提供孩子實質的協助。如果孩子學不好，你可以請私人輔導老師或是找學習遊戲，幫助他更為熟悉數學、科學等科目。對於國高中的孩子，你可以鼓勵他們參考「可汗學院」或其他教育資源網站，幫助他們掌握學校的課程內容（按：可汗學院有中文介面，臺灣學生也可參考「均一教育平台」）。你甚至可以鼓勵孩子課前預習，等到他們聽老師講課時，就能感受到「這個我有概念了」，勝過於課堂上才在釐清內容的意思，吃力追趕老師的進度。你也可以鼓勵孩子自學，再將學到的內容傳授給其他人，例如：父母、兄弟姐妹或是同學，這麼做能夠提升他們的自我價值感，覺得自己有能力，而且在遇到高難度的內容時，這也是有助於他們確實掌握教材的最佳方式。

減輕與課業相關的內心壓力和外在壓力

在第一章裡，我們認識了壓力會如何影響大腦的情緒運作，接下來，讓我們來細看壓力對於學習的影響。

奈德在教學生涯中注意到有個現象很常見：許多孩子模擬考的表現很好，實際上場參加SAT或ACT測驗時卻考不好。為了找出原因，他大量研讀資料，也請教過科學家跟心理學家，因此獲知了葉杜二氏法則（Yerkes-Dodson Law）。

二十世紀初期，心理學家葉科（Robert Yerkes）和杜森（John Dodson）指出，一個人的生理跟心理受到刺激時可以提升表現，達到最高點後會表現就下滑。我們需要相當程度的刺激，例如好奇心、興奮感或是輕微的壓力，大腦才能達到最佳的敏銳度，然而，壓力一旦過大，就無法好好思考，腦袋的運作會失去效率。前面篇章提過男、女學生在準備期末報告時，女生跟男生採用了不同方法，這正是葉杜二氏法則的完美例證。平均而言，女孩的曲線是向左移動，男孩則向右移動，也就是說，「最適合女孩的壓力程度」往往並不足以激勵男孩，而男孩的最佳壓力程度對許多女孩來說可能已經超量（請記住這只是平均值，每個孩子都可能不同，有些孩子的情況會比較接近異性）。此外要請各位爸媽牢記：能夠讓大人產生動機的因素，可能並不適合孩子；而對你來說沒什麼大不了的事，你的孩子卻可能覺得難以承受。

將葉杜二氏法則曲線套用在孩子在校的學習，我們可能會看到三分之一的孩子處於「放鬆且警覺」的最佳學習狀態，三分之一的孩子覺得壓力過大，三分之一覺得太輕鬆，很無聊。過去多年來，多項的研究結果一再驗證了葉杜二氏法則的正確性，⑤**孩子處於高挑戰性且低威脅性的環境時，學習成效和表現最佳**，此時的他們面對困難的教材，可以安全地探索犯錯，用所需的時間慢慢學習，因此能達到良好的學習效果。當學生知道失敗也沒關係的時候，就會願意冒險，進而真正地成長，這時發展出的大腦，不但有能力達到高水準的表現，還

葉杜二氏法則

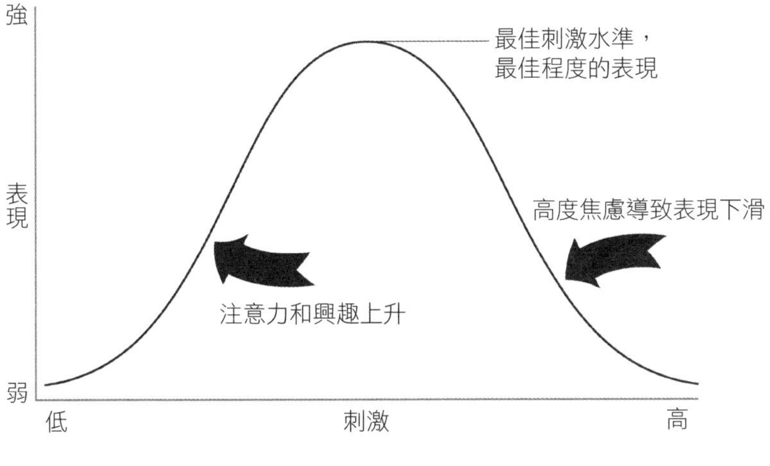

很健康快樂。

只可惜，我們遇過許多孩子並非在這種理想的學習環境中成長，而是在毒害大腦的環境中學習。他們每天上課都是在壓力和疲憊中度過，多數的時候感到索然無味。你曾經聽過對於戰場的經典形容嗎？有人說戰場就是「漫無止盡的無聊，穿插了一個個恐怖的片刻」，這種說法也很適合描述我們的學校教育，許多學校都已淪為戰場（當然比較溫和一點），以致許多學生不但學習成效不彰，更飽受壓力相關的症狀所苦。

這些孩子的前額葉皮質充滿了太多的壓力。第一章提過，前額葉皮質是容易小題大作的「大腦中的金髮女孩」，需仰賴多巴胺跟去甲腎上腺素的微妙平衡，才能有效運作。孩子少了充分運作的前額葉皮質，便無法專心跟維持注意力，而他們的抑制能力、工作記憶、認知彈性等三種核心執行功能也會受損。⑥

關於學習，「工作記憶」可以說是大腦當中最重要的執行功能，讓我們在運用或更新資訊的當下，同時能記下這些資訊。有了工作記憶，我們才能將現在發生的事和過去、未來串連在一起。此外，工作記憶也幫助我們對不同的人事物融會貫通，而且是我們得以發揮創造力的關鍵。如果用「工作記憶等於學習能力」來形容也不為過。相較於ＩＱ，**工作記憶其實更能有效預測一個人的學業和人生的成就**，因此，有些專家甚至表示工作記憶將會取代ＩＱ的地位。⑦壓力大的孩子工作記憶會受損，難以整合資訊，也難以理解並保留敘事的脈絡。我們不妨把大腦想像成電腦當中讓程式運行的隨機存取記憶體（而非硬碟的儲存區），大量的認知負荷——也就是大腦處理的事情太多——就好比是在電腦一次開啟太多瀏覽器，到了某個時刻，電腦就變慢或當機，全是因為壓力過大不堪負荷，人腦也是如此。

奈德在解說工作記憶的時候，常跟學生玩個聰明的數學小遊戲（如果有興趣，歡迎你也試試，但要心算，不可以用紙筆）。他對學生快速說出：「先用一千加上四十，好了嗎？再加一千，加三十，加一千，加二十，加一千，最後加十，答案是多少？」他考過的每個人幾乎都是回答五千（正確答案是四千一百）。奈德有個友人是華爾街的證券交易員，是真正的數學高手，連他也是回答五千。

其實這個小測驗無關乎數學能力，而是跟大腦的運作方式有關。在平常沒壓力的時候，要在腦中同時累積多項資訊並加以保存，已經很不容易，要是再加上壓力，就足以讓人完蛋。

奈德曾經遇過一個念書念得很辛苦的學生，學校教的對她已經夠難，ＡＣＴ測驗更慘，不用說，她整個人都被壓力淹沒。奈德在示範這個數學小遊戲前，先告訴她這個小遊戲每個人都會上當（好讓她覺得安全），告訴她出題者的用意在於點出考生答題時常犯的錯誤。結果奈德連題目還沒念到一半，她已怕到哭出來了，因為數學（或者其他任何跟學校有關的事物）對她來說實在太可怕。在那當下，她的大腦最需要做的不是算數學，而是冷靜下來。

你還記得嗎？面臨威脅時，我們大腦的設定不是清晰、有邏輯地思考，而是拔腿逃跑或挺身戰鬥，或是直接裝死。每當你的孩子害怕會被嚴格的老師叫到，在全班面前丟臉，那麼無論老師上什麼內容，他們都無法吸收，求生的本能總是會勝過學習的需求。

雖然我們都希望學校能為孩子帶來挑戰，但前提應該是建立在「擁有一個接納、鼓勵孩子的學習環境」。環境因情況而異，但重點是一樣的：孩子在校時，生理和心理都感到安全嗎？在課堂上擁有掌控感嗎？會安心不怕犯錯嗎？

此外，請提醒孩子，真正重要的是他們有進步、有成長，而不是拿滿分。第五章討論過妙麗類型的孩子，請協助這類孩子保持從不同的角度看事情。最後，想減少孩子的課業壓力，你能做的一點，就是別主動把孩子的學業攬在自己身上。萬一你這麼做了，請務必向孩子道歉。奈德有個學生的媽媽正是如此。她寫給女兒的道歉信真摯動人，徵得她同意後在此分享，內容如下：

孩子，今晚我讓妳失望了，想請妳原諒媽媽。我知道自己的行為說不過去，只是想解釋事情的緣由。

今天下午我遇到妳同學的媽媽，她問我昨天的數學考試妳考得如何時，我聳聳肩回答不知道妳有數學考試，她對著我搖頭，流露出不認同的神情。當下我只覺得自己很丟臉，是個失職的母親。也因為自尊心受創跟腦中一片混亂，回家後，我才會連珠炮似地質問妳學校考試跟分數的事，要求檢查妳的作業跟成績，妳含著淚水注視著我，滿臉不敢置信。

妳向來都是個對學習充滿好奇跟創造力的好孩子，個性熱心、包容、勤奮，不喜歡跟人競爭。妳同學的媽媽想查探她孩子的成績是不是贏過妳，我居然任由她左右了我跟自己孩子的關係。

我保證，今後不會再過問妳考試的分數、不再要求檢查功課或上網查看妳的成績。除非妳主動分享，否則我不會看妳學校發的成績單。

對媽媽來說，任何分數或用字母表示的成績都不能夠代表妳。妳是上天賜給我的禮物，也是值得我尊重的寶貝女兒。我希望自己還能重新贏得妳的信任跟尊敬。

愛妳的媽媽筆

還有一點也很重要，那就是由孩子跟大人共同合作，一起努力讓學校成為壓力較小的地方。我們的建議是成立包含學生、老師、行政人員及家長在內的減壓團隊，目標是探究有哪些方法能舒緩「所有相關人員」的壓力（比爾有次對一家學校的教職員講述壓力如何影響大腦，工作坊結束後副校長特地告訴比爾，說他很擔心自己的大腦健康，因為學校行政人員也需要面對龐大的工作壓力）。減壓團隊的目標可以是：致力於提高師生的自主權、為在校時段安插更多休息時間，以及爭取修改學校的作業政策，例如取消寒暑假作業。⑧

家庭作業：多加激勵，但別強制規定

許多孩子都覺得自己被龐大的功課量壓垮。過去三十年來，學生功課的增加相當驚人，尤其是低年級的孩子。⑨近來一項研究顯示，從幼兒園到小學三年級的功課量，最多可達全美教育協會和全美家長教師協會推薦量的三倍，至於寫作業的時間，平均而言，幼兒園的學生每晚要三十五分鐘。[10]頂尖高中的學生每晚至少要三個小時，國中生則是介於中間，需要兩個半小時。然而，僅有百分之二十到三十的受訪學生認為自己的功課「實用或有意義」。[11]過去九十年來，明明所有的研究都找不到明確證據，可以證明作業在小學階段的學習有顯著幫助，為什麼我們的孩子仍然必須面對堆積如山的功課？此外，研究也已指出家庭作業的幫助充其量只能以「效果有限」來形容，為什麼高中生仍然必須投入這麼多的時間寫功課？如果每晚只需花一到兩小時完成的適量作業，這樣才有益於國高中生的學業成長，超時只是對學習造成反效果。[12]

孩子感到疲憊、壓力大時，學習只會事倍功半。家庭作業經常引起親子之間的緊張，也往往破壞親子和諧以及孩子的自主意識，這種情況無疑是本末倒置。比爾經常遇到考得好而且對內容也確實融會貫通的孩子，就因為沒交作業，學期成績只拿到C或D。

我們深信的座右銘是「多加激勵，但別強制規定」，希望學校老師能善加鼓勵孩子，讓他們在課堂外也樂於學習。多項研究指出，孩子對所學的主題擁有控制權時，會提高參與度跟完成功課的意願，這充分說明了為什麼多數作業應該交由學生自願完成，而且老師不應計分。[13]我們推薦的形式是：老師可以建議孩子去做哪些功課，並鼓勵他們執行，或是推薦孩子能幫助達到學習目標的任務，但不要強制規定他們做，也不要打分數。在推薦學生做哪些作業時，老師也應該解釋對他們會有什麼幫助，也應該尋求學生的反饋跟建議，這完全有別於「明晚前念完課本第二十到五十頁，然後寫完這十題」的傳統風格。

在最理想的平行宇宙世界裡，老師對孩子交代的內容會是：「放學後，如果你能抽出時間花二十分鐘做這項作業，今晚睡覺時，你的大腦就會建立新的連結，能幫助你理解跟記住所學的東西。不過，如果你很累或是壓力太大，就去做別的事吧。等你情況比較好時，都可以隨時再做。」

芬蘭學生擁有全球最高的教育成效，家庭作業量卻最少，每天很少超過半小時。⑭芬蘭教育最著名的發言人薩爾伯格（Pasi Sahlberg）表示，許多幼兒園學生跟小學生在放學之前就已完成多數作業，而且學生就算到了十五歲時也不會另外補習。⑮這使得芬蘭學生的表現更令人驚豔，因為許多亞洲國家的學生在閱讀、數學和科學方面要想擁有同等表現，都需在校外花費大量時間另外補習。⑯

多年來，比爾跟許多不出強制作業的老師討論過，他們出的作業都是讓學生自由選擇要不要做，或是只有學生跟不上進度時才會規定要寫。這些老師包含了蒙特梭利學校的老師、公立國中的老師，還有一位是國際文憑課程（International Baccalaureate）的經濟學老師。以最後這位經濟學老師為例，他從十年前開始，會推薦每週的閱讀清單，但不再規定回家作業，這十年來學生的課業表現至少都跟有寫作業的時期一樣好，而且在國際文憑課程考試的表現也持續高於平均水準。奈德都會刻意出很少的作業給學生，不想讓他們太忙，希望他們可以把心力放在他們相信對自己有利的事情。如果他們來上課時，告訴奈德沒有時間完成他出的功課，他就會告訴他們，謝謝他們誠實以告，他相信他們一定是把時間花在更重要的事情上，同時也會補充，如果他們想要把功課寫完，他很樂意協助他們規畫時間。

如果你孩子的學校採取的方式跟芬蘭教育相反，你可以幫孩子轉校（如果有得選擇），理想的學校在學習上會重視孩子大腦的發展，致力於培養好奇心為重而非成績至上的學生。如果你認為孩子的家庭作業愈來愈繁重，或者孩子的壓力大到不合理，你也可以介入協助。校方常說他們制訂的家庭作業政策有所根據，請詢問校長背後的依據為何。由刑事律師班艿特（Sara Bennett）與專欄作家凱莉西（Nancy Kalish）合著的《控訴家庭作業》（The Case Against Homework 暫譯）當中有一句話我們很喜歡：「回家作業對我的孩子並沒有幫助。」如果你們家的孩子也是這樣，請跟老師解釋這個情況。你會很驚訝的是，如果寫作業確實為孩子帶來困擾，其實不少老師都很樂意進行調整。

最後，你也可以允許孩子不交作業。如果老師出的作業量不合理，而且你跟老師談過後也不見改善，你可以改成跟孩子詳細討論不寫功課的優缺點。你覺得是孩子的幸福快樂重要，還是這位老師給的成績重要？對我們來說，答案再明顯不過。

等孩子準備好時再學

我們有個朋友叫瑪莉，她的女兒艾蜜莉最近剛上幼兒園，她在上學齡前的幼兒園時，課程的安排都是摸兔子、用通心粉創作等活動，她對學習如何閱讀不大感興趣，但是熱愛唱歌跳舞，而且可以玩芭比娃娃好幾個小時也不膩。艾蜜莉的姐姐法蘭西絲在進幼兒園前，就已經有良好的閱讀能力。姐妹倆程度上的差異不禁讓媽媽瑪莉感到擔心，艾蜜莉的祖父母也認為這是個問題。

瑪莉跟另一個也是媽媽的朋友討論這件事時，朋友提到對自己的兩個女兒也有相同的擔憂，她也納悶是不是自己的錯，畢竟她沒有那麼常唸書給小女兒聽。這兩個小妹妹，等於是一進幼兒園就落後大家了嗎？

這種情況真的會把人逼瘋，因為它是基於恐懼、競爭和壓力，而非基於科學證據或現實。壓力過大的不是只有家長，孩子也一樣，他們還沒正式上小學前，就被大人用量尺來跟其他人一較長短。我們讓孩子開始接觸學科的歲數愈來愈提前，因為錯誤的認知是「贏在起跑點」，五歲的孩子就得開始學閱讀，可是研究顯示，七歲學閱讀的效果更好，孩子太早學的話就算獲得任何優勢，到了童年期後面也會消失殆盡。⑰

以前對某年級學生而言屬於進階的內容，如今在同個年級學習卻成了常態，孩子跟不太上或者只是還沒有準備好的話，就被認定是有缺陷。那些還沒準備好學習的孩子，不僅感到受挫丟臉，也缺少掌控感。

事實上，雖然學校的教育政策提早，但是孩子並沒有改變。美國是在一九二五年開始評估孩子的學習表現，比起當時的同齡小孩，其實現在的五歲小孩基本上並沒有更加進步。兩個時期的小孩，一樣都是在四歲半會畫正方形，五歲半會畫三角形，或是在六歲前在數硬幣時，最多只能記得自己數到二十分錢。這些都是指標，可以看出孩子是否已準備好學習閱讀和算術。確實，有些孩子的學習力會超前，不過他們仍需有能力把數字記在腦中，才能真正理解加法，或看出三角形的斜線，以及辨識並書寫K和R這類字母。問題是，在一九二〇年代到一九七〇年代之間，孩子可以自由玩耍，這樣可以奠定重要的關鍵能力（例如自我調節），現在的幼兒園卻是規定同齡的孩子學習閱讀跟寫作。

隨著一個人的年紀漸長，大腦的發展會讓幾乎所有的學習都更加容易（外語除外）。換句話說，當你擁有適合的工具時，做起事來更加輕鬆。當然，如果你使用的鋸子不夠鋒利，你還是能製作桌子，但就會更加耗時，也會覺得不那麼有趣，更何況，在製作的過程中，你可能還會養成日後很難改掉的不良習慣。讓孩子太早接受學術教育所造成的一個明顯問題，就是鉛筆握法錯誤。握筆姿勢要正確其實並不容易，你需要有精細的動作技能，把鉛筆輕輕夾在食指指尖、中指指尖以及拇指之間，還要拿得穩，並且只運用指尖讓筆橫向或縱向移動。有個例子是，在一所學齡前幼兒園，因為太早鼓勵孩子學寫字，結果有一個班二十個小朋友當中，有十七位需要職能治療來矯正已經養成的不良姿勢。想想看，在這個班上，有高達百分之八十五的孩子需要額外的協助治療，他們的家長需要另外花錢，讓爸媽跟小孩的壓力都很大，這一切就只是因為有些成年人突發奇想：「嘿，如果我們開始讓四歲的孩子學寫字，豈不是很棒嗎？」他們卻完全忽略了孩子的發展需要循序漸進，存在著不同的里程碑階段。

這種操之過急的教學問題從幼兒園一路持續到高中。以前在高一才教的科學課，現在的國三生就得學，以前在大學才會上的文學課，現在的高二生就得學。在華盛頓特區外的蒙哥馬利郡學區，學校曾經試著幫多數的國三生上高一才應該學習的代數，而且最終目標是要讓多數的國二生就開始上。這種情況簡直是災難，後來有高達四分之三的學生期末考都不及格，⑱多數的國三生根本都還沒有足夠的抽象思考能力來掌握代數。從歷史上來看，孩子之所以在青春期尾聲才進大學，就是因為到那個時候他們才已經準備好。雖然總有孩子是例外，但整體而言，十四歲孩子的大腦發展不足以應對高難度的大學範圍。諷刺的是，在企圖督促孩子更加進步的同時，我們對這些議題的思考卻是退步的。

許多家長會請奈德幫高一的孩子提早準備SAT測驗。他都會解釋，這樣是個錯誤，只會耗費孩子的時間跟爸媽的金錢，學到的東西卻是在學校遲早會上到的，還不如先讓孩子在校專心學習技能跟知識，高三時再開始準備考試，會更加合適。太早準備完全沒有必要，也會弄巧成拙。這就好比是要十四歲的孩子坐下聽你解釋繁複的退休金計畫，他們根本無法確實記牢。

比爾就常常需要處理超前學習引起的後遺症。他遇過許多孩子在大人要求他們讀東西時，由於過往的經驗太不舒服，當下就開始自我封閉或是哭了起來。累積了一次又一次的失敗經驗後，孩子會把自己跟失敗畫上等號。比爾最近跟一位兒童心理學家談過，這位心理學家的四歲女兒認為自己很差勁，就因為她的日記無法寫得跟同學一樣好。

由於本章所強調的重要訊息跟大家的預期不太一樣，建議各位爸媽最好牢記在心：**「提早」不一定會「更好」**，同樣的道理，**超出負荷時的「更多」也不等於就會「更好」**。為了減少過早學習的影響，以下有些事是你能做的：

- 可能的話，幫孩子選擇學校時，第一個要考量課程的安排是否顧及孩子的大腦發展，第二個要考量環境適不適合孩子。有些孩子適合當小池裡的大魚，他們會表現很好，建立起面對水流能應對自如的信心，不需擔心被沖走，在小池裡，他們得以茁壯，也感覺到自己擁有力量。另一方面，如果你的孩子適合在大池裡當大魚，也請幫助他們找到適合的課程環境。
- 放輕鬆，把眼光放遠一點。如果你身邊的人都和你不一樣，請做你自己。別忘了，多數在五歲就學閱讀的孩子，效果都沒有比六、七歲才學的孩子來得好。比爾還記得很清楚，他的女兒五歲時，有些同齡的孩子已經開始學閱讀，他跟太太不免也有點慌張。他們知道孩子七歲學的話會比五歲輕鬆很多，而且太早開始不只是對孩子有害，好處也不會持久，但是他們還是擔心，任由女兒比同儕落後，會不會阻礙她的未來？但最後還是堅持了初衷，讓她繼續就讀在小四前都不會被逼著要學習跟強制交作業的學校。雖然當初他們不急著讓女兒贏在起跑點，不過，她後來在二十六歲時依然順利拿到了芝加哥大學的經濟學博士學位，如今已經是成功的經濟學家。比爾很愛分享女兒的這個小故事，不是當老爸的想要自誇，而是想強調，就算你明知時勢潮流所趨的方向不對勁，要把持得住不隨波逐流，真的不容易，所以更要加倍小心。
- 請記住，操之過急地讓孩子學習，任何的收穫到頭來都會流失。比爾常聽到家長說自己的孩子小三時就已經在念小四、小五的數學，但他可從未聽過任何二十六歲的年輕人自豪比多數二十八歲的年輕人更加成功。

• 別讓孩子修太多門大學先修課，犧牲掉心理健康與睡眠時間只是有弊無利。孩子進大學後再讀《白鯨記》會比高中學到更多，這是有原因的，孩子上大學後的前額葉皮質比較成熟，抽象能力和情感成熟度也更為發展。可想而知，多數學生都是要到年紀漸長，才有辦法更能理解跟欣賞那些寫給成年人的小說。不只是文學，對於複雜的科學理論和數據、量化概念以及歷史主題也是一樣，多數孩子都是到了大學的年紀會更容易掌握。這並不是在否認有些孩子十五歲時的確已具備先修大學課程的能耐，但是，當這件事成為多數學生的預設立場（「要是我現在不修五門大學先修課，就永遠上不了大學」），就會變成大問題。

用正確的方式測驗孩子

我們的工作都需要測驗孩子，所以並不反對考試。由於每天都在接觸測驗，所以同時也認為，只要正確運用，考試可以是非常實用的工具。

神經科學家總喜歡形容常用到的神經元會「同步發射，同步串連」，也因此，我們在反覆地「刻意練習」時，會更容易將內容銘刻於大腦裡。華盛頓大學專門研究測驗的心理學家羅迪傑（Henry Roediger）認為，雖然「考試」一詞會帶給人非常負面的聯想，但仍不失為極具效果的學習工具。根據他的觀察，受試者在努力回想事實或概念時，記憶會受到強化，效果比單純看筆記複習來得好，他的說法是：「測驗不但能評量你所學的知識，還會幫助你更加熟知。」⑲

測驗還能幫助學生意識到自己有待加強的地方，也能讓老師講解時知道該把心力放在什麼內容上面。測驗可以帶來客觀的反饋，以便確認學生知道（或不知道）什麼。平時的測驗也能降低正式考試時的焦慮，無論是自己考自己，或是同學互相測驗，都會讓人處於壓力。習慣這種輕微的壓力後，對於面對正式考試是實用的墊腳石。

話雖如此，現今學校實施的標準化測驗方式可說是問題重重。許多支持這些考試的決策者都是政客，而非善於啟發的教育工作者。他們口口聲聲說要負責，說要提高標準、縮小差距以及「快速抵達高峰」，卻絕口不提研究已經顯示學校對標準化測驗的高度依賴，並無法提高教育的成效。

我們最欣賞的芬蘭教育發言人薩爾伯格曾研究過許多國家採用了「考試領導教學」的教育方向，結果卻顯示這些國家的考試分數其實是在下降。相較之下，芬蘭看重的是訓練有素的師資、互相合作、學習為本的課程安排，以及由彼此信賴的教育工作者來領導教育政策的方向。成效就反映在芬蘭上升的考試分數。

讓我們也從老師的角度來看測驗：考試迫使老師必須根據考試的內容來授課，自主權極少。此外，他們也活在飯碗不保的恐懼當中，因為教師合約往往取決於學生的考試分數——但老師無法完全控制學生的考試表現。有了考試，老師還可能把其他老師當成競爭者，而不是合作的團隊成員，也可能會把學生看成是阻擋自己前進的潛在障礙。有了考試，老師可能會導致孩子無法全力發揮，因為老師的心力只能顧到考試分數，缺乏誘因去考量孩子整體的快樂和健康。絕大多數的時候，教師跟學區的整體表現都是用學生的測驗分數來評估。以上種種情況都妨礙了老師的教學成效，也導致老師無法跟學生建立真正良好的關係。

任何事只要會讓孩子、父母以及老師的壓力變大，掌控感降低，就注定會失敗。考試至上會讓上學這件事變得狹隘，令人沮喪。每一天在校的學習應該都要讓學生有所期待，考試至上會危害這一點，擠掉選修課，把時間挪來準備考試。許多孩子在非核心學科（或是完全不屬於課程範圍的活動）上表現最為出色，例如藝術、音樂、手工藝、戲劇等領域，做這些事從來都是主動積極，單純追求進步，不斷想要讓某個產品或表演可以一點一滴地提升。從動機的角度來看，孩子可能不喜歡幾何學，但是如果他們想到晚一點就可以去練合唱團或樂團，或是可以上藝術課或手工藝課，到時就能發揮真正的創造力並樂在其中，那肯定會讓他們在上幾何學的畢達哥拉斯定理時，不至於這麼難受。

在二〇一四到二〇一五年，有超過六十五萬名的學生選擇不參加學校的標準化測驗。不過，如果你的孩子是想參加的，我們並不建議你規定他們別去考，你可以先跟孩子討論優缺點，再讓他們自己決定。

如果孩子選擇參加，你還是可以跟他們聊聊標準化測驗所具備和缺乏的價值，教育檔案局舉辦的考試或是共同核心考試等標準化測驗，應該只能用作評估學生的知識技能，好引導老師的教學方向，不該當作孩子智力高低的分類標籤，請確保你的孩子清楚這一點。

提升在校掌控感的好方法

總之，學校的教學應該更關心「促進孩子大腦的健康發展」，不要再只在乎考試分數。應該要探索如何減少在校的壓力、幫助學生更認識自己，擁有更好的自我調節能力，並藉由提升自主權，盡可能激勵學生自動自發，並透過將人文藝術的領域融入學校教學的各個層面，來提升孩子的參與度。⑳

目前有幾項計畫都致力於打造減壓的學校環境。以第六章提過的「安靜時間」計畫為例，是由舊金山一所資源不足的訪谷區中學（Visitacion Valley Middle School）在二〇〇九年首度實施。多數學生會練習十五分鐘的超覺靜坐，一天兩次（不想靜坐的學生可以選擇閱讀或休息）。

該校在實施「安靜時間」計畫之前，輔導室外面常常站滿了學生，都是因為上課胡鬧被老師趕出教室的。實施短短兩年後，已經沒有半個學生被趕出來。加州和全美各地有許多學校都已施行安靜時間計畫，成效顯著，㉑雖然這項計畫經常是受到資源不足的學校採用，但在資源充裕的學校也可以看到價值。芝加哥一所頂尖女中的行政主管指出，她之所以採用這項計畫，是因為「我真的不忍心再看到又有壓力太大得到憂鬱症的孩子被送去醫院」。

有些學校是培養孩子自我調節的能力，教導學生如何正念覺察，或是將正念練習整合運用在全校。有一項計畫是教導孩子學著自問：我的身體有什麼感覺？藉以辨識出特定的訊息。孩子感覺到自己處於「紅色區」時，代表的是緊繃跟情緒化。「黃色區」也屬於緊繃狀態，但此時孩子比較能夠控制自己的行為。「綠色區」時覺得平靜、清醒、專注，是適合學習的最佳狀態，孩子感到自己正在面對挑戰，不過挑戰還在合理的範圍。「藍色區」時則代表孩子感到無聊、疲累或傷心。我們曾經親眼目睹，才小學一、二年級的孩子在下課時間結束後，還處在亢奮激動的狀態，他們走進了教室，老師告訴他們該進入綠色區了，要全班專心深呼吸讓身體恢復平靜。每一班的孩子，也確實都冷靜了下來。

有些高中用體適能訓練來取代傳統的體育課，透過激烈運動大幅提升孩子的認知能力，或是透過知名心理學家杜維克提倡的方法，來培養學生的成長型思維。上述這些計畫，或是其他只要能健康地提升孩子掌控感的方法，我們都舉雙手贊成。

我們也知道，本書提倡的這些教育方法不會被所有人接受。無論是美國還是世上其他國家，都常見到競爭激烈的學校環境、大學先修課程的流行、急於要贏在起跑點的想法。多年來，比爾在替服用憂鬱症藥物的青少年看診時，許多孩子都暗示（他們的爸媽也是）只要能達到目標擠進頂尖大學，那麼他們付出（其實應該說是犧牲）一切，都是值得的。這是錯的，這麼做完全不值得！壓力研究學者薩波斯基曾說過，憂鬱症是最殘忍的疾病。孩子的每一天都充滿了疲憊跟壓力，必須長期努力，片刻不得放鬆，然後得到憂鬱症，這一切就只是為了拿到頂尖大學的入場券，代價未免太高。錄取大學不過是大學生活的一個開端，最重要的問題在於：進大學之後孩子會面對哪些挑戰？之後我們會再詳談。

隨時練習

- 教導孩子要為自己的學習負責。他們應該要懂得作主，而不是消極承受。但要小心，面對跟不上學校進度的孩子，不要變成是在責備他們。
- 如果孩子無法從老師那邊學到東西，可以跟孩子聊這件事，但不要責怪老師。你可以說：「老師已經盡力了，他只是不知道要如何對你因材施教。」鼓勵孩子想想，還有什麼方法能幫助他們產生學習動機，去學好該門課程的內容。
- 提醒孩子用宏觀的角度來看事情，真正重要的不是他們的成績，而是他們的學習跟人格發展。
- 孩子還沒準備好時，請不要屈服於外在壓力來逼迫他們學習。幼兒園的孩子不見得就需要學閱讀，同樣的道理，國三生不一定非得提早學代數，高中生也是一定要上大學先修課程。
- 找尋一起努力的夥伴，成立由老師、家長和孩子組成的提倡小組，討論你們能做些什麼來減輕學校環境的壓力。你們也可以考慮在學校提倡對大腦有益的活動，例如：運動、藝術以及靜坐。

第九章
全時間上線：如何馴服科技巨獸

這些年來家長問過我們各式各樣的主題。有些是在某些時候針對特定的文化議題，例如：「我該如何跟十歲的孩子談論恐怖主義？」有些問題則似乎一再出現，例如：「我的孩子有讀寫障礙，我還能怎麼幫他？」「要怎麼做才能讓孩子願意寫功課？」

不過，如果將最常聽到的問題做成統計圖，會看到有一題出現的次數急速上升，那就是：**孩子沒上學就一直打電玩，我該怎麼阻止？**

回到一九八〇跟一九九〇年代，要想讓孩子少打點電動，對家長來說已經是項困難的任務。當時的電玩還需要連接電視機，使用昂貴的搖桿跟一片片的遊戲卡匣，不過至少爸媽能把遊戲主機收掉，孩子在吃晚餐、睡覺、上學時間就沒法打電動。如今，皮尤研究中心近期的研究指出，十三到十七歲的青少年當中，有高達百分之七十三的人擁有智慧型手機，①因此，要想限制孩子別把時間都花在電玩、傳訊以及社群媒體，已經比過去困難得多。在美國，多數孩子到七歲時，總共已經累積了八千七百個小時（等於整整一年！）的手機使用時數。[2]至於青少年，只有百分之三十五在放學後會跟朋友面對面相處或講電話，卻有高達百分之六十三每天都會跟朋友傳訊聊天。[3]

根據統計，八到十歲的孩童每天看螢幕七個半小時，這已經夠長了，更可怕的是，十一歲到十四歲的孩子每天則是十一到十四個小時。[4]這代表了這一代的孩子多數的社交活動跟認知發展都是透過螢幕。年輕成人對3C產品上癮已成了常態，只要短短幾個小時沒使用社群媒體，很多人就開始恐慌。[5]有些父母對這種情形完全無法理解，心理學家普萊特（Adam Pletter）創建了一項計畫，幫助這些茫然無頭緒的爸媽認識孩子正在使用的科技。他指出，家長想要限制孩子使用3C產品，這件事和以前所有的教養手段都不一樣，因為重點在於：家長對於孩子手上拿的電子產品所知甚少。

最近有次講座結束後，聽眾當中有位父親來找奈德討論七歲兒子科技成癮的問題。他很擔心兒子每天只要醒著時都是電玩不離手，很多時候甚至為了打電動也不睡覺。

「我好說歹說或威脅利誘，都沒有用。他整天都關在房裡，不跟我或是他媽媽交談，連跟他哥哥也不說話，只是一直打電玩，對著電腦另一端的陌生人吼叫。」

真正令這位父親憂心如焚的倒不是電玩本身，而是小兒子在家愈來愈孤僻，不再跟家人交流。

科技是十足便利的神奇工具，擁有強大的威力可以豐富我們的生活，但是它同時也取代了生活中彌足珍貴的事物，像是家人的相處時光、朋友的面對面交流、專心念書、身體活動以及充分的睡眠。此外，令人擔憂的是，科技還會導致大腦想要接收不間斷的刺激。紐約大學商學院副教授奧特（Adam Alter）在其著作《欲罷不能：科技如何讓我們上癮？滑個不停的手指是否還有藥醫》當中表示，科技業人士最了解科技的負面力量，所以許多人都不讓自己的孩子使用3C產品，還把孩子送去華德福學校。⑥華德福的教育系統不只是在教室禁用3C產品，也強力建議學生十二歲以前在家都不要使用。身為科技業巨頭的賈伯斯，也限制自己的孩子使用3C產品，不願讓他們擁有iPad。《連線》雜誌前總編輯安德森（Chris Anderson）接受《紐約時報》記者比爾頓（Nick Bilton）採訪時曾說：「孩子抱怨我們夫妻倆就專制又獨裁，太過限制他們使用3C產品……原因都是我們自己看過科技的影響有多危險。正因我親眼目睹，才不希望孩子受害。」⑦

市面上的3C產品不斷進化，科技進展的速度飛快，科學家也一直在研究它們所帶來的影響。關於持續使用3C產品會對年輕大腦產生哪些影響，科學家已有許多發現。有人認為電玩可以拯救世界，有人則深信科技正在毒害我們，本章會個別探討這兩種相反觀點背後的科學知識。

一想到3C產品，爸媽可能會覺得茫無頭緒（唉，臉書一下就被IG取代，後來IG又被Snapchat追過，我根本不曉得現在又流行什麼，難道是那個什麼WhatsApp嗎），可能會挫折感很重（我的孩子本來比較進步了，結果《當個創世神》遊戲一出，他又退回原點），也可能會感到左右為難（我要怎麼拒絕買手機給孩子？跟他同齡的小孩，每個人都有手機了）。

這些心聲我們全都聽過。話說回來，其實 3C 產品也可以帶來大好機會。不妨把它想像成是一頭巨獸，只要善加馴服，孩子的生活可以更加愉悅，擁有多元的可能性。馴服科技巨獸是一項強大的技能，在孩子未來的生活都能派上用場，關鍵在於：你需要教導孩子如何維持主控權，當個主人。

青少年喜歡在網路跟外界保持連結的刺激感。寫情書或偷傳紙條早已過時，現在的孩子都是隨時隨地，即刻聯絡。我們有個朋友，他家裡接待了一位打工換宿的女孩。他吃驚地發現，拜科技所賜，這女孩初到異鄉就很容易適應。她才十八歲，是第一次出國，但是靠著加入 WhatsApp 的群組，輕鬆認識了其他的換宿同好，組成即時性的網路社群。她也會上傳照片到 IG，讓家鄉親友知道近況。

不是只有分隔兩地的情況下，才能體會到社群媒體的好。以天性害羞的孩子為例，他們在線上跟人互動時，經常比較放得開。此外，孩子的課業有問題時，也能透過網路上的讀書小組跟筆記共享來學習。⑧就連覺得自己是邊緣人或受到排擠的族群，他們在網路上也能找到有共鳴的同伴。

以往，孩童和青少年再怎麼沉迷於電動，等到年齡漸長就不迷戀了。如今局勢已截然不同，電玩遊戲已成為兩百億美元產業的一部分，提供許多就業機會，熱愛遊戲的玩家還能依此為生。在電玩競賽，獎金的總額甚至可高達數百萬美元。

許多電玩遊戲的樂趣是來自於高難度的內容，需要玩家運用模式檢測、手眼協調、假設建構等認知技能。或許正因如此，以色列貝斯醫學中心的一項研究發現，負責腹腔鏡手術的醫生每週打三小時以上的電動，比起完全不碰電動的醫生，手術出錯率少了百分之三十七。⑨知名研究學者芭芙烈（Daphne Bavelier）指出，動作遊戲的玩家必須快速做出決策、分配注意力，再快速切換到單一狹隘焦點的模式。她和團隊發現，在實驗室中，每週玩五到十五個小時第一人稱射擊遊戲的受試玩家，察覺主要細節跟記住地標的能力較佳，也更能過濾掉不重要的資訊，⑩此外，在多工處理任務時也似乎更具效率（不過，效率還是輸給每次只做一件事）。⑪

遊戲設計師、演說家及作家麥戈妮（Jane McGonigal）大力鼓吹電玩遊戲的好處，她主張多玩遊戲能幫助玩家培養四大實用的特質。第一是「急切行動的樂觀心態」（urgent optimism），我們會渴望立即採取行動排除障礙，同時堅信自己能夠成功。第二是「強化的社交連結感」（enhanced sociability），研究顯示，對於一起打電動的夥伴我們會更有好感，就算對方打敗我們也是一樣，這是由於一起玩遊戲能建立信任感。第三是「充滿愉悅的生產力」（blissful productivity），比起放鬆或閒晃，努力贏得勝利會讓我們更加開心。第四是「史詩般的意義」（epic meaning），玩家熱愛參與令人敬畏的英雄任務，投入其中。麥戈妮指出這四項「超能力」，足以讓每位玩家變身成威力驚人且希望無窮的「超人」。⑫試想，如果這些「超人」將精力也用來增進全世界的福祉，成就不可限量。

從大腦科學的觀點來看，電玩遊戲有利於多巴胺激增，讓人進入心流狀態。打電動時，孩子必須維持長時間的專注跟動腦，對許多孩子來說，電玩遊戲也是能帶給他們強大掌控感的唯一領域。長期以來，遊戲設計師都會讓遊戲可以依據玩家的程度自動調整難度，以便吸引他們完全沉浸其中，遊戲裡的世界是一個讓人可以同時專心、努力以及積極參與的完美環境。同時，電玩世界也是個讓玩家有安全感的環境，犯錯不再丟臉，而是一種學到新技能並變得更厲害的方式。

科學界目前獲得的結論是，電玩遊戲滿足了玩家對於「勝任感」跟「掌控感」的需求，而多人線上遊戲還滿足了對「連結感」的需求（第五章提過，這些都是有利於建立動機的重要驅力）。

儘管如此，這個領域仍有許多研究需要進行，也尚未有令人信服的證據可以證明：玩家在打電動時體驗到的掌控感跟強大動機，有辦法轉移到現實生活。而且，除了提高醫生的手術能力之外，目前沒有其他證據顯示，玩家所增加的專注力跟準確度，能運用在跟遊戲無關的任務或作業。就算是遊戲設計師麥戈妮也承認，玩家原本在打電動時所展現的四項特質，一旦回到現實世界（和動作遊戲的世界很不一樣），經常會消失。

在演化中較晚出現的大腦「可塑」部分，負責直接回應經驗，產生改變。而研究已經證實，科技正在改變我們的大腦。在科技的影響之下，現在的孩子對視覺影像的記憶力更好，也因為經常待在數位世界裡，所以更有能力學會如何在數位世界裡優遊跟解碼。

極大量的數位資訊已改變了孩子處理視覺資訊的方法，就連閱讀方式也是。傳統的閱讀是線性移動，眼前不會跳出其他讓人分心的東西，讀者就只是專心一頁頁往下讀。如今，對於常用電腦看東西的人而言，閱讀方式已大不相同，目光會搜尋關鍵字跟連結網址，而且是瀏覽式的掃讀。

科學家瑪莉安・沃爾芙（Maryanne Wolf）在著作《普魯斯特與烏賊》當中，極佳地描述了閱讀跟大腦之間的關係，書中也提到她發現自己大腦的閱讀模式所產生的變化。有一次，用電腦工作了一天後，她開始閱讀一本情節複雜的長篇小說，「我無法強迫自己放慢閱讀速度，會忍不住快速掃讀每一頁、搜尋關鍵字、調整眼睛的移動方式，想用最快的速度獲取最大量的資訊。」⑬閱讀方式的變化影響了所有人，尤其是孩子，他們從小看的不是紙本書，而是iPad；不是查詢百科全書，而是維基百科。

科技心理學專家羅森（Larry Rosen）和教育顧問朱克（Ian Jukes）得出的結論是，由於現在的孩子大量接觸3C產品，他們的大腦運作方式跟父母以及過去世代的孩子「天差地別」，其中一項差異是現在許多孩子已經難以忍受短暫的無聊或每次只做一件事。⑭

不過，有趣的是，我們大腦中較為原始的部分，卻跟十萬年前差不多。我們今天面臨壓力時的反應，和老祖宗面對長毛象、劍齒虎時的壓力反應系統差不多，杏仁核依然會活化，啟動「僵住、戰鬥或逃跑」的回應。至於幫助嬰兒跟父母建立情感連結的大腦系統，依然是依靠面對面的互動。此外，大腦中負責生理時鐘並決定睡覺需求的部分，也沒多大變化。意思是，雖然3C產品讓我們一部分的大腦變得更好，但同時也取代了大腦其他部分所需的事物，讓我們來看看3C產品的負面影響。

3C產品的壞處

一八八一年（是的，就是這麼古早）有位內科醫生畢爾德（George Beard）提出理論，說明為何有愈來愈多的人為緊張所苦。他指出，科技正是元兇，許多便利的新發明帶來了改變，例如鐵路跟電報讓生活步調更快，懷錶使得大家更注意小細節。⑮現在大家都已經知道，科技的突破到頭來往往是帶給人更多的工作，而不是更多的閒暇時間。就拿蒸氣熨斗來說，最初發明的目的是讓熨燙衣物比較方便，讓生活輕鬆一點，結果，以前是每個月熨燙一次，後來大家開始每週甚至每天都要熨燙。電子郵件取代了手寫信件，傳簡訊取代了打電話，事情變方便了，但我們就做得更多。所有突破性的科技發明，幾乎都會使得生活更加緊張，因為它們加快了步伐，也拉高了完成事情的標準。十九世紀的畢爾德很早就注意到了這個現象，而當時歷史上最偉大的科技突破甚至還沒出現——電燈的使用，讓人類的生活開始脫離了大自然的節奏。

如果你能想像懷錶給以前的人帶來多大壓力（據畢爾德說，錶會讓人養成一直看時間的習慣，以便趕火車或跟人會面），那再想想推特或其他社群網站，發文更新速度之快，簡直有如雨滴般不停落下，難怪現代人的壓力比一八八一年的人高了好幾倍。根據統計，普通成人一天看手機的次數是四十六次，⑯有百分之八十二的青少年表示自己每小時都要看一次手機（以我們的工作經驗來判斷，這頻率似乎還算低的），而有百分之五十的青少年表示已對手機成癮。⑰

那麼，如何幫助孩子培養自制力，不要每隔幾分鐘就看一次 Snapchat？就算是成年人要節制3C產品的使用，也是件難事，更何況孩子的大腦尚未發育成熟，對強烈的衝動或分心的事物會更加難以抗拒。

每當你更新收件匣、確認簡訊或是看IG的動態時，就會分泌一點多巴胺。如果看到正面的內容，多巴胺就會分泌得更多。這種情形就是「間歇性強化」，意思是雖然你不知道每次做某事會否得到獎勵，但是由於有這個可能性，你會受到期待的心情所驅使。對於想訓練狗狗完成某項任務的主人，訓犬師會建議，不要每次做到就給牠點心，拉長成每三次或第五次再給，而且獎賞要很豐盛，這樣牠就無法確知何時會有甜頭、能吃到什麼。當你說「過來」，牠可能沒得吃，但也可能會吃到一塊牛排，期望是會上癮的，牠每次都會乖乖聽話去找你。這種現象就跟有人痴痴坐在吃角子老虎機前玩上好幾個小時一樣，孩子不停看簡訊也是相同的原因，進來的簡訊可能只是媽媽寄來的，但也可能是喜歡的人，每封訊息都含有「誘人的可能性」。在所有年齡層當中，青少年最容易受到「可能性」的誘惑（不意外吧）。另外，我們也經常聽到孩子表示，他們很難抗拒看手機，是害怕錯過任何新訊息。這種現象叫做「FOMO症候群（fear of missing out）」。

3C產品影響孩子大腦的模式大致是這樣：孩子愈常使用3C產品，自我調節能力就愈差。他們愈常使用3C產品，在腦中擔任「駕駛員」的執行功能也會愈差。這是嚴重的問題，因為孩子的自我調節能力跟執行功能用來預測學業的表現，準確度約為智商的兩倍，而且從國小生到大學生都是如此。

以上是對科技問題全面性的討論。接下來，讓我們從對3C產品和多巴胺的知識出發，具體來看對孩子會有什麼負面影響，我們擔心的問題主要可分為五大部分：

一、「螢幕時間」是獨立的危險因子，會讓孩子接觸到許多我們不希望孩子（甚至是我們自己）面對的事物。

羅森博士和合作夥伴的研究顯示，看螢幕的時間跟以下四個問題的增加呈現正相關：生理健康問題、心理健康問題、注意力衰退、行為問題。⑲同樣地，心理學家特安格（Jean Twenge）寫了一篇讓人憂心的文章〈智慧型手機是否已毀掉整個世代？〉文中指出，智慧型手機和社群媒體讓這世代的孩童、青少年、年輕成人都「嚴重不快樂」，雖然透過社群媒體保持連絡，卻愈來愈感到孤單、疲憊以及受到冷落。⑳

久坐盯著螢幕看的時候，會產生一系列的生理效應（這點完全不同於閱讀或繪畫等久坐的活動），成為許多身心問題的獨立危險因子。以兒童為例，一個小時的螢幕時間會讓血壓升高，但一個小時的閱讀時間則會讓血壓下降。而且，孩子的運動時間跟螢幕時間產生的影響並不會互相「抵消」。就算你一天花一個小時跑步，剩下的時間就都坐在螢幕前，一樣不夠。㉑

螢幕時間也讓孩子有機會看到各種暴力新聞，不管是鯊魚攻擊的實況影片或是警匪槍戰，都會讓人覺得家園已變了樣。二〇一三年的波士頓馬拉松爆炸案過後，《美國國家科學院院刊》研究了在場人士以及看報導六小時以上的觀眾，想了解他們個別的壓力反應。結論或許會讓你感到意外，答案是觀眾的壓力程度比較高。[22]滑臉書時，無論你是否刻意尋找，難免都會看到暴力致死或犯罪案件的連結，這些大人看了都會不舒服，更何況是對孩子的影響。

二、在社群媒體上，等於是把自己的掌控權交給同儕。

社群媒體依賴的是量化的數字，例如：好友人數、按讚次數、追蹤人數，都令人感到憂心，這種情況尤其會影響女生。近期研究指出，使用臉書的時間上升，會導致幸福感下降，[23]比方說，你把午餐的三明治上傳，有十七個人按讚，你可能會覺得滿意，但隔天如果另一次午餐的照片只得到六個讚呢？很容易就讓人陷入一連串的疑問：是我選錯三明治了嗎？是照片沒拍好嗎？是朋友不關心我了嗎？我是不是哪裡惹他們不開心？還是我表現得太過依賴？我跟他們漸行漸遠了嗎？在大人眼中看來，這情況好像很荒唐，但對於大量社交都是在網路進行的世代而言，他們經歷的情緒高低潮，就跟朋友當面擁抱或冷落我們的時候同樣真實。

社群媒體等於是最純粹的外控信念來源。IG等社群媒體就好比二十四小時無休的選美比賽即時轉播，你那些在線上的「好友」，隨便一個都能留下酸言酸語，要不然就是單純不按讚你的最新動態。社群媒體把注意力從你的內在體驗（今天的三明治我喜不喜歡吃？跟我一起用餐的人覺得好吃嗎？）轉向其他人對於我們的看法。青少年比其他年齡層的人更在乎同儕怎麼看待他們，愈把自己的生活攤在大家眼前，就等於是放棄了少數專屬自己的時刻跟隱私。

《華盛頓郵報》的記者康崔拉（Jessica Contrera）在一篇深度報導中，記錄了十三歲的凱瑟琳（Katherine Pommerening）的日常生活。這女孩的手機是她生活中的社交核心，她跟許多青少年一樣，會精挑細選要上傳到ＩＧ的照片，選擇的依據是哪張可能會得到最多的按讚數。「超過一百個讚時，我就覺得是好的。」她也描述了縮寫tbh的重要性：「需要被其他人聽到（to be heard）」或是「說真的（to be honest）」。如果有一個人在貼文下留言：「tbh，妳心地好又漂亮。」這樣算是在留言中幫妳蓋章認證，其他人就會看著這張照片附和：「噢，她心地好又漂亮。」[24]

難怪社群媒體的重度使用者會異常焦慮、憂鬱或自戀，畢竟任何一個「好友」或追蹤者都能夠隨意對他們妄加評斷。[25]這樣的情況很殘酷，不是每個孩子都想要這樣。最近一項針對十三歲到三十歲的調查指出，多數人認為「自己是誰」已被社群媒體上的個人檔案所定義，且對於需要長期經營自我形象而感到疲乏，但也無法完全放棄不看。[26]

三、3C產品會占用時間，讓大腦無法從事需要的活動來培養健康的掌控感。

3C產品會讓孩子遠離帶來健康發展的事物，例如睡眠（百分之八十四以上的青少年睡覺時旁邊會放手機。此外，上床後，青少年晚上平均還會傳三十四則簡訊）、[27]運動、徹底的休息時間、孩童自己主導的非結構性遊戲，以及真實世界的生活——跟爸媽或朋友的當面交流，是很有效的紓壓良方。

女孩容易沉迷於社群媒體，男孩則是容易沉迷於電玩。電玩遊戲開發者都是激勵專家，知道如何保持玩家的參與度，並提供適度的獎勵，好讓人欲罷不能。青少年特別愛打電動，因為他們尚未發展出主要的自我控制力。姑且不論射擊遊戲會讓孩子的攻擊性上升這項缺點（我們相信會），或是孩子從打電動會獲得什麼好處（確實是有），電玩很有可能會帶來問題，甚至會導致約百分之十的孩子成癮。[28]多人角色扮演遊戲就是如此，以《魔獸世界》為例，玩家不僅感覺身歷其境，也會和其他玩家產生連結感，包括了來自其他國家跟不同時區的玩家。比爾有個同事幾年前曾幫一個二十三歲的年輕人看診，年輕人的爸媽說他過去四年來從未離開家中的地下室一步，清醒時都在打魔獸。為了想辦法讓孩子徹底戒除，他們甚至不惜從麻州舉家搬遷到馬里蘭州。

3C產品跟睡眠問題也高度相關。《美國醫學會雜誌》所發表的一項研究，綜合了共二十項研究的數據，研究對象共有十二萬五千名以上的孩子，年齡介於六到十八歲。如果孩子每週有三

> 有次我去對一群家長跟專業人士演講，主題是睡眠與睡眠障礙，那是我第一次見識到電玩成癮的嚴重性。在Q&A時間，聽眾裡有位母親分享，她的青少年兒子連續幾週都異常疲倦，早上都爬不起來，所以她到安排孩子前去醫院接受睡眠障礙門診。後來，診測人員告訴她，看診時她兒子招認：其實他每晚都設鬧鐘在凌晨一點偷爬起來，跟來自世界各地的玩家一起玩互動角色扮演遊戲，一直打到四、五點才回床上，然後騙爸媽說他失眠睡不著。她兒子的診斷結果為「假裝睡眠障礙」。
>
> 比爾

天以上睡覺時身邊有３C產品，睡眠時數不足的機率增加了百分之八十八，睡眠品質低落的機率則增加百分之五十三。就算孩子沒有使用，數據也是一樣的，光是將手機或平板電腦放在臥房，就足以導致睡眠的問題增加。[29]該研究的主要發表者卡特（Ben Carter）告訴《紐約時報》：「重點在於，我們需要一項整個社會都能執行的策略，賦予家長權力，讓他們在孩子睡前收走３C產品成為可接受的慣例。」[30]

四、３C產品有減少同理心的可能性。

孩子看的都是螢幕而非真人，對同理心也有顯著影響。大學生的同理心在這三十年來下降了百分之四十，而降低最多的時期是在最近十年。[31]不難想見，這跟他們少了跟人面對面的交流有關，畢竟，一個人在網路上對其他人展現出殘酷的那一面時，他不會看到對方本人。

麻省理工學院的研究心理學家特克（Sherry Turkle）著有《在一起孤獨》和《重新與人對話》，她認為現在的狀況就類似於生物學家卡森（Rachel Carson）所著的《寂靜的春天》，只是卡森看到的是環保議題，特克則看到了同理心的議題。她指出，有百分之八十二的美國人表示在社群媒體上溝通已降低了對話的品質。她為了撰寫《重新與人對話》而與人相約訪談的時候，許多人都告訴她「我喜歡線上聊，不喜歡面對面講話」。但是，人跟人之間，正是透過對話以及面對面的互動，才能學到真正的親密感和同理心。

五、3C 產品讓人容易獲得色情資訊，導致我們的文化充斥更多的性和暴力。

科技的黑暗面益發黑暗，色情資訊無所不在，隨時隨地都可能不請自來。《美國女孩：社交媒體與青少年的秘密生活》（American Girls: Social Media and the Secret Lives of Teenagers 暫譯）作者喬瑟爾（Nancy Jo Sales）認為，色情資訊正在讓一種新型態的性暴力變得正常化，所謂的「蕩婦頁」就是一例。如果你沒聽過，你應該要知道這個現象，蕩婦頁是有人（通常是男孩）收集學校的女生裸照後貼在網路上，這類分享並未經過對方同意，有時當事人甚至完全不知情。基於這個原因跟其他理由，強烈建議你告訴家中的女兒，你將檢查她的簡訊跟社群媒體，一直到你認為她安全無虞為止。補充說明，這個做法並不違背「給予孩子掌控權」。因為你已事先告知，而非偷偷看她們的手機。其次，你是在提醒孩子，有些事情她們仍需要依靠大人的輔助。第三章提過，給予孩子掌控感，不代表你要完全放棄約束孩子，給孩子應遵守的限制跟規則。而且，孩子也需要擁有安全感，知道有你會在身邊協助偵測危險地帶。網路世界可說是最大的潛在危險區域。

如何馴服科技巨獸

現在我們已經看清楚了眼前這頭巨獸好壞美醜的不同面向，接下來可以找到方法協助孩子馴服牠，好讓牠不僅不會把孩子吃掉，還能為主人效勞。

第三章「由你決定」的原則同樣適用於孩子對 3C 產品的使用。設定界線時要考量周詳，跟孩子取得共識後，就要求他們確切遵守。

孩子也會想要爸媽的協助，他們多數都清楚自己在使用上可能會失去分寸。不過，遲早他們還是必須學會靠自己，你不可能跟著他們一起去上大學，要是他們無法學會自己控管打電動跟或是用社群媒體的時間，到時可就不妙了。因此你要循序漸進地放手。接下來就來看看幾招最厲害的馴獸技巧，讓你能夠教導孩子（你自己可能也需要）如何成為科技巨獸的主人。

從你開始以身作則。

首先你需要知道的是，你自己使用 3C 產品的習慣可能也不健康。一項研究指出，有百分之六十的家長擔心孩子看螢幕的時間太長，但有百分之七十的孩子認為爸媽過度使用 3C 產品。[32]其次，你必須要以身作則，示範怎樣才是負責任的使用習慣。你可以告訴孩子，許多人都無法節制 3C 產品的使用。向孩子承認你可能也是這樣，你也可以跟孩子分享自己或其他人曾經試過的有效方式。此外，先跟孩子約好，萬一他們在跟你說話時，你卻看起手機，他們就該提醒你。出現這種情況時，請跟孩子道歉，也要讓他們知道你已經在想辦法改進。有個朋友去家庭旅行時，乾脆把手機交給先生保管，收在她看不到的地方。她很清楚自己要是知道手機在哪就會忍不住收信，會剝奪她跟家人專心相處的時光。

試著了解孩子的世界。

雖然孩子在小時候常會學著順應爸媽的習慣，但是許多人到了青春期就不再聽爸媽的話，他們比較重視同儕。青少年需要待在他們將會面對的世界裡，學習如何才能成功，而那個世界與你從小長大的世界完全不同。他們必須學著認識、掌握一整套社會規範，而這些規範在你看來，簡直有如外星文化。請先試著去了解這些規範，在孩子需要放下 3C 產品時，你才曉得如何用尊重的方式協助他們做到。

如果你的孩子是青少年，請了解網路就是他們跟人交際互動的地方。要是孩子跟朋友當面講話講到一半，你不可能打斷要他們「現在立刻閉嘴」，同樣的道理，孩子傳訊傳到一半時，你也不能叫他們中斷打字。

至於電玩，許多家長會說孩子打電動是浪費生命，用這種方式跟孩子說話是不尊重他們。你應該要做的是，陪孩子一起打電動，了解電動有何迷人之處，搞不好你會驚訝地發現好玩的程度超出你的想像。告訴孩子，你懂他們的心情，體會到了電玩很有趣，也知道打電動對他們的重要性，但更重要的是不要沉迷上癮。表現出你感興趣，擁有相關的知識，會幫助你在跟孩子協調打電動的限度時效果更好，萬一日後出現什麼問題，你也會知道如何介入處理。孩子覺得受到爸媽尊重，且感覺跟爸媽很親近的時候，就更願意敞開心胸聽取建議。因此，請學著了解孩子的興趣。最重要的是，當你這麼做，對他們也格外具有意義。

回到大自然的懷抱。

比爾的兒子大學畢業後參加了三個月的戶外領導能力課程，回來後竟他說討厭手機，因為過了三個月沒手機的生活，他已愛上那種自由的感覺，不會隨時被人家找到，不會被打斷，而且生活步調跟大自然的節奏一致。大自然就是有辦法讓我們重新調整跟放輕鬆，這樣的觀察結論並非新鮮事。一八八一年畢爾德在書中討論人類變得緊張的問題時，提到了風的呼嘯和葉子的沙沙作響等大自然的聲音都有節奏，人類文明產生的聲響則「缺乏節奏，毫無旋律，即使無害，聽來也令人煩心」。㉝

研究指出，孩子在投入大自然的懷抱過後，或者甚至只是看了大自然景觀的海報，他們的心情和表現都變得更好。㉞日本人有個詞彙叫「森林浴」。漫步於大自然能「滌淨」前額葉皮質的紛亂，讓人平靜，也讓我們在從事需要工作記憶的任務或測試時，表現會更好。另一項研究顯示，在沒有3C產品的夏令營待了五天後，孩子都增加了同理心。㉟我們本身認識許多科技成癮的孩子，參加夏令營才過了第一個星期，就已經把手機跟電玩完全拋在腦後。

如果你本身不喜歡自助旅行或健行爬山，請至少安排出去走走的時間，讓你跟孩子有機會徜徉於自然的美景，就算是去都市裡的公園也不賴。你可能會懷疑，去公園會有什麼用？請相信我們，確實是有幫助的。一旦你們在公園、河邊或海邊待得愈久，就愈有可能注意到差別。

提供孩子資訊，但別說教。

你的工作不是要訓誡孩子過度使用３Ｃ產品，最好的方法是表達你對他們有信心，相信他們懂得節制，而且你很樂意提供協助。你是當孩子的顧問，所以不需要評斷好壞，提供他們資訊和建議即可，效果將會讓你感到驚喜。

奈德曾有個學生要參加ＡＣＴ測驗，考場就在她自己的學校，由於週末沒有舉辦，她只能在平日上完一整天的課後去考。幸好她最後一堂沒課，約有一個小時的空檔可以緩衝。奈德擔心她上完一天的課下來已頭昏腦脹，也知道她是標準的低頭族，考前可能會顧著滑手機，所以，他先向她解釋，如果空檔時她還是一直用３Ｃ產品，大腦會有什麼狀況，接著再問她：「你想聽聽看我的建議嗎？」等她說好後，他說：「最理想的情況是，妳晚上應該要睡得很好，起床後有時間讓頭腦清醒，吃一頓豐富的早餐，很從容的去考試。妳不用上課，不用跟老師和同學交談，也不用在課堂上時耗費心思做各種決定，就可以坐下來專心作答。但現實情況不是這樣。因此我建議，妳們學校後面有座樹林，妳下課後就去那邊走走，待個十五到二十分鐘。在樹林散步可以讓大腦放空，讓妳忘掉所有刻意想記牢的事。清理思緒後，妳的大腦就會有更多空間，幫助思考更加清晰，考試也更能得心應手。」學生照做了。後來，她相當滿意當天在考場的表現，分數也比預期的更好。

親子合作，攜手解決。

幾年前，作家霍芙曼（Janell Burley Hofmann）給十三歲的兒子第一支手機時，也寫了一封提醒信給他，在《哈芬頓郵報》上發表後，受到很多人轉載分享。信中充滿了溫暖、幽默和明智的建議，像是「用這支手機傳訊、寄信、通話時，別出現任何對方站在你面前時你不會說的內容」。信裡共有十八條守則，最後則演變成一張她兒子接受並簽了名的合約。這封信受歡迎的程度，代表它引起了廣大家長讀者的共鳴。守則的細節在此就不多提，但建議你直接從「簽約」這個角度出發，不妨親自跟你的孩子一同擬定一份合約。讓孩子一起決定他們該如何使用 3C 產品，這個過程能讓他們練習獨立思考，去思索自我節制的重要性，也會比較心甘情願遵守協議。

如果你只是單方面強制執行，就容易引起孩子反抗。多年前比爾遇過一個孩子，爸媽試過各種方法限制他看電視都失敗。爸媽把電視鎖在櫃子裡，他就找鎖匠；他們剪掉第四台的線路，他就翹課，然後約第四台廠商到家裡重新申裝。重點在於，不管他的爸媽出什麼招，他就是能逐一破解，這已是二十年前的往事，當時家長還能把 3C 產品鎖起來收好，現在幾乎是不可能的。

當你跟孩子吵架或是想要他們關掉 3C 產品，這種時候都不適合討論「合約」的內容。適合的時機點，應該是在沒有人不愉快或起防衛心，也不需要立刻採取行動的時候。

身為家長，感覺不安心的內容你就不應該同意。但是，也要記得傾聽孩子的心聲，如果他們

我最近幫一個十三歲的男孩伊恩看診，他在平面設計的領域天賦異稟，甚至有好幾間大企業聯絡他（他們不知道伊恩才十三歲），要把他的設計用在公司的目錄和影片產品。我所遇過的高成就青少年當中，伊恩在許多方面都算是最成功的前幾名。但同時，他個性衝動，有ADHD，思考上也有一點強迫症的傾向。跟多數孩子比起來，他更難控管自己的重度3C產品使用習慣。他在設計時，能夠維持比較長時間的高度專注，但這股高度驅力也讓他很難將注意力轉換到刺激較低的活動，例如寫家庭作業、做家事或是準備上床睡覺。他寫功課跟做熱愛的設計工作都需要用到電腦，問題是他電腦或手機用得愈兇，壓力就愈大，也就愈暴躁。他爸媽說，每次要他上床後別再看筆電或手機，都會起激烈的親子衝突，他們只得妥協，任由他睡眠不足。他們感嘆，以前還能直接把3C產品收起來限制螢幕時間，那時的兒子比較開朗，也好相處得多。

當他們問我該如何協助兒子控管3C產品的使用時間，我問了那個老問題：「這對誰會造成問題？」答案是這樣會對伊恩造成問題，受影響的是他的心情跟學業，不過，同時也造成了伊恩爸媽的問題，因為使用3C產品讓伊恩變得易怒，父母很難跟他同處一個屋簷下生活。我建議他們把協助兒子學習健康的使用方式當成重要的長期目標，不要急於見到他立刻改變。我遇過許多「科技症」的孩子後來厭倦了毫無節制的3C產品使用習慣，於是主動開始限制自己。我請他們跟伊恩運用「合作問題解決法」，強調他們了解3C產品對伊恩有多重要（對他的平面設計工作也不可或缺），他們很希望可以支持他，一起設立合理的時間限制。他們可以腦力激盪，想想有什麼策略能幫他有限度地使用電腦跟手機，找出雙方都認同的解決辦法（通常雙方如果能好好表達自己的想法，但帶著尊重彼此的態度，就能夠達到共識）。我也建議他們可以老實問伊恩的想法，如果他無法節制使用，而且似乎已經成癮，這樣該怎麼辦？最後，如果伊恩或是爸媽覺得他已經成了3C產品的奴隸（而非主人），他們應該尋求能陪他做好控管的專家協助。伊恩頓時如釋重負，他原本很擔心我會堅持要他停用3C產品，毫無商量的餘地，此外，他也喜歡跟爸媽一起合作找出解決之道的方式。

比爾

的論點合理，就算跟你想要的不一樣，也得考慮讓步。

了解你能著力之處。

孩子還小時，只要不給他們碰 3C 產品，或是家長出面管理，就能輕鬆限制他們。隨著孩子年紀漸長，困難度會提高，進入青春期後，你不可能一直盯著他們有沒有在使用 3C 產品。不過，還是有你能做的事。孩子的密碼你永遠都要知道，也要事先告知他們這一點。如果他們的手機帳單是由你負責，可以把「合理使用」當成付錢的前提，如果他們晚上不肯把手機收起來，你就不繳帳單。第七章提過，如果孩子說要帶手機進臥房當鬧鐘，你就另外買鬧鐘給他們。最重要的是，如果孩子讀高中，你可以表明，雖然你很期待他們受到良好的大學教育，但是學費這麼昂貴，要是他們沒有能力可以適當使用 3C 產品，要是他們沒有認真求學的能力，你就不會送他們去讀大學，免得浪費他們的時間跟你的荷包。

家長常見的疑問

螢幕時間多久算合理？

這個問題乍看簡單，答案卻很複雜。我們以往建議，每天玩電動的上限是一小時，結果聽說孩子都很不開心，因為他們最愛的遊戲如果要晉級到下一關，需要一個半小時的時間才夠。

對於這一題，沒有統一的標準答案，不過有幾項參考原則。首先，鼓勵家中每個人都制訂一份自己的「3C產品時間表」。父母可以跟孩子一起計畫，讓孩子看到你也在控管自己的3C產品使用。建議孩子先列出睡眠、運動或是非3C產品類的休閒活動、寫功課、晚餐、雜事、早上準備上學、晚上準備睡覺等等事項需要的時間，他們會比較心裡有數，每天或每星期適合擁有多久的3C產品時間。先計畫好，把時間預留給重要事務，再反推能使用3C產品的時數。

如果孩子年紀還小，答案就簡單多了。學齡前兒童最好的發展方式就是跟人互動，可以的話，也適合多接觸大自然以及戲劇表演、唱歌、玩積木、繪畫或勞作等活動。目前並無證據顯示幼兒需要3C產品才能擁有良好的發展，或是愈早接觸3C產品就愈好。

我家孩子心裡只有電動，要怎麼樣才能讓他有興趣做其他的事情？

如果孩子是電玩迷，對於打多久電動才算是「合理」，他們的看法可能跟你大不相同。對於學齡的孩子，我們會建議，先向孩子表達你並沒有要禁止他們使用，也知道電動對他們的重要性，如果孩子對電玩很在行，還可以鼓勵他們：「等你長大說不定可以當科技人。」然後提醒他們，生活中還有很多你不希望他們錯過的事情，像是跟親友相處、讀本好書、睡個好覺等等。你可以說：「我知道這些遊戲很好玩，也不打算禁止你玩。可是，身為你的爸媽，我擔心你正在錯過很多同樣重要的事情。如果我們能一起討論出每個星期你需要多久的電玩時間，還有想出其他每週你該做的事，我就不用擔心你。如果我們一起計畫好，你也都能確實遵守，我就不會再管你。」

我想控管孩子的螢幕時間，但學校功課需要上網，有時候一用就是幾個小時，我能怎麼辦？

螢幕時間是個複雜的議題，大人應該合作解決，好讓孩子知道你真的不希望他們一直在看螢幕。你可以跟學校和行政主管討論，表明孩子的健康是你的第一要務，搬出研究結果來支撐你的立場，說明孩子看螢幕的時間太久有害，並提出孩子完成作業的替代方案。你也可以跟其他家長以及校長針對這個主題討論，透過與其他立場相近的家長合作，孩子才不會覺得自己是異類或過度受到保護。㊱

我女兒才五年級就吵著要智慧型手機，她說班上同學都有，只有她沒有。我是覺得小五生拿手機太早了，該怎麼做才好？

最重要的是，讓你感到不舒服的事情，你就不該去做。比爾的孩子讀高中時，經常抱怨自己是同年級裡唯一沒車的人，但比爾對這件事感到自豪，也相信長遠來看對孩子的好處多過於害處。重點就在於，就算其他家長都說「好」，你還是可以說「不」。

同時，請坦然面對這個問題。如果孩子感覺被同學冷落，找出原因，表達你的體諒，解釋你不希望孩子心情不好。你可以考慮讓他們循序漸進地使用手機。很多孩子只是拿手機來傳訊，所以，第一支手機可以只有通話跟傳訊的功能，但不需要上網。

建議你跟孩子的老師聊聊，確認孩子說的話是不是真的，他真的是因為沒手機才無法融入同學嗎？

另外，找其他的家長討論，他們的孩子的行為舉止如何？有帶來什麼問題嗎？家長可以商量一起用聯盟的方式，幫孩子設定類似的界線和限制。

對於控管孩子使用 3C 產品，家長團結起來可以產生驚人的力量，如果能再加上孩子的合作，就更加威力無窮。

現在職場上都要懂 3C 產品，我不希望孩子被我限制，導致出社會落後。我經常聽到人家說 3C 產品正在提升「一心多用」的能力，難道孩子不需要學習這一點嗎？

讓我們告別這種恐懼的心情吧。在禁用 3C 產品的加州矽谷華德福學校，有百分之七十五的學生都是科技業高階主管的孩子，有人詢問他們是否擔心日後孩子的科技能力會落後，這些科技人的回答是：3C 產品的設計方向就是讓使用者輕鬆上手，所以孩子很快就能學會跟上。㊲

連續打數小時的電動，的確看起來讓你好像很會一心多用，不過，比起每次只專注在單項任務，你的表現會糟糕許多。人無法同時做兩件需要專心思考的事，「一心多用」這個說法並不恰當，當你同時試圖專心在兩件以上的事情，你的大腦其實是快速地在不同事務之間轉換注意力。一心多用會降低學習跟表現的品質，效率極差，因為錯誤率更高，到頭來也等於是做得更慢。[38]一心多用也限制了深度思考與抽象思考的能力，減少了發揮創造力和創新的機會。[39]或許正因如此，這群被稱為「app 世代」的青少年，每當問題沒有直接簡單的快速解決之道時，就會退縮逃避。[40]

最糟糕的是，研究顯示，人在一心多用時皮質醇會上升，對神經系統會帶來更多的壓力。靜坐跟正念練習之所以大受歡迎，主因之一就是可以有效解除一心多用的慣性，讓人得以專注於當下，不再一次做三件事。

如何判斷孩子是否科技成癮？我什麼時候需要尋求專家的協助？

評估標準會隨著 3C 產品的種類而異。不過，英國有項研究顯示，在社群媒體花超過三小時以上的孩子，有心理問題的機率多了至少一倍。[41]學者堅泰爾（Douglas Gentile）等人是研究電玩成癮的專家，他們使用以下標準來判定孩子是否已經成癮：

1. 謊報玩電動的時間。
2. 需要愈來愈多的時間和金錢，才能感到刺激。
3. 如果玩的時間減少，就會煩躁不安。
4. 透過打電動來逃避問題。
5. 該做的事或功課都沒做，只顧著玩。
6. 為了玩遊戲而偷竊遊戲或金錢。㊷

最容易對電玩、社交媒體或上網成癮的孩子通常具有某些特徵，包含衝動、低社交能力、較低的抗壓性、較低的認知彈性、社交焦慮等。男孩比女孩更容易出現這些問題，遺傳也有關係，尤其是調節多巴胺系統的基因，以及與情緒調節相關的血清素受體。㊸具有僵化思維、強迫思維和敏感多巴胺系統的孩子很難為自己設限，因此特別容易過度使用或成癮。這樣的孩子比爾遇過很多，他們的描述是：「就算沒在打電動，我的腦袋還是不停在想著電動。」

如果你發現孩子容易過度使用 3C 產品，請務必親子一起討論好界限何在，然後嚴格執行。孩子必須遵守事先協議好的時間，否則就該禁用。如果遇到極端的情況，比方孩子「威脅」你不能收走遊戲主機，此時你就該尋求專家的協助。此外，你也可以協助孩子發展社交能力，許多孩子會開始沉迷於 3C 產品，是因為唯有在螢幕前，他們才覺得自在，感受到跟其他孩子的連結。

新一波文化轉移

令人樂觀的是，許多青少年都在談論 3C 產品帶來的負面衝擊，以及如何減少其負面影響。此外，一項針對千禧世代年輕族群的研究指出，有高達百分之八十的受訪者表示需要放下 3C 產品，享受單純的事物。㊹

近來千禧世代吹起一股反璞歸真風，烘焙、縫紉、手工藝等的手作活動再度流行。連零售業也開始了放下 3C 產品的運動，愈來愈多的店鋪和餐廳牌標榜自己「零 3C」，許多餐廳都直接規定客人禁用手機，西雅圖還有間桌遊商店的標語是「拔掉電源線，從心連結世界」（妙的是，這間店還是微軟人合資開的）。

我們最喜歡的「放下 3C 產品運動」，或許是來自馬里蘭大學的女子籃球隊。球員們在聯賽期間自願交出手機，還引起媒體的報導。《華盛頓郵報》訪問了後衛球員布朗（Lexie Brown），她的感想是：「交出手機可以說是我們團隊做過最棒的決定。我喜歡玩手機，但這次經驗讓我學到，手機其實不是必需品。」沒有手機的時期，隊員都聚在一起玩牌，也才有機會好好聊天，另一個球員表示：「把手機拿回來時，我們很想立刻還回去。」㊺

隨時練習

- 召開家庭會議，討論家中禁用3C產品的時段或區域，至少，吃飯時或是在臥房都應該遠離手機。你也可以在家中規定更多的禁用區域，有個朋友的太太就規定：「沙發上禁用手機。你坐在沙發時，就要好好跟我說話。」
- 以身作則，向孩子示範健康使用3C產品的方式。例如：開車時不傳簡訊，需要傳訊時務必先靠邊停車。如果你在滑手機而孩子剛好過來找你，停下來跟他們打招呼。如果你需要看手機確認簡訊、郵件或通知，請記得徵得孩子的同意：「我可以看一下手機嗎？可能是某某人或關於某某事的訊息。」
- 平日每天盡量空出半小時不使用3C產品的專屬時段，專心陪伴孩子；週末兩天則至少空出各一小時，不接電話也不看手機。你也可以考慮在每週末固定安排禁用3C產品的時段，例如把週日早上九點到中午訂為「吃鬆餅、閱讀、玩遊戲、比賽時間」。必要的話，可以跟孩子討論適合暫停使用3C產品的時間。如果放下手機對孩子有難度，請他們設定時器，跟他們說好每隔十到十五分鐘可以看簡訊。在這麼短的時間內就得看手機，你可能會覺得這樣未免有點像是強迫症（在我們看來，也的確是強迫症），但是，對於離不開手機的孩子，如果你能給予一些彈性，可以降低他們的排斥。請記得尊重孩子，試著去了解他們——就算只是很短的時間不用手機，對他們可能都是困難的任務。

• 跟孩子一起外出時，如果在社交場合看到有人顧著滑手機而忽略身邊的人，例如約會中的情侶、在球賽上分心的爸媽、演唱會的聽眾、星巴克裡的低頭族，你可以詢問孩子：「你覺得身旁被忽略的那個人，有什麼感受呢？」

• 如果你打算要讓年紀較小的孩子用手機或上網，請參考兒童心理醫生培拉特（Adam Pletter）的「iParent101」數位教養網站，以及美國兒科協會的媒體與兒童通訊工具包（Media and Children Communication Toolkit）網頁，有助於你認識現在的孩子都在接觸哪些遊戲跟手機軟體。娛樂軟體分級委員會的官網也提供了實用資訊，讓你知道如何在電玩遊戲設定家長監護功能。其他推薦的網站如下：「線上警戒」（OnGuardOnline）提供了如何保護電腦的好方法。非營利兒福機構「常識媒體」（Common Sense Media）對電腦跟手機軟體進行了評比。網路安全聯盟「iKeepSafe」提供了許多保護孩子線上安全的資訊。除了參考這些網站，最重要的是，請告訴孩子，幫助他們學習善用３Ｃ產品是你身為家長的職責，你可以說：「在網路上，什麼資訊都有，什麼情況都有可能。萬一你遇到可怕的資訊或情況，一定要跟我說。」

• 事先跟孩子說好，在你確認他們不會讓自己或其他人受到傷害之前，會隨機檢查他們的簡訊和社群媒體。告知後，就要確切執行。

• 跟孩子約定，打電動到了該停的時間時就必須遵守，以後才能繼續玩。

• 如果孩子過度使用３Ｃ產品，請向心理醫生或諮商人員尋求協助。

第十章

6個讓大腦和身體健全的練習

頂尖的運動員在受訓時，會有一個乍看之下不合常理的動作。例如舉重選手不會先舉重槓，反而是先去抓瑜伽球——在鍛鍊出明顯可見的大肌肉之前，他們會先鍛鍊小肌肉。小肌肉變得強健的話（一般人不會注意到），可以幫助運動員減少受傷。比方說，如果拳擊手在浴缸幫孩子洗完澡後抱起來時閃到腰，或是跑步選手在過馬路時扭到腳踝，就代表他們平時缺少小肌肉的鍛練，忽略了不起眼的基礎訓練。少了基礎訓練，便無法支撐起身體其他部分的動作。

在本章中你將學到幾項訓練招式，幫助孩子鍛鍊小肌肉，產生大影響。終極目標是讓孩子擁有良好的復原力跟健康的大腦，並具備堅實的立足點，去面對生活的所有障礙，無論問題是大（未能錄取夢想的學校）或小（邀請心儀對象參加學校舞會遭到拒絕），都能夠克服。爸媽需要協助孩子鍛鍊出強壯的大腦，具備良好的思考力，有能耐承受各層面的打擊。雖然我們都期望孩子在人生的每個轉彎處都能順利無阻，但也不希望看到孩子怯於承擔風險，或是當情況不盡如人意時會被打敗。

大多數孩子沒有機會學習能夠給予他們力量的心智策略，例如：預先規畫並將目標視覺化、跟負面思想對話，或是預先想好目標未能實現時的備案。以下的追求成功策略，都是我們這些心理學家跟教育工作者親自使用的方法，無論是在工作上或平常的生活上，都會派上用場。本章依據的內容來自於柯維（Stephen Covey）和崔西（Brian Tracy）等成功心理學的重要作家，以及黛蒙（Adele Diamond）和席格（Daniel Siegel）等知名神經科學家。有的策略你可能聽說過或親自試過，但或許你還不知道，其實孩子運用起來一樣很有效。

我們都知道，很難叫孩子坐下來聽你說：「我們來談談如何鍛練你的大腦吧，好嗎？」尤其是對青少年更難，他們可能直接唱反調（這也很正常）。但是，無論如何，你跟孩子認識這些策略會很有幫助，要在生活中實踐時也有方法可以遵循，且不至於讓孩子覺得處處受規定所限。

練習1：讓目標變得很明確很具體

視覺法：幾乎所有成功心理學的作家都認為，設定目標是極為重要的事。我們自己在發展事業時，都曾透過設定目標、將目標視覺化的方法。我們也強烈建議你應該讓孩子從小就開始練習這個方法。對某些人來說，光把目標寫成清單就很有幫助了，對其他人而言，將目標用圖片呈現的效果會更好，方便參考。例如，習慣隨手亂丟的孩子想要保持書桌的整潔時，可以在整理完後拍照，在照片上標記原子筆、鉛筆、紙張、功課各自擺放的位置，下次需要整理書桌時，就能按照相片將物品歸位。同樣的方法也可運用在上學的準備工作，如果孩子也希望減輕早上準備上學時的痛苦程度，可以在一切就緒時拍下照片，照片上的他們已經穿好衣服、梳了頭髮、背上書包，也帶了便當。看得到追求的目標是什麼畫面時，孩子就更有可能去實現。這項技巧對於不擅長生活秩序的青少年同樣好用，因為比起閱讀檢查表上面的文字，對照圖片做事需要用到的工作記憶較少。①

有大量的研究記錄了把目標視覺化之後的驚人威力。其實，大腦分不清「真實經歷」和「想像畫面」之間的差別，就像看恐怖片時觀眾明知都是假的，也依然會毛骨悚然。知名神經科學家帕斯屈雷翁（Alvaro Pascual-Leone）曾做過一項有趣的研究，一組受試者每天在固定時段彈鋼琴，另一組則是單純在腦中想像彈奏的畫面，結果發現，兩組受試者的大腦當中跟手指運動有關的區域都出現了成長。②這項結果的含意極為重要，而其他針對運動員和復健病人的類似研究也是得到相同的結果。

心智對比法：孩子年紀較大後，也可以嘗試另一個設立目標的妙招「心智對比」（mental contrasting），這是由紐約大學的歐廷珍（Gabriele Oettingen）教授設計，用以協助學生設立務實的目標。③這個方法會幫助我們鋪設出一條能將目標落實的路徑，免得眼高手低。

心智對比的第一步是要孩子設立「自己的」目標，不該是一群人的共通目標，也不該受到你的影響，而且需要兼具可行性跟挑戰性。

第二步是鼓勵孩子寫下幾個詞彙，跟想要的結果相關。在這個步驟，想到什麼就都寫下來，不要增刪修改。

第三步是請孩子想一想關於目標的「內在障礙」，請留意，不是去想外在會遇到的阻礙。請他們拿出紙筆寫下想到的障礙，思考自己會受到什麼影響，以及障礙出現時，他們能夠如何應對。

以奈德的學生為例，在第一步驟，有時他們會設定ACT或SAT要考到某個分數。他們在步驟二寫下的詞彙可能是「冷靜」、「自信」或「專注」。在第三步驟的內在障礙時，寫的則是「匆忙」、「壓力大」及「迷惘」。在這當下，他們正在腦海中為考試做準備，模擬會感受到的緊繃或迷惘，再想像自己正在排除這些障礙，或是至少在忍受那種不適感。他們會想像要跟自己說什麼話，要如何快速瀏覽考題，採用何種作答的策略——提醒自己這跟學校的考試不同，放棄部分考題可能還勝過於把時間平均分配給所有題目。他們也會想像自己面對障礙時，會有什麼應對計畫。先想好潛在的挫折跟可能出現的狀況，就可以幫助他們不慌不忙地上考場。

奈德有個不擅社交的學生，她到新學校後診斷出有焦慮症。她跟諮商師一起角色扮演，練習自己處於不自在的社交場合裡，能運用哪些言行舉止去應對。經過反覆演練，雖然她很少真的會講出練習時的台詞，但是心裡有底能說哪些話，減少了她的焦慮。對她而言，社交上的互動不再那麼難以捉摸。

個人最佳表現法：另一個非常推薦的方法，是孩子對於學業、音樂、運動，甚至只是想在自家後院學會翻跟斗的小特技時，都可以設定「追求自己最佳表現」這個目標，跟自己比賽。這並不是說競爭就是壞事，孩子真的想贏某場競賽時，也需要學習如何全力以赴，只是，當他們比賽的對象是自己，效果會更好。孩子無法控制對手練習的情況或能力，但可以控制自身的練習情況，力求超越先前的分數。看到自己一直在進步，會讓你有莫大的成就感。而且，將目標設定成「追求自己最佳表現」，很適合每個人，永遠不用擔心年紀還輕，也不嫌太老。

考試，正是適合練習「追求自己最佳表現」的自我競技場。有個學生艾莉森想要提升ＡＣＴ測驗成果，滿分是三十六分，她爸媽希望她能拿到三十四分。當奈德問她自己的目標多少時，她回答是三十一或三十二。她先前的分數是二十四分，因此把目標設成三十四分並不合理，而且這是她爸媽的目標，不是她自己的目標。依她的程度，直接把目標設在三十二分也不合理，這樣需要進步的幅度太大，並不實際。討論過後，決定把合理的目標設在二十八分，這樣比較好落實，對她也有一定的挑戰性。等她考到二十八分，就可以採取攀岩者的「鎖定攀爬法」（多數攀岩者會先攀爬一段距離，鎖定下一段距離後打岩釘，再繼續攀爬，再重新鎖定距離打岩釘，反覆循環下去。這樣萬一失足時，可能只會滑落三公尺的短距離，不至於一跌就是六十公尺）。二十八分對艾莉森是一段還算舒服的距離，到達後她能自豪於自己的進步，接著再向上攀爬，鎖定三十一或三十二分前進，到時這個目標已經顯得很合理了。

無論孩子是上考場、學滑雪或是練習翻跟斗，以上這些設定目標的方法都能幫助他們激發內在動機，提升掌控感，從起點抵達目的地。

練習2：注意大腦告訴你的訊息

孩子若了解到自己的大腦正在發生什麼事，那就更能控制自己，行為跟表現也都能改善。就算孩子只是粗淺地認識大腦，尤其是當他們知道自己的大腦有什麼特別的地方，也都有助於他們重拾掌控感。

就算是幼兒園年紀的小孩，也有辦法理解大腦的基本功能。兒童精神病學家席格著有《教孩子跟情緒做朋友：不是孩子不乖，而是他的左右腦處於分裂狀態》，在跟孩子解釋時，他會用手輔助，說明他們壓力大時腦中的情況。他將四支手指壓在拇指上方並握拳，拇指代表強烈的情緒區域，像是恐懼、擔憂、生氣（即杏仁核，不過這詞對幼兒太深奧），壓在上方的其他手指則是負責清楚思考和解決問題的區域（即前額葉皮質）。當孩子的擔憂或怒氣極為高漲，其他手指就會壓制不住拇指，席格形容這種時候就是「氣到炸開」。他鼓勵孩子，如果感覺到自己快要「氣到炸開」，就想一想需要做什麼來恢復平靜，比方說，可以走到事先選好的「冷靜區」，在裡面待到手掌又能重新握拳為止。

比爾遇過的棘手個案當中，有個九歲的男孩叫阿班，他的情況讓爸媽很擔心：分心、焦慮、完美主義、抗壓性極低，爸媽很希望阿班不管是在家中還是學校，都可以減少激烈的反應。

比爾首度幫阿班進行測試，幾分鐘之內就見識到他爸媽描述的情況。阿班很聰明，口條也好，但他經常告訴比爾：「這題我的回答不好！」「我什麼都做得很慢！」「你一定會給我低分對不對？」遇到第一道難題時，他甚至一拳打在桌上說：「這題我不會！」比爾如果稍微施壓要他繼續，他就會心煩氣躁，隨時像要大哭或爆炸一樣。

於是，比爾跟他聊了一下：

比爾：看得出來你現在壓力很大。你願意聽聽看我的看法嗎？

阿班：好。

比爾：我覺得，每次腦袋沒有立刻浮現聰明的答案時，你就會覺得自己是笨蛋。

阿班：對，我很挫折。

比爾：我覺得，你明明就知道自己並不笨。我的意思是說，你應該曉得自己認識的生字，比其他小孩多了很多。

阿班：真的滿多的，有些生字，就連同年級的同學也都不認識。

比爾：你的問題是因為大腦中有個部位叫做「杏仁核」，它太努力保護你了。杏仁核的責任是找到威脅在哪裡，它會留意有哪些事會傷害你、讓你心情不好。它不會思考，它只會察覺哪裡可能有危險，一發現有危險，它就給你壓力，叫你快點躲開危險。我認識一些小朋友，他們的杏仁核對所有事都不覺得有威脅性，但我也認識一些小孩的杏仁核比較敏感，幾乎每件事都覺得威脅。我想，你應該是杏仁核非常敏感的孩子。

阿班：嗯，應該吧。每件事都讓我抓狂，很沮喪。要是你看到我在學校的樣子就知道了。

比爾：你一定很不好受吧。我們應該要記得的是，你的杏仁核很敏感，容易小題大作。所以，每次你沒辦法馬上想到答案，我們就提醒你的杏仁核：它反應過度了。如果你又開始覺得緊張、很挫折，我們知道這就代表你的杏仁核正想要讓你變得封閉，為的是保護你，不要覺得自己像是笨蛋。我們可以跟它說，其實它不需要這麼做，因為你根本就不笨。這樣可以嗎？

阿班：可以。

聊完後，他們繼續進行測試，情況順利了不少。到後來，比爾甚至能把阿班極力追求完美、難以忍受挫敗的情況，拿來跟阿班開玩笑，因為阿班已經知道了自己之所以會這樣，完全是因為原始的大腦功能受到誤導，並不是他的性格有缺陷。後來比爾在詢問阿班的社交情況跟情緒反應時，刻意選用了他會有興趣的比喻（他對炸彈很感興趣）：

比爾：今天早上我看到你受挫時的表現，在學校很常見嗎？

阿班：對啊，我很容易發飆。

比爾：你想不想要裝一個比較長的引線？

阿班：什麼意思啊？

比爾：炸藥的引線愈長，爆炸就愈慢，如果引線短短的，很快就爆了。我猜想，既然你的杏仁核這麼敏感，你的引線應該很短。

阿班：（手比出五公分的距離）我的引線只有這樣。

比爾：你想要讓引線變長嗎？

阿班：我想要很長很長。

比爾：我們以後會進一步討論該怎麼做。我們也可以跟你爸爸媽媽聊聊，看他們可以怎麼幫助你。我也會幫你找到可以訓練你的人，讓你不要這麼容易就爆炸。

跟孩子解釋時，利用簡單的語彙加上生動的比喻，並解釋情緒反應背後的科學原理，效果會很好，因為這樣是把問題從他們身上轉移到了科學上。雖然阿班在學校的焦慮並沒有立刻改善（要延長他的引線，還有很多需要努力的地方），但先讓他有個概念，知道自己的大腦發生了什麼事。這就是重要的第一步。

比爾最近再度幫阿班進行評估，他現在十四歲了，對情緒的掌控已有大幅進步，雖然仍然容易緊繃跟受挫，但同時也是個積極主動、表現優異的學生，可以獨立把生活打理得很好。最重要的是，以前考試都會帶給他巨大的壓力，如今他已經能夠游刃有餘地應對。

一旦孩子了解到自己有哪些地方比多數人強，以及有什麼地方是需要努力的，就能提升信心，相信自己長大後能在世界上占一席之地。

練習3：B計畫思維

我們遇過許多焦慮、求好心切的孩子，十七歲的卡莉是個非常極端的案例。她天資聰穎、富創造力、精力充沛，一心一意想進哥倫比亞大學，而這份壓力看來不是爸媽給的，是來自於她自己。奈德幫她上過詞彙、數學、考試策略之後，發現她的急性焦慮症，加上唯獨對一間大學心心念念（全美有超過三千所大學），已經使她無法清晰思考了。

幾年前比爾幫卡莉做過測試，回診時她告訴比爾，自己已經停止諮商了，因為太忙，但是有服用抗焦慮藥物，劑量是精神科醫生認可的最高等級，而且她事情太多，每天都熬夜。比爾和她討論的結果是：每次她去上奈德的課，就要挪出一點時間練習「B計畫思維」。她需要想一想，萬一沒進哥大，有什麼備案？她也需要逐漸學著接受「就算沒錄取也沒關係」，讀其他學校也不賴。唯有拋掉「沒進哥大一輩子就完了」的恐懼，她才能確實平息腦中的壓力反應，靜下心來回答考卷上的問題（其實她都會）。

B計畫是指情況不盡如人意時的備案。B計畫思維是很重要的訓練，讓我們採取健康的方式，排除潛在的障礙。卡莉最初很抗拒B計畫，後來她選擇密西根大學當第二志願，也開始想像成為密大生的生活，想像自己浸淫在密大充沛的校園活力，應該會很愉快，而密大周圍城市的輕鬆氛圍也很吸引她。她跟幾位密大畢業生聊過，他們分享了在學校遇過的大好機會。她也很開心得知，在密大她的在校成績可能會更亮眼，就更有機會進入心目中憧憬的研究所。隨著想像另一種未來，她的焦慮程度也開始降低。

B計畫思維幫助我們用不同的角度看事情。藉由想像未來還有其他條路，準備好替代方案，孩子（以及爸媽）會學到就算原先的A計畫行不通，不代表就是世界末日。B計畫思維會強化前額葉皮質控管杏仁核的能力，前額葉皮質的工作正是制訂計畫和目標，當我們清楚知道假如第一選項沒有成真的時候，我還能怎麼辦，那我們就更能保持冷靜，持續掌控情勢。

對孩子而言，最大的壓力來自「我必須這麼做，但我就是辦不到」。B計畫思維讓我們的思考可以更有建設性，「如果這件事我辦不到，那我還可以做的是……」這也提升了孩子的彈性跟變通能力，長期練習B計畫思維，會逐漸帶給我們更多的信心，相信自己可以克服壓力跟挫敗。

奈德本身一直都在練習B計畫思維。從日常小事（今早如果發現我最愛的麥片沒了，早餐要改吃什麼？）到災難事故（這架飛機如果後面起火，我該怎麼辦？），他經常問自己遇到突發情況會如何應對。由於習慣預想好各種情況跟處理方式，他得以從容不迫，感覺一切都在自己的掌控之中。

對某些人來說，B計畫思維可能意味著要改換人生方向，以求成功。我們希望幫助你跟孩子，採用不同的觀點看事情。參考別人的故事是一個很棒的方法，了解其他人是如何踏上一條原先想不到的路，開展出深具意義又快樂的生活（第十四章還有更多這些故事）。話說回來，其實只要知道世界上還存在著其他版本的快樂結局，把原本設限的框架拓寬一些，就足以釋放壓力。

我教過一個很棒的孩子叫羅傑，他的ACT考得不好，在檢討考試當天的情形時，我才曉得原來他去考場的途中迷了路。我們的對話如下：

「我猜，你那天走錯了路，整天都亂掉了，」我說：「不是每次打擊都能揮出全壘打。打棒球的時候，就算十次上場被三振了七次，但只要有三次打擊成功，你就能進名人堂了。你只是需要打出一次好球。」

「是沒錯，但我下次就必須要打出一記好球。」

「嗯，我懂你為什麼會有這種感覺。不過我的想法是，你可以四月重考，如果不理想，六月再考。如果六月考不好，九月還有ACT的場次，九月考不好，十月可以再考。如果十月考不好，還有十二月的場次。十二月你已經高四了，萬一到時你的分數還是沒進步，我們可就需要其他計畫了。」

羅傑聽完笑了。擁有B計畫（甚至是C、D、E計畫）的幫助極大。「想也知道，老弟，」我繼續說，「比起一再參加這個煩人的考試，你週六早上一定有其他更好的事可以做。但是，因為你有想達成的目標，需要考到你理想中的分數，所以你必須知道：你還有很多次機會可以考到理想的分數。這點很重要喔。當然，我們都很希望看到你下次能擊出全壘打，跳個勝利之舞，一切就此搞定。不過，萬一沒有，你還是可以重新振作，再試一次。」

奈德

練習4：用體諒與愛，和自己對話

「我笨死了」、「我真是豬腦」、「我笨到無藥可救」……我們常聽到孩子這樣說自己，許多爸媽聽到孩子一直自貶時也會很煩惱。但是等等，先別急著叫孩子停止，如果孩子陷入了「我沒有一件事做得好」的迴圈，你可以對他們說：「那只是你的看法，我有不同的看法。如果你想聽，我很樂意跟你分享。」如果孩子不願意，請別強迫他，另等適合的時機即可。爸媽硬要給孩子建議，只會讓孩子對負面的自我觀感抓得更緊，演變成爭奪掌控權的大戰。

如果想跟孩子聊聊，另一個方法是告訴他們你也經歷過困難的處境，詢問他們：「遇到這種情況時，我就會做一件事，你想聽聽看嗎？」千萬記得，如果孩子不想，就別再說下去。不過，通常在這種時候孩子會答應。

如果孩子卸下心防願意多聊，你可以說：「你有發現嗎？有時我們會對自己說一些難聽的話，但那種話，我們通常不會拿來對別人說。想想看，假如我們都是排球隊的隊員，對方打來一顆很普通的地面球，結果我漏接了。你身為隊員，會跟我說什麼？你會說『沒關係，下次會接到』吧。你為什麼要安慰我？因為，雖然我嚴重失誤，但是你的直覺知道，只有支持我、對我說鼓勵的話，才能讓我下次比較可能接到球。你不會直接把手套丟到地上，接著破口大罵我有多爛。」

你可以教孩子：他們如何力挺好友，就該用相同的方式善待自己。孩子可以對自己喊話：「海瑟，加油，妳可以的！」使用第三人稱來自我打氣，會比使用第一人稱更有力量，孩子叫自己的名字時比較能拉開距離，就如同是站在支持朋友的位置，而不是一個只會批判的大老闆。④

讓我們再深入探討，如何比照剛才漏球的例子來對待犯錯。如果孩子認為自己所犯的錯沒有合理的原因，於是責備自己就是笨，那麼他們就會認定自己下次沒有能力改善，無法做什麼來取得更佳的結果。如果實施有效的自我對話，讓他們能夠繼續相信自己具有能力，並非腦袋不好，而是單純犯了個錯而已，接下來就能確認是哪裡出了錯。告訴你的孩子：出錯必有原因，因此在過程中有他們能努力跟改變的部分，這樣會幫助他們培養主宰感。⑤

重點在於，幫助孩子在看待自己犯錯時，要對事不對人。如果能找出不至於損害自我觀感的原因，他們就能正視錯誤，從中學習，繼續前進。

練習５：換一個新的框架

我們常常需要幫助孩子提升思考技巧。而我們使用的方法，就是先質疑他們的思考過程，且幫他們重新建構「框架」。例如壓力，只要把「壓力」這個東西貼上另一個標籤，就足以影響一個人的表現。記者兼作家布朗森（Po Bronson）曾報導，無論是專業或是業餘的音樂家和運動員，在上場前都會感到焦慮，差別在於，專業人士覺得這種反應可以刺激他們摩拳擦掌，業餘者則認為這種壓力會干擾自己的表現。⑥焦慮能讓某些人進入心流狀態，對其他人卻是威脅。「擁有掌控感」其實比「實質的控制」更能增加動機，並且平息焦慮。同樣的道理，「主觀的認知」其實比「客觀的現實情況」更能影響大腦，決定大腦如何反應。

我們應當慎選自己的用字遣詞，這樣可以帶來驚人的力量跟影響。「我選擇要……」跟「我想要……」都遠遠勝過「我必須要……」對於不樂見的情況，我們也可以這麼想：「這個狀況是很討厭沒錯，但也沒到糟糕至極。」「這次的確很挫敗，但也不至於像場災難。」

在生活中，我們可以自己決定要怎麼描述發生的事件。假設你十六歲的女兒去參加學校舞會，你們說好晚上九點她會傳訊報平安，現在已經九點十五分了，還沒見到她傳訊，你寫簡訊給她也不回。

如果此刻你想的是「啊，她在路上出了意外」，這樣對事情完全無益。如果你想的是「她可能只是忘了吧，這孩子顧著跟朋友玩樂，沒看到我的訊息」，那麼這種想法比較不會讓你失去理智，所以讓我們先選擇它。

選了第二種想法，並不代表「現實」已經改變了。可是在你等待孩子消息的同時，哪種想法對你比較好？（如果已經十點了，孩子還是音訊全無，這時擔心就比較合理。）語言心理學家托曼（Brent Toleman）認為，不管遭遇何種狀況，你都可以選擇最有助益的觀點。你靜下心來問自己：「最有可能的原因是什麼？」通常得到的答案並不可怕。當然，意外會發生。然而，要是一直抱著「會出事會出事」的心態來看待生活中的每一天，這樣完全沒意義。

來看看艾倫的故事。有天他開車去參加重要會議的路上，被後車追撞。他下車查看準備找對方算帳時，注意到對方車牌上寫著「陸戰隊老爸」等字。肇事駕駛不停向艾論道歉，說他女兒要動手術，他正要趕到醫院。頓時艾倫看待這起事故的觀點就不一樣了，原本還怒氣沖沖、沮喪煩悶的他，開始關切詢問是否幫得上什麼忙。

對於肇事的駕駛人，我們可以選擇把對方看成是自私的渾蛋，也可以把對方看成，他有某個合理的原因，才會如此匆忙。對於我們自己犯下的錯誤，我們可以選擇看成「這不就證明了原來是我能力不足」，也可以看成「這是我人生中必須學習的一課」。

「重新框架」指的是謹慎地正視自己的想法，主動地重新引導自己的念頭，這正是認知行為療法的基礎。先前提過，正念練習也整合運用了這個方法。

你可以告訴孩子，許多身體的感覺都是由想法引起的，身體反應跟腦中的念頭是關連的。協助孩子留意自己在緊張、傷心或生氣的時候，身體會出現什麼訊號。你也可以教他們開始練習「聽」自己的念頭，分辨理性跟不理性的想法。

曾有個學生告訴奈德他每次考試的反應。「腦袋一片空白，」他生動地描述，「什麼都看不懂，什麼都想不出來。然後我就責怪自己，想著自己永遠都考很爛，永遠進不了賓州大學，永遠當不成建築師。」

奈德反問：「如果有一小題答錯，那一大題你就絕對無法考好嗎？如果那一大題沒考好，你就絕對無法拿高分嗎？如果一次沒有拿高分，就代表你絕對永遠都會考不好嗎？如果無法考到好分數，你就絕對進不了好大學嗎？如果進不了所謂的好大學，你就絕對無法成為建築師嗎？」

「我覺得，」奈德繼續說，「像你這樣求知慾旺盛的學生，就算讀的是最冷門的大學，一定還是能學到很多東西。不管你讀哪間大學，都還是能當個傑出的建築師。而且，想要的話，你也可以繼續重考ACT，考到分數讓你滿意為止。所以，請仔細想想，你在處於壓力當下所浮現的那些念頭，真的是能信任的嗎？」

避免「災難化」的思考習慣。不要把小丘當成是大山岳，不要小題大作。如何幫孩子避免「災難化」的思考習慣？很簡單，你可以教他們，每當心情不好時就問自己：「這個問題是大是小？」在認知行為療法中，孩子需要學著區別「真正的災難（如天災人禍）」與「短暫令人沮喪或尷尬的情況」有什麼不同，要學著辨識出「萬一發生了，真的會讓我死掉」跟「我會失望透頂，但還是會活得好好的」兩者的不同。

如果面對的是小問題，孩子可以使用的第一道防線是使用自我安撫機制，例如：待在「冷靜區」、開始深呼吸，或是練習B計畫思維，都可以幫助自己平靜下來。多數的問題使用這些方法就已足夠，萬一問題很嚴重，孩子需要的是尋求協助。

練習6：去玩！去讓身體活動！

奈德有個學生天生容易焦慮，她常去跑步，可是爸媽告訴她，與其把時間拿去運動，不如多念點書。這真是奈德聽過最糟的建議。

英文「情緒」的拉丁字根意思是「移動」（emovere），我們的身體跟心智是相連的。大腦中指示身體移動的區域跟負責清醒思考的區域相鄰，我們的運動控制功能跟心智控管（即執行功能）之間緊密重疊，也因此，運動對發展自我調節的能力極為有益。

更廣泛來說，運動對大腦跟身體都有好處，可以增加多巴胺、血清素、去甲腎上腺素的分泌，讓人得以穩定、專注、思考清晰以及保持平靜。運動也會刺激神經滋養因子BDNF蛋白質的生成，BDNF蛋白質可說是大腦的養分，對於大腦的發展、神經細胞的連接都非常重要。運動也為大腦提供更多的葡萄糖和氧氣，促進神經新生，也就是腦細胞的生長。簡而言之，大家常說運動比單純的思考更有助於釐清思緒，就是因為運動可以刺激並強化前額葉皮質的控制功能。

運動對於放鬆的警覺狀態也很重要。醫學博士瑞提（John Ratey）在著作《運動多多大腦好》（Spark 暫譯）中提到，學校的課程讓學生大量運動時，會顯著提升孩子的學業表現。[7]不意外的是，芬蘭在這類課程的安排依然領先許多國家，他們的孩子每上四十分鐘的課，就必須下課二十分鐘到外面玩耍。

正因為運動的好處這麼多，奈德不但告訴那個被爸媽嫌棄不該跑步的女學生要繼續運動，也鼓勵所有的學生養成運動的習慣（但有一點很重要，孩子不能覺得是受到強迫，被迫運動會變成像在軍隊受訓，而非紓壓之道）。選擇運動的類型時，有氧運動比無氧運動對大腦更有益。而正確的運動強度，必須達到「還有能力一邊做運動一邊說話，可是無法唱歌」的程度。運動時，你應該要感覺到費力，但如果覺得會要命就不正常了。

享譽國際的神經科學家黛蒙（Adele Diamond）特別推崇的身體活動，是同時需要使用核心執行功能、工作記憶、抑制控制能力以及認知彈性的運動，跳舞正是個好例子。學跳舞時，除了需要靠工作記憶來記住舞步，你還必須抑制動作（別讓腿移動太慢或太快），也必須靈活調整動作來配合音樂或是舞伴的步伐。瑜伽、武術、騎馬、西洋劍、打鼓以及攀岩也都屬於相同的運動類型，你在進行這類運動時，會用到大腦跟動作技能來發展執行功能。

讓高中生去攀岩固然不錯，能增進大腦健康，但較年幼的孩子去攀岩，光想就令人膽戰心驚。這時就是「玩耍」出場的時候，玩耍對於腦部的健康發展非常重要，包括增進小腦的功能。

小腦位於腦底部，在脊髓的正上方。一百年多來，大家都知道協調動作取決於小腦，一旦小腦受傷，甚至要站直也很難。但是，小腦如何影響思考，這部份的研究要到最近這幾年才開始。小腦受損時，患者會難以制訂計畫、選擇詞彙、判斷物體形狀以及畫出適當比例的圖。⑧目前所知的是，小腦在學習的各方面都扮演了重要的角色，而ADHD、自閉症也跟小腦功能的差異有關。在人腦的結構當中，小腦是不太可能受到遺傳影響的區域，這代表了後天經驗才是小腦運作良好的關鍵。

玩耍會讓孩子強化小腦，學會駕馭掌握他們的世界，玩遊戲的頻率與小腦的成長是成正比。這代表了腦部需要依靠玩耍時的全身動作才能發展成熟，而且會有一段敏感的時期是需要透過玩耍來提供腦部刺激。⑨

所以，為了孩子的小腦著想，請克制你的衝動，別再規定他們只能做「有用」的事。請放下你的擔憂，別跟孩子說不能離開你的視線超過一分鐘。你不要幫孩子報名那些規定很多的活動，參加這類活動他們只能被規定該做什麼。別干預孩子吧，請放他們隨興玩耍。

隨時練習

- 想一想本章的六個練習，詢問孩子覺得哪一個練習對他們自己、你或是全家人會有幫助。
- 召開家庭會議，分享你們寫下的目標。詢問孩子對你或兄弟姐妹的目標有什麼想法。請重視他們的建議。
- 鼓勵孩子設立自己的目標，並將目標視覺化。詢問孩子：「下星期、下個月、下學期或是今年暑假結束前，你想要做什麼事？想完成什麼事？」幫助他們用SMART原則訂立目標——夠具體（Specific）、可量化（Measurable）、可達成（Attainable）、夠實際（Realistic）、有時限（Time-Bound）。當你把目標劃分為一個個方便操作的獨立步驟，每次看到進展時，就有助於刺激多巴胺的分泌。
- 孩子根據SMART原則設好目標後，請他們運用心智對比，想一想：有沒有什麼內在阻礙？如果遭受挫敗，會如何應對？會有什麼感受？會如何振作起來再接再厲？
- 讓全家人都練習B計畫思維。詢問孩子是否願意聽你對於他們的A、B計畫有什麼想法。如果他們不願意，就請別再多說。
- 以身作則，示範如何帶著愛跟自己說話。例如：「我工作上犯了錯，但我意識到我對自己太嚴苛，我對其他人不會這麼嚴厲。犯錯是人之常情，而且苛責自己也不會讓我就此不再犯錯。」

• 讓身體強健成為你們全家人都重視的家庭價值。但別用強迫的方式，也別直接幫他們選擇要做的運動。向孩子解釋，在你們家，每個成員在日常生活中保持運動很重要，並協助他們決定想要從事哪項運動。

第十一章

讓特殊兒童享有自主權

擁有掌控感對所有年齡層的每個孩子都能帶來幫助。不過，如果孩子有學習障礙、注意力不足過動症或是自閉症類群障礙，家長則會有更多挑戰。這些孩子就跟其他孩子一樣，也都需要覺得自己處於掌控之中，問題就在於，有時他們所接受的介入措施，會降低他們的自主感。

有些研究顯示，結構化的外在激勵因素對自閉兒和ADHD兒經常是最有效的方法，可以幫助他們專注於任務、完成工作，在課堂跟家中表現良好行為，因此許多家長和專業人士反對在生活上給予這些孩子決定權。我們並不認同這種結構化跟自主權互不兩立的看法。同時，我們也認為大人確實應該給予這些孩子高度結構化跟組織化的支持，但前提是「他們沒有持續抗拒」。對於有學習障礙等的孩子來說，當他們沒有感覺到自己是被迫接受外在幫助的時候，學習效果跟表現都會更好。此外，獎勵等等外在激勵因素經常會降低他們的內在動機，這點跟一般孩子相同，父母應該慎用。

許多爸媽都覺得，有發展障礙的孩子無法適當決定自己的生活日常。一般孩子自己選擇學期報告的主題，或選擇是否參加學校的課後充實活動，或許還行，但換成是有ADHD的孩子就會有問題。關於這點，我們也不認同。在我們數十年的工作經驗中，就算是有ADHD、閱讀障礙或其他學習問題的孩子，一旦獲得所需的完整資訊，在沒有感覺受到逼迫的情況下，他們謹慎思考的選擇能力極高。這些孩子一樣是最懂自己的專家，一樣希望擁有成功的生活，也經常樂於接受協助，樂於接受能夠幫助他們學習、幫他們表現更好的措施。

有幾項研究已經證實了給予特殊需求的孩子自主權，對他們會有幫助。一項研究指出，有學習障礙的小學生跟國中生在家中擁有自主感時，連帶在課堂上的表現會更好，也更能面對個人的挫敗。[1]另一項研究則發現，高功能的自閉症學生如果擁有願意給予他們較高自主權的老師，他們在校時的自我決定能力會增強，學業表現也會更好。[2]

最近還有一項用於ADHD的青少年跟父母的諮商方法，是由佛羅里達國際大學的臨床心理學家史百莉（Margaret Sibley）所創，[3]這項方法正是著重在促進青少年的自主權，稱為「STAND計畫」（Supporting Teens' Autonomy Daily），意思是「每天都支持青少年的自主權」。可惜的是，這方面的研究還很少。不過，我們的親身經驗卻很多，多年來我們（尤其是比爾）一再見證，特殊兒對生活擁有掌控感時，能夠大幅度進步成長。

如果你想一想大腦的運作方式，很快就會明白原因是什麼。大腦會依據使用的方式而發展，因此，我們應該避免孩子的大腦習慣於長期對抗他人的控制。前面已經提過，孩子在學校跟不上或是難以控制衝動時都會感到壓力，我們也知道了掌控感可以對抗壓力，有利於大腦健康成長。如果我們希望一般孩子能夠體驗到這些帶來的幫助，那麼更重要的是，我們也應當要讓特殊孩子享有相同的益處。

本章的主題雖不是和父母都有關，但需要協助的人數之多，可能超乎你想像。二〇一三到二〇一四年，美國有六百五十萬的兒童和青少年接受特教服務。④高達百分之二十的學生至少有一種學習障礙，百分之十一的孩童則確診有ADHD，此外，每六十八個孩子當中就有一個是自閉兒。⑤這些統計數據幾乎可以肯定是低估的，不符合學習障礙、注意力障礙以及社交障礙的實際發生率，因為尚未確診的孩子並未納入計算。我們的猜想是，當一個家庭有三個小孩時，至少就有一個孩子有學習障礙、ADHD或自閉症。

本章不打算全面討論所有的特殊需求，也不打算討論如果孩子有特殊需求，你應該怎麼辦，畢竟每一類的特殊需求都需要一本專書來討論。我們想要的是讓你知道，怎麼樣會妨礙這些孩子擁有掌控感。我們也保證，你可以給予特殊兒童掌控感（雖然需要更加謹慎）。

學習障礙

比爾曾輔導過十一歲的麥可，他聰明又貼心，但有數學的學習障礙，也有情緒調節困難。比爾幫他做測試時原本進行得很順利，但吃完午餐後，換成比爾的同事要求他回答數學題目時，他忽然變得極度緊張，開始失控，嘴裡喊著「不要，不要，不要」，有一度還嘶嘶作響，對著比爾的同事張牙舞爪。顯然，他已經受夠了數學。比爾先讓他在候診室冷靜幾分鐘，也跟他媽媽討論要繼續測試或是約改天回診。麥可聽到了大人的談話，大喊著他必須做完測驗才能去玩具反斗城（這是他認真配合會獲得的獎勵）。比爾也希望可以當天完成，但在大腦這麼恐慌的狀態下，這孩子不可能做完數學的測試。

比爾把他帶到一邊，問他為什麼做數學時會失控，他回答是因為覺得很慌亂跟挫折。比爾認真聽完他講完後，開始解釋這是因為他的杏仁核起了過度激烈的反應，也對大腦其他區域發出警訊，示意可能有潛在的危險。比爾了解他可能會感到尷尬、沮喪或丟臉，畢竟數學對他來說很難，而他的大腦反應是為了要避開威脅。他看起來聽進去了比爾的話，所以比爾繼續說，如果他們能夠找出方法，讓他在做數學時感覺很安全，處於掌控之中，那麼就算數學很難，他們還是可以在當天下午完成測試。在整個談話過程，麥可一再表示，診間裡有比爾跟小狗爾尼（比爾的助手）在時，他就會感覺很安全。所以他們約定好，麥可回去診間，小狗爾尼坐在旁邊跟他一起做數學，而只要他又覺得壓力太大，隨時都能停下來跟狗狗玩一會。過了兩三分鐘後，麥可一邊做數學題目，一邊撫摸爾尼，嘴裡還哼著歌。這是一個驚人的轉變案例，說明了孩子擁有更多的掌控感時就會願意努力，就算面對的是會讓人受挫的困難任務，他們也一樣肯去嘗試。

許多有學習障礙的孩子就跟麥可一樣。臨床神經心理學家舒爾（Jerome Schultz）的著作《無處可躲：如何讓ADHD兒跟學障兒喜歡上學》（Nowhere to Hide 暫譯）介紹了學習障礙的孩子所面對的壓力源。他指出，在課堂上，這些孩子要面對「他們自身的不足經常赤裸裸地攤在全班師生面前」這種情況，他們不僅要擔心一般孩子所煩惱的問題（例如朋友是不是在生氣），還要擔心同學嘲笑他們、罵他們笨蛋，或是因為他們享有特殊待遇而批評他們。

有學習障礙的孩子確實需要特殊的教育資源，也需要閱讀或數學領域的專家幫他們加強學科，最理想的情況是一對一輔導，因為介入措施的強度是一個很重要的變項，最能預測學障生有沒有獲得良好學習成效。問題在於，介入措施通常是強制施加於孩子。不管是幾歲的孩子，只要是被規定不能待在原班級，需要另外上課，都可能覺得自己受到逼迫而不滿。此外，放學後的課後輔導、語言治療或是職能治療，他們也常覺得自己是「被迫去做」。一旦孩子覺得自己是被逼著做某事，就算對他們有幫助，他們也寧可抗拒，以獲得掌控感。

許多有學習障礙的孩子並不會感激父母或師長給他們的幫助。相反地，他們會覺得都是爸媽和老師的問題，強迫他們做額外的工作，因此憤恨不平。這種緊張的關係會損害連結感。連結感對於所有的孩子都很重要，而有特殊需求的孩子更需要連結感。所以，強迫孩子接受幫助，往往無法幫他們多少。可是面對這種情況，家長更感到擔憂的是如果乾脆放棄協助，孩子的學習進度會更落後。父母常常會覺得：「他已經夠沮喪了，我擔心的是，如果停止那些他所排斥的協助，他就會完全被課業打敗，會失去希望。」

這樣的情況有點像是走鋼索：一邊是提供足夠的支持來幫助孩子在校的學習，一邊是鼓勵孩子自主權，不強迫他們接受幫助。爸媽跟老師必須在兩端之間想辦法取得平衡。

你能怎麼辦？如何才能走好這條鋼索？不妨從以下三項簡單的做法跨出步伐。

一、不必要的家庭作業就不做

要學障兒寫作業，對全家人都可能是很大的壓力。對於一個已經疲累的閱讀障礙孩子，每晚半小時的閱讀作業（不管是要朗讀出聲或是靜默閱讀）簡直就像是酷刑（而且爸媽往往也感受到同等的壓力）。同樣地，如果數學習題寫十題已達到學習效果，功課卻規定孩子寫二十題，對孩子而言，就像是必須踩在燙腳的路面跑一百公尺似的。這種情況，正是你該出面幫孩子說話的時候。

這並不是說你不應該鼓勵孩子在家閱讀、寫作或算數學。恰恰相反，如果孩子能夠負荷，也願意投入時間去練習對他們而言很難的事情，那就讓他們去做吧。但是，如果孩子有閱讀障礙，也討厭在晚上閱讀，請改成由你念內容給他聽，或是讓他聽有聲書。無論是用眼睛看或是用耳朵聽，對於語言的理解都是由相同的大腦系統處理。因此，孩子聽別人念或是聽有聲書，大腦中相同的部分都會獲得發展，最終也會對閱讀理解有幫助。

二、鼓勵孩子認識自己。

協助孩子認清自己在學習上面對什麼樣的挑戰，並認清自己的強項。如果你擔心你不夠專業，可以請當初幫他們確診有學習障礙的專家、學校老師或是私人輔導老師，跟孩子聊他們的優勢跟劣勢。你也需要幫助孩子了解有學習障礙是「正常的」，告訴他們每三個小孩當中就有一個有類似的問題，這樣應該能減輕「我跟別人不一樣」的壓力。此外，由於學習障礙一部分是來自遺傳，請跟孩子聊有類似狀況的親戚，特別是那些順利克服了障礙的正面榜樣。你也可以讓孩子知道，很多名人小時候都有閱讀障礙或其他學習障礙，在數學、寫作或閱讀上非常吃力（上網搜尋一下就會看到很多例子）。最後，告訴孩子許多有學習障礙的人都是大器晚成的類型，需要花一段期間來改善弱點，找到優勢。他們一定會看得到進步，只是需要有耐心，不要著急。

三、提供協助，但別強迫孩子接受。

跟孩子說清楚，如果他們接受特殊資源服務、課外輔導、語言治療或是職能治療，優缺點分別會是什麼。除非孩子的決定很荒謬，否則請把最後的決定權交給他們。假如你規定他們每週兩天要課外輔導，但是他們百般抗拒，那效果還不如讓他們自行選擇每週上一天就好。強迫只會讓時間、金錢跟善意付諸流水。

但這也不代表毫無商量的空間，特別是當你發現孩子不知道自己需要協助時，你還是可以跟他們討論。特殊而參加課外輔導的時候，負荷會比其他學生大，你可以提供誘因鼓勵他們嘗試。

記得讓他們知道：要是幫助不大，他們可以退出。

如果是年紀較小的學齡孩子不願接受特殊的資源協助，建議家長可以說：「我是你的爸爸／媽媽，我有責任確保你得到適合的協助，因為所有的學習專家都說你需要。不過，少了你的意見，我就無法知道如何真的幫到你。所以，如果你不喜歡學校的特教輔導老師，沒關係，我們可以找私人輔導老師，或者如果你覺得課外輔導沒有幫助，我們就再想其他辦法。」在比爾的經驗，就

> 每當我跟孩子談論測試的結果，都會用他們的優勢當開場白。聊到他們所面臨的挑戰時，我會試著先從他們自己已經知道的特質為起點，盡可能減少他們聽不進去、想反駁我的可能性。這樣才能得到他們的信任，方便治療。比方說，如果孩子有閱讀障礙，我會說：「看得出來，對你而言要把那些字讀出聲來真的不容易，而且閱讀時速度很慢，也很辛苦。」如果孩子是ADHD兒，我會說：「從測試結果來看，對於無聊的事情，你比多數孩子都更難專心，而且如果一件事做得很快，你就常犯錯。」解釋完孩子的不足之處後，我會問他們：「你想不想要讓這件事更簡單一點？」孩子的答案幾乎都是肯定的。
>
> 如果是學齡兒童，接下來我就會告訴他們：「我會跟你的學校合作，看看他們可以提供什麼協助。我也會幫你爸媽找到擅長教導你這類孩子的專家，你就可以在課外的時間加強。」一般來說，這些孩子都希望有人能幫他們，所以很少反對。
>
> 對於年齡較大的孩童跟青少年，我通常是說：「如果你願意，我可以幫你找私人輔導老師，或者我可以跟學校爭取特殊的協助（例如考試時間延長）。你想要我這麼做嗎？」然後，對所有年齡層的孩子我都會解釋，如果他們可以專心跟認真，課外輔導這項介入措施將會幫助他們的大腦建立新的連結，隨著時間過去，他們在閱讀、寫作或做數學時會輕鬆許多。
>
> 比爾

算孩子一開始很排斥，後來往往也會喜歡上私人輔導老師、學校的特教輔導老師或是學習領域的專家，也會開始體會到「跟真的懂我的人一起合作」的好處。由於孩子都希望擁有良好表現，我們有信心，只要他們不再有被逼的感受，終究會回心轉意。

注意力不足過動症（ADHD）

比爾每年都會遇到上百位的孩童、青少年及成人為了 ADHD 前來求診。有些患者覺得自己極度難堪，甚至覺得羞恥，但也有些患者接納自己，還能幽默以對。比爾看到不少青少年患者進來診間時，身上穿的 T 恤印著：「我爸媽說我不聽話」、「把東西放回原處的人，只是不肯找東西的懶鬼」等自嘲的話。

這是個很棒的正面趨勢，孩子能幽默看待自己面臨的挑戰，就能運用對自己的了解來控管病情，並提升掌控感。

顧名思義，「注意力不足過動症」的孩子會很難控制注意力。確診為注意力不足（predominantly inattentive）型的孩子就是如此，他們難以專注，也缺乏秩序與組織性；混合型（combined presentation）的孩子則是除了難以專注跟缺乏秩序與組織性之外，還多了衝動（impulsive）和過動（hyperactive）的症狀。

有 ADHD 的孩子很難聽話去做別人要求的事情，很多孩子就連持續去做自己想要或是認為重要的事也不容易。他們的多巴胺基本含量原身就低，且大腦運用多巴胺的效率也低於一般孩子（「利他能」等興奮劑藥物就是改善這項過程而發揮作用）。因此，相較於大型而長期的獎賞，他們更偏好小型且立即的獎賞。第五章解釋過，雖然在過去認為多巴胺主要是跟愉悅感相關，近期的研究已經發現多巴胺跟動機、動力以及努力也有高度關連。

康乃狄克大學的學者薩拉莫內（John Salamone）釐清了多巴胺、動機以及努力之間的關係。在他的實驗當中，老鼠有兩堆食物可選擇，一堆距離較近但分量較少，另一堆分量多一倍，但距離較遠，放在一個小柵欄的後面。多巴胺濃度較低的老鼠幾乎總是偏好輕鬆的方式，選擇吃掉小堆的食物，而不願跳過柵欄獲取更大的獎勵。薩拉莫內博士解釋：「多巴胺的濃度低時，人類跟其他動物就不太願意努力以求獎賞。所以比起愉悅感，多巴胺跟動機以及成本效益分析之間的關聯性更高。」對憂鬱症患者的研究，也已證實了多巴胺對於動機的影響。⑥多巴胺濃度愈低，你就愈不想跳過圍欄獲得更大的獎賞，在早上也會不想起床。

雪上加霜的是，由於ADHD兒的衝動控制功能並不成熟，他們經常會做出事後懊悔的行為，所以他們比較缺乏「自己能把事情做好」的信心。當別人一再糾正他們或叫他們停止，情況就會變得更糟，因為他們無法靠自己的意志力「守規矩一點」。就算他們願意嘗試，也無法讓自己「乖一點」。他們的思考跟行為往往很不一致，難以預測。他們經常聽到大人說「你要更努力」，但是，大腦掃描的研究已顯示，他們愈想要專心，大腦就愈不活化。記得嗎？壓力會讓注意力降低，因此，如果你的兒子在早上沒辦法好好穿衣服，你最不該做的事就是在一旁不停念他。

許多介入措施的出發點是為了保護ADHD兒，雖然這在短期有幫助，但長期來看會有問題。許多ADHD兒在求學路上都受益於組織化的幫助，但是，如果這套介入系統是強加於他們身上的，或是由媽媽來管理，就會降低他們的掌控感和學業動機，讓孩子更加認定是由別人來負責他們的學習、功課以及行為，這樣只會延後孩子對自己的生活負責的時刻。

史百莉博士（Margaret Sibley）指出，有ADHD的青少年很難靠自己主動開始做某件事，也很難維持注意力跟努力，所以可能會錯過發展獨立技能的機會。在他們逃避任務或是大人不斷協助時，都可能會導致這種情況。據她估計，ADHD兒進入青春期後，有百分之四十的家長會感到心灰意冷，不再管孩子。此外，也有百分之四十的家長會變得更加嚴格，過度涉入孩子的日常生活。[7]

這種情況比爾一再遇到，他經常會問無法正常交作業的ADHD兒：「如果你沒有交作業，誰是最不開心的人？」偶爾會有孩子回答：「是我。我好無奈，明明考試都考很好，每一科卻只拿C，就只是因為忘記要交作業。」不過，絕大多數的孩子幾乎都是回答：「是我媽媽。」而比爾繼續追問「第二個不開心的是誰」時，孩子的回答不外乎是：「我爸爸。再來是學校老師，再來是私人輔導老師，再來是諮商師，再來是我妹妹……」孩子本人幾乎都不在這份名單裡。

這些積極協助孩子的爸媽都是出自好意，只是想確保每件事都萬無一失。但是，年復一年地保護孩子只會讓他們變成弱者。如果孩子想要提高交作業的次數，你可以提供他們上網交作業的選擇，這樣就不用怕上學忘記帶，也可以鼓勵他們請老師在每堂課開始或結束時加以提醒。你還可以跟孩子一起腦力激盪，想想看如何在你們家跟學校之間建立一套有效的溝通系統，以確保他會記得做完功課、會把作業相關資料帶回家，而且每次都會交作業。不過，請別忘了，學校作業終究是孩子的責任，要是你比他們還認真解決，對他們是沒有半點好處的。

提供協助，但別強迫孩子接受（記得嗎？有些孩子會用唱反調和違抗的方式，來維持他們掌控感，對抗壓力）。讓孩子去認識自己的大腦是怎麼回事，並知道能夠如何尋求所需的幫助。想讓孩子願意寫作業或早上出門上學的話，你可以在必要時給他們獎勵。獎勵是有效的短期激勵因素，幫助孩子的大腦運作得更好（因為提升了多巴胺濃度），但在大多數的情況，別把獎勵當成是讓孩子去做「你」想要他們做某件事的手段。你可以提醒孩子，隨著年紀漸長，一切都會變好，他們不會再那麼辛苦。有些孩子到了青春期會成熟許多，克服了ADHD的症狀，有些孩子則是學習透過有效的技巧來舒緩症狀。只要孩子肯努力，情況就會改善。然而，孩子跟家長都需要有心理準備，有ADHD的青少年前額葉皮質的成熟會落後同齡孩子好幾年，[8]這就是為什麼這類孩子往往屬於大器晚成的類型。他們需要「靜候」前額葉皮質成熟，等到大腦準備就緒時，就能找出如何達成以前做不到的事情。各位爸媽務必告訴孩子：你知道孩子已經盡力做到最好。父母也要鼓勵孩子對自己要有耐心。這類的正面訊息會傳達出希望跟信心，有助於培養孩子的成長型思維。

孩子的主宰感問題也經常跟吃藥有關。醫生或大人常鼓勵他們服用興奮劑藥物來提升專心度，例如安非他命緩釋劑（Adderall）（譯注：此項藥品在台灣尚未核准）、專思達

（CONCERTA®）或利他能。有許多孩子，特別是青少年，向爸媽反映吃了藥後雖然有療效，但是也很討厭藥物引起的不適感。這些家長前來詢問比爾意見時，他的建議是告訴孩子：沒有人會強迫他們吃藥，也沒有人希望他們因為吃藥而不舒服。只有當藥物副作用最小、能夠顯著地改善生活的時候，我們才會希望孩子吃藥。你也可以跟孩子說，不同的藥物有不同的副作用，他們可以改吃其他藥試試。此外，孩子自己也有可以使得上力的地方，例如：大量運動、白天飲用蛋白質奶昔獲得更多卡路里，這都有助於減輕藥物引起的不適。

還有些其他的方法可以改善孩子的症狀。例如，前面提過「認知行為療法」跟「合作問題解決法」的優點，合作問題解決法是由葛林博士和艾本發展的方法，在此再次推薦給你。此外，請告訴孩子，運動可以促進他們的多巴胺分泌，是最天然的好方法。有些證據顯示，靜坐也有助於減少 ADHD 的症狀、降低焦慮，並改善大腦的功能。二〇〇九年，比爾和同事葛蘿絲沃（Sarina Grosswald）共同進行了一項初探性研究，了解超覺靜坐對有 ADHD 的國中生會帶來什麼影響。他們發現有 ADHD 的青少年，其實是有辦法靜坐十五分鐘的。每天兩次的靜坐，經過三個月後，受試的學生表示壓力跟焦慮的症狀減少了百分之四十三，而且學生在行為調節跟情緒控制上也有所進步。腦電波評估專家崔佛司（Fred Travis）也曾對有 ADHD 的國中生做過研究（實驗設計一樣控制得很嚴謹），研究超覺靜坐對兩種腦電波 θ 波跟 β 波比率的影響，這是因為比起一般人，有 ADHD 的人腦中 θ 波的活動通常高於 β 波太多。接受測試的孩子分別隨機分配到「超覺靜坐組」和「延遲組」，作為控制組的延遲組會比另一組晚三個月才開始靜坐。研究開始進行三個月後，還沒靜坐的延遲組 θ 波跟 β 波比率是上升的（下降才是理想狀態），超覺靜坐組的比率則開始接近一般人的正常值。然而，又過了三個月後，兩組學生都已經靜坐了一段時間，相較於之前的數據，他們的 θ 波跟 β 波比率都已更為降低。⑨

有些研究也想找出正念練習能否改善孩子的 ADHD 症狀。目前實驗過程控制嚴謹的研究還很少，不過已有證據顯示，正念練習可以帶來幫助的可能性算高。⑩在比爾的經驗當中，如果與奮劑藥物能發揮良好的效用（不一定都會），其他方法的效果就都比不上。話雖如此，只要是可以減壓的方法，就都能幫助 ADHD 兒的大腦運作更有效率。

比爾最近幫六歲的亞當做評估，他有 ADHD 和行為問題。學校老師都跟他媽媽說，雖然他心地很善良，卻也是罕見的難相處又有破壞性的孩子。在家中，亞當愛唱反調的習慣也讓他很不受控，媽媽叫他做什麼，他都會反抗，母子倆常吵架，但孩子還是講不聽。亞當做完神經心理學的評估後，過了幾天，比爾跟他的媽媽碰面，討論測試結果以及如何增進他的自主感。比爾向她解釋了第三章提過的合作問題解決法，也提醒她，如果只是一味強迫亞當守規矩，是不可能看到進步的。幾天後，她寄了一封電子郵件給比爾：

亞當又不聽話了，我沒逼他或是擺出媽媽的架子，改成用合作的方式處理，效果真的很神奇！亞當一聽到我說：「再五分鐘我們就該上床了。」他立刻大喊：「不要，我才不要睡覺！」甚至還站起來，擺出要打架的姿勢準備撂倒我，這種時候通常我會吼回去：「要！你就是要睡覺！」但是這次我沒有跟他吵，只是看著他，然後走過去抱住他，親了親他的頭，跟他說其實他不需要這麼大聲說話。他身體頓時放鬆不少，幾乎整個人都軟化了，接著自己決定關掉電視上樓。雖然他討價還價，說要先用我的手機聽音樂，後來才睡著，不過，我跟兒子順利避開了一場大吵的風暴，還度過了平靜的一晚。

史百莉博士的 STAND 計畫正是從相同的角度出發，採取尊重且非強制性的方法，幫助青少年及家長釐清個人的目標，並評估需求和改變的渴望。研究顯示，STAND 方法能改善孩子的組織能力跟作業行為以及家長的教養壓力。不意外的是，研究也發現，相較於選擇傳統諮商方法的家長，參加 STAND 計畫的父母在療程結束以前，更有可能採用讓孩子自主的教養方式。⑪

奈德最近遇到了一個有中度學習障礙跟 ADHD 的孩子，但他也有高度的自我感，很認識自己，清楚自己需要什麼才能成長。聊過他在學校喜歡跟不喜歡哪些課程之後，奈德繼續問他在課外之餘喜歡做什麼休閒活動，原來，他是忠實的電玩迷。

「你都多久打一次電動？」奈德問。

「很常打耶。」

「會影響學校課業嗎？還是你都應付得很好？」

「我白天在學校就把作業寫完。因為到了下午五點左右，藥效開始退了，我會變成需要加倍的時間寫功課，所以趁著我還能專心的時候，就會先搞定作業。」
「我覺得你用的方法很好，」奈德回他，「大家常會把該做的事拖到一天後面的時段才處理，這讓我很驚訝，因為等他們精神已經變差了才開始做，就需要多一倍的時間完成。」
「我懂。所以我都是先搞定功課，回家後就可以打電動。」
「你控制得了打電動的時間嗎？還是會不小心玩到整晚沒睡？」
「不會耶，」他說，「我不喜歡搞到自己很累，玩整晚會影響專心的程度，所以我不會玩整晚。」

這個故事的重點是，就算孩子有ADHD，也不至於讓他們無法認識自己、無法擁有紀律以及自我控制。ADHD兒的注意力短暫，遇到不夠有趣的事物時難以專心，也無法安靜坐好拿出適當的行為。孩子本身不好過，爸媽也很辛苦。但是如果你能明白，ADHD兒跟其他孩子一樣，需要自主感來過得快樂並維持生活最佳的運作，那麼你跟孩子都會比較輕鬆。這裡討論到的策略，除了對有高度專注力的孩子有益，同樣也能幫助到這些特殊的孩子，只是有時需要稍微調整。

在某些情況下，對於這些孩子，以下這些主動的行為管理策略還不夠：花時間專心陪伴、給予正面的關注、運用自然後果和邏輯後果，以及使用合作問題解決法。假如孩子的行為無法獲得改善，或是一再做出不合理的決定，也不願意好好跟你討論以獲得周全的資訊，或者是就是無法提升動機，我們也認同爸媽使用獎勵和後果等方式，至少在短期內是可行的關於這點，小兒科醫生夏普羅（Dan Shapiro）所寫的《親子同行：對特殊孩子的因材施教》（Parent Child Journey: An Individualized Approach to Raising Your Challenging Child暫譯），對於行為策略有深入的說明。

自閉症類群障礙

自閉症的孩子，除了有社交困難、缺乏彈性等典型症狀，他們的抗壓性和自我動機也不足。

有自閉症的兒童跟青少年似乎天生非常容易感到壓力。許多科學家認為，這是由於他們的杏仁核運作失常，且杏仁核跟前額葉皮質中處理情緒和社交互動的迴路之間的連結也異常。⑫對自閉兒而言，除了他們最為熟悉的情況之外，幾乎所有的環境跟互動都會帶給他們很大的壓力。因此，新教室或新的諮商師，他們可能需要半年才會感到安全，一般孩子喜歡的集合時間和校外教學，在他們看來很可怕，很不可預測性。跟一般孩子比起來，外在世界的刺激對於多數自閉兒的感官而言太強烈了，更可能讓他們感到不適與威脅。由於他們難以理解外在社會的運作邏輯，也不易控制自己的行為，因此通常會感到掌控感不足。有項自閉症的理論指出，很多孩子都會採用僵化的固定行為，例如：拍打、搖擺、旋轉、快速踱步，或是反覆說著一樣的話，來幫助他們在看似混亂的世界中保持秩序感。這種僵化限制了他們的變通能力，可想而知，焦慮疾患和睡眠障礙也是自閉兒常見的問題。

只要減少新事務和不可預測性，對自閉兒就會很有幫助（例如第一章提過的N.U.T.S.壓力源），也可以增加他們的掌控感。可行的策略包括視覺化行程表（將上學日的各項活動以圖像表示，依時間順序排列）；盡量減少孩子必須做的改變；跟孩子分享能幫助他們理解這個世界的故事；教導他們如何理解其他人和社會關係；確保在校時如果壓力太大，孩子有感到安全的地方能去。以上這些廣泛運用且成功的介入措施，都有助於自閉症的孩子覺得安全。學習如何控制自己的思考也有幫助。有一項很棒的新療法是讓孩子培養「B計畫思維」，也可以鼓勵他們在開始感到不開心時就問自己：「這是大事嗎？還是小事？」⑬研究顯示，認知行為療法、瑜伽、正念訓練跟超覺靜坐等其他的減壓方法，對自閉兒有幫助的可能性也很高，⑭因為這些策略可以減輕壓力，所以可以讓他們專注於課業上的學習，也更能有效地活化大腦中的社交參與系統。⑮

在比爾對超覺靜坐如何影響ADHD兒的初探性研究中，有一位明顯改善的受試學生也確診有自閉症。開始練習超覺靜坐之前，他無法跟人有目光接觸，所以社交孤立，在學校沒有半個朋友。靜坐三個月後，老師說他開始會跟其他同學玩鬧，還曾邀請一個同學到家裡打電動。他甚至還安排了一場會面，跟校長討論讓喜歡電玩的孩子成立新社團。當他的壓力反應降低之後，他跟其他孩子交流時需要用到的大腦區域就得以活化。

比爾的另一項研究當中，有個自閉症的女孩願意參加靜坐，前提是她的爸媽要逐漸減少她的多種精神科藥物，最終目標是完全停藥。在她的精神科醫生協助之下，這女孩最後真的成功停藥了，而且她的老師在研究結束時告訴比爾，她以前從來沒有表現這麼好。這並不是說如果孩子參與靜坐就不再需要吃藥，但可以看得出來，自閉症的孩子如果定期靜坐，會獲益良多。

比爾最近評估一名有自閉症的高中生，他跟父母一起練習瑜伽睡眠的瑜伽放鬆法。他的爸媽表示，每次他們一起練習時，孩子在學校就會順利許多。比爾問他們練習的頻率時，驚訝地發現他們每週只做一次。他好奇追問如果改善這麼大，為什麼不每天做？他們的回答是：「因為我們從來沒想到。」我們由衷推薦大家在日常生活裡應該經常做減壓練習。

話說回來，目前「應用行為分析」是對自閉兒最佳的介入措施——使用預定的目標跟一組具體的特定行為策略（含獎懲後果），而且，也不特別著重在培養孩子的自主感。表面上看來，這個方法似乎與本書的論點相違背，但我們可別忘了，自閉兒的大腦動機系統運作方式是不一樣的。一般能用來激勵多數孩子的社會獎勵（例如：父母的微笑或熱情的讚美），他們的反應會較弱。應用行為分析是透過制訂明確目標並使用特定的獎勵，讓孩子執行目標行為；這種方式在與人互動、語言技能、讓行為符合社會可接受的方式等等層面，成效經常很好。透過獎勵、外在壓力以及約束來控制自閉兒行為的療法，可用來幫忙建立孩童發展自主權時所需的基本技能。⑯

另一方面，仍有許多自閉症專家相信行為療法應該結合自主權的重點。這個領域的實際研究很少，但前面提過，至少有一項研究顯示，當家長和老師都支持孩子的自主權時，自閉兒在社交和學業的表現都會進步。⑰比爾跟多位自閉症專家談過，他們的共識是，如果自閉兒要自動自發跟獨立，他們就必須體會到自主權，他們必須把自己當成自身活動的發起者，並感覺到自己有選擇權，可以主導自己的生活。因此，他支持的介入措施是著重在支持自閉兒的自主感。⑱大多數成年的自閉症患者不容易維持穩定的工作，一部分就是因為他們無法自動自發，抗壓性也低。由此可見，盡早提升孩子的自主感和自我決定能力，有其重要性。

父母應該盡可能讓孩子去做他們有熱情的事，並允許自閉兒將心力投入在他們有狂熱興趣的事物，好體驗心流狀態。孩子有濃厚興趣的東西，例如：《神奇寶貝》、動漫、恐龍或卡通《愛探險的朵拉》，都可以成為他們跟其他孩子建立關係的途徑。物以類聚這句話在社交活動也適用，自閉症的孩子最有可能跟其他同樣面臨社交問題的孩子當朋友，特別是興趣也相投的孩子。

年輕的自閉症患者歐文（Owen Suskind）的父親得過普立茲獎。父親以歐文為主角，寫了一本動人的回憶錄《動畫人生》（Life, Animated）（已翻拍成入圍奧斯卡最佳紀錄片的同名電影），書名正是歐文的人生寫照。從歐文三歲開始，比爾就一直追蹤他到高中畢業，跟他以及他爸媽有過無數次的對話，一起討論他對迪士尼電影的非凡熱情。歐文小時候就一遍又一遍重看電影，在那些虛構的世界當中他感到很安全，擁有深度的掌控感，他也拿筆畫起電影中的角色。隨著時間過去，由於歐文長期浸淫在這些動畫片，擁有了一手傑出的繪畫才能（作品請見Life, Animated網站），同時，電影情節也幫助他深刻地認識到人生，以及人們在這個世界上對於彼此的責任。歐文大約十四歲的時候，勇敢地陪伴了臥病在床的爺爺度過最後的時光。依據他在心愛的電影當中學到的主題和道德教訓，他向爺爺保證他過了很有意義的一生。雖然歐文的其他家人都很焦慮，不知道該說什麼才對、做什麼才好，所以都會迴避上樓跟爺爺相處，但是歐文知道如何做才是對的，同時帶著信心跟勇氣去執行。以往並不鼓勵有自閉症的兒童跟青少年從事他們有狂熱興趣的事，但像歐文這樣的孩子，已經改變了我們的想法。如今的研討會，都是基於「本性療法」

（affinities therapies），藉由自閉兒深刻的興趣和熱情，來幫助他們面對更為廣闊的外邊世界。

治療自閉症的專業人士常把「如果你遇到一個自閉症孩子，他只代表他自己，不代表其他自閉兒」掛在嘴邊。由於自閉症類群障礙的範圍非常廣泛，家長應該要勇敢地針對自己孩子的情況調整方法。國家兒童醫學中心的自閉症專家愛摩兒（Kathleen Atmore）曾榮獲相關獎項，她也是自閉兒的母親。她表示，有些孩子最想要的就是交朋友跟融入人群，其他孩子則滿足於活在自己的世界。採用同樣的介入措施，用在這些需求不同的孩子身上，其實毫無意義。「如果孩子真想在社交方面進步，我建議每週最多三十小時的介入措施，重點擺在幫助他們發展對社交的理解跟社交技巧。我知道這些孩子會有動機參與這些介入措施，而且也很有可能獲益匪淺。至於社交動機較低的孩子，太過強調社交互動，不僅會給他們帶來極大壓力，也完全沒有效果，因為他們只會不斷抗拒這類的幫助。所以，我們必須考慮到孩子本身的個性，以及對他們而言重要的是什麼，不該認定我們永遠才是最懂的人，無視他們的想法，強行要他們接受我們自認為適合的治療。」

我們很清楚，本章提到的建議都不簡單。家中有特殊孩子時，爸媽格外辛苦，要教養這樣的孩子壓力很大，你不只擔心孩子的未來，也擔心他們的負面行為會影響兄弟姐妹，更可能會經常內疚「是我把孩子生成這樣的」。除了心情，每天還有各種的瑣碎雜務要處理，像是要幫孩子約診，要帶孩子奔波看醫生，許多時候還得面對管理孩子問題行為的挑戰。難怪研究顯示，如果家中有介於青春期後期和成年初期之間的自閉兒，平均而言，媽媽的壓力荷爾蒙皮質醇濃度就跟身處戰場的士兵一樣高。⑲

我們都知道孩子會感染到父母的壓力，問題是，你又要陪伴有障礙的孩子，又得注意你自己的舒壓及幸福，你會覺得這談何容易。全家的生活很容易就被孩子的問題牽動，例如：「強尼要交作業了，我怎麼可能還有心情去餐廳吃飯？」不過，這樣只是犧牲你自己的健康和快樂，而孩子也會連帶感受到壓力。當孩子有問題需要克服，父母更需要留心自己的問題。因此，我們想傳達的最重要訊息就是：爸媽應該努力成為「非焦慮的存在」。

你可能正處於對抗的模式，對抗自己心中對孩子的擔憂，對抗自己的日常壓力源，甚至可能還得跟孩子對抗。請別忘了要深呼吸，在行動之前，確保自己的大腦沒有被壓力淹沒。奈德有個學生的家裡，一個孩子是自閉兒，另一個孩子則有嚴重的焦慮症。後來，有自閉症的孩子開始練習靜坐，媽媽也跟著一起。面對這麼艱難的處境，她卻還能保持異常平靜，當然，她的冷靜恐怕無法解決孩子一切的難題，但她心中的壓力愈小，不是對她自己也會愈好嗎？要是你不喜歡靜坐也沒關係，只要記得，在你為孩子付出心力支持他們的同時，一定也要做點什麼來好好照顧自己。

隨時練習

- 盡量幫助孩子降低對功課的內心壓力。就算他們有嚴重的學習障礙，你應該要當的是提供資訊的顧問，效果會比當「老師」或是「指派工作的人」更好。
- 盡可能多給選項，讓孩子能選擇介入措施的種類跟時間。他們想拒絕或是決定只參與部分措施的時候，請予以尊重。
- 如果可能，找一所能夠給予孩子特殊資源服務的普通學校或是適合的特教學校，他就不會感到壓力很大，或是覺得自己不如人。
- 鼓勵孩子嘗試不同的做事和學習方法，以找出最適合自己的方式。有特殊需求的孩子對於認識自身學習上的優缺點會比較慢，也可能不願意運用「別人都沒有在使用」的策略。因此，請把這一點當作長期目標，持續努力。提醒孩子「你是最懂自己的專家」，鼓勵他們注意什麼對自己有幫助，什麼沒有。
- 必要時使用獎勵，但盡可能說明原因，尊重孩子的自主感。「我知道你看著數學作業時就是很難讓自己專心，這是因為你的大腦前區沒有足夠的多巴胺，所以會覺得無聊。我會給你獎勵，好讓你的大腦更容易啟動。」有些孩子非常討厭家庭作業，寧可拒絕獎勵，如果你的孩子有這種情況，你可以跟學校協調找出功課的替代方案，例如：觀看教學影片或是聽有聲書。

- 如果你的孩子是國高中生，你可以在學校提倡「學習資源時段」，讓他們可以獲得輔導、跟讀書小組討論或是使用電腦和圖書館等各種學習資源，或是提倡額外的自修時間也可，孩子就能盡量利用在校的時間完成多數作業。
- 讓孩子有貢獻一己之力的機會，例如：幫助年紀更小的孩子或是照顧動物。這對於有障礙的孩子很有幫助，能夠培養健康的掌控感。
- 教孩子認識大腦的運作原理，讓他們知道，一個人學習如何做某件事時，會有愈來愈多的腦細胞會串連為一體。因此，我們會一再反覆練習，「神經元團隊」就會有更多的隊員加入，參與閱讀、數學、寫作、運動以及其他活動。
- 看到孩子有不擅長處理的情況，你可以大聲地自言自語，說出你自己會如何解決。例如：「昨晚我在頭痛要怎麼樣才能做完那堆事時，如果把待辦事項全寫下來，排好優先順序，再從最重要的事情開始著手，應該會更有效率。好，下次就這麼辦吧。」
- 有ADHD跟自閉症的孩子也是睡眠障礙的高風險族群，要特別留心他們是否有晚上難入睡、早上難起床的狀況，還有白天是否感覺很疲憊。如果你擔心孩子可能有睡眠問題，請洽詢兒科醫生，必要的話也可以請教睡眠專家。非常推薦《給孩子一夜好眠：改善特殊需求孩子的睡眠指南》（Sleep Better! A Guide to Improving Sleep for Kids with Special Needs暫譯）這本好書，作者杜藍（V. Mark Durand）是心理學家，同時也是自閉兒的父親。

第十二章
SAT、ACT以及其他標準化測驗

在青少年跟家長的生活中，標準化測驗可以說是一件可怕的大事。家中月曆上會特別標示出來的重要事件（對青春期孩子來說），除了考駕照、畢業舞會、畢業典禮以外，最重要的就是測驗日了。許多人甚至把SAT測驗視為高中四年裡最重要的主角，是決定未來命運的關鍵時刻，考試的分數如果無法送他們進優秀的名校，就只能去「平凡」的學校。

如果各位爸媽能跟孩子一起讀完這本書，我們會很開心。前十一章的內容比較是針對家長而寫，這一章是例外，各位爸媽想看的話當然歡迎，不過，我們誠懇邀請念高中的孩子也能親自閱讀本章，畢竟上考場的終究是孩子。所以，本章是直接針對這些孩子而寫。

標準化測驗很煩……通常是這樣沒錯

關於標準化測驗的批評很多。反對方的重要論點是，這些測驗只容許一個標準答案，而一個人思考時的多元性、創造力、想找出解決之道時運用的擴散性思考，這些都無法在標準化測驗中得分。其次，標準化測驗缺少「上訴」的程序，你無法對出題者提出質疑。而在真實的世界，一個人必須具備批判性思考的能力來處理各種疑難雜症，這些情況都沒有明確的正確答案，但在考場上，卻只能由堅持有正確答案的標準化測驗來幫你打分數，況且這些測驗不會「部分給分」，也不會把情境納入考慮，只有武斷的裁量。奈德常有學生納悶地問：「那些出題的人是誰啊？是誰讓他們負責的？」簡單說起來就是：當初並沒有人讓這些出題者主事負責。最初的標準化測驗是法國心理學家與教育工作者比奈（Alfred Binet）研製的「比西智力量表」（Binet-Simon Scale），他設計這項測驗的初衷其實不是為了評估智力，而是想鑑別出哪些學生需要更多的幫助。比西量表後來演變成用來將人分門別類的工具，令他感到憂心。

演化生物學家古德（Stephen Jay Gould）在著作《對人的錯誤衡量》（The Mismeasure of Man暫譯）指出，光是給某樣東西一個分數，並不代表我們已經正確衡量了它。俗諺說的好：「能衡量的事物並非都很重要，但重要的事物並非都能衡量。」整個社會對數字指標的執迷，創造出商機數十億美元的「考試產業」，而且還益發壯大。[1]

測驗本身不是壞事，問題在於測驗被用在什麼地方，以及因為測驗導致孩子跟家長出現許多迷思。標準化測驗有其價值，SAT跟ACT測驗經常能夠找出學生的閱讀問題。如果孩子就讀於學術要求嚴謹的學校，在校成績全都拿A，參加標準化測驗的分數卻很普通，這可能是個警訊。孩子在校成績跟標準化測驗的分數都很普通呢？那這就是很正常。孩子在校成績都很漂亮，標準化測驗分數卻奇差無比，就很值得一探究竟。

奈德最近有個學生，非常聰明，但是在學校念得很吃力，標準化測驗的分數更是帶給他嚴重打擊，雖然奈德不知道原因，但他注意到這孩子閱讀的理解能力很強，速度卻異常地慢。神經心理學的評估結果出來後，證實了奈德的觀察：這孩子的文字推理能力是高達第九十八的百分位數，閱讀速度卻只有第五的百分位數，難怪他會這麼挫折。也因為他很聰明，所以過去從來沒有老師懷疑過他緩慢的閱讀速度是個問題。

讓我們來看奈德另一個學生的例子。有一個頂尖私立女中的女學生在校平均成績B+，SAT預考的分數只有四百多分，這也很不尋常。奈德問她：「妳在學校的考試分數是不是都比預期的低，而且覺得自己的程度應該不只有這樣？考試時妳會覺得時間不夠用嗎？」

她的媽媽疑惑地看著奈德：「如果她有什麼問題，難道學校老師不會早就知道了嗎？」

答案是「不會」！要是孩子特別聰明或勤奮念書，就算是聲譽卓越的名校，也無法發現他們有學習障礙，這是因為他們會發展出彌補的因應策略，讓自己有辦法應付學校課業。檢查後發現，這位女學生有嚴重的注意力問題，專家評估後確診是ADHD。由於她沒有出現破壞性的行為，所以沒有任何老師留意到她的問題。這種情況很常出現在認真念書且不想要引人注意的孩子身上

（特別是女孩），他們的表現不會太差，大人也就不會有所警覺。有時候，標準化測驗的分數就成了第一個警訊，顯示出孩子其實有問題。

另一方面，測驗有個問題，就是被拿來當作一個人的智力標籤。的確，你必須擁有特定的知識（至於這些知識有沒有用，還很難說），才能在SAT或ACT測驗得高分。可是，一個人也有可能聰明博學，卻還是考得不好。所以，「這些測驗可以證明一個人有多聰明」以及「這種測驗無法證明一個人有多聰明」，這兩種觀點都是對的。重點在於，如果你考得好，申請大學的確比較有利。可是如果你相信考試分數可以代表你的智商，因此覺得壓力很大，我們想強調的是，有非常多的證據顯示這些測驗不能作為智力的判斷標準。

請記住，SAT測驗或AP測驗對未來的影響，並不如你以為的大。我們盡量說服孩子跟家長拋棄「一考定終身」的想法（不容易啊）。只要簡單計算就知道：有百分之七十五的人，測驗成績都是低於第七十五的百分位數，在這麼高比例的人當中，很多人現在都過著很成功的生活。

所以，大致說來，標準化測驗是很討厭沒錯，但如果你要上大學，參加測驗就是必須跨越的關卡。全美有將近一千所大學招生時，將測驗的分數列為「選擇性的參考」（可參見公平考試FairTest官網），但這也代表了有更多所大學將SAT或ACT的分數列為申請者「必須提交的項目」。

這麼說來，很多人還是決定要參加這個討厭的測驗。況且去考的話還是可以學到一些事。不過，我們認為參加考試真正的優點在於：**你可以學到管理壓力的技巧**。政治哲學家柏克（Edmund

Burke）曾說：「沒有哪種強烈的情緒會像恐懼一樣，如此徹底地讓一個人的大腦喪失行為能力、思考判斷能力及力量。」換句話說，你的大腦若在重要時刻失去冷靜，就算有再多知識，照樣派不上用場。

N.U.T.S. 壓力源

第一章談過壓力源的四項特性，以下再加以說明。盧比恩博士是我們極為欣賞的神經科學家，她指出了生活中有四種情形會帶來壓力，稱為「N.U.T.S. 壓力源」：

Novelty 全新陌生感：代表未曾經歷的情況。

Unpredictability 不可預測性：代表無法預知會發生的情況。

Threat to the ego 對自我的威脅感：代表對於人身安全或維持生活的能力出現疑慮的情況。

Sense of Control（or lack thereof）缺少掌控感：代表缺少或全無掌控感的情況。

你遇到 SAT 測驗或 ACT 測驗時，都可能會出現這些感覺，其實這也都是可以避免的。

接下來就讓我們一起透過 N.U.T.S. 壓力源，來看看你可以如何準備標準化測驗。

全新陌生感（Novelty）

奈德曾幫二十六歲的麥可準備GMAT考試。他是西點軍校畢業的高材生，同時也是在戰場上負傷的勇士，不過，高中數學對他來說已是多年前的往事，光看到考試教材他就已經覺得壓力很大，而高一後幾乎沒再碰過的幾何學更讓他當場愣住。於是奈德鼓勵他，只需要複習幾何學的基礎，反覆看個幾遍好好消化，在GMAT遇到相關題目時就知道如何作答。「原來如此，」麥可說，「就跟傘兵訓練是一樣的。」奈德從來沒有聽過有人這樣比喻，就問他這是什麼意思。麥可解釋：「理論上傘兵可以早上聽教官講解跳傘技巧，下午就上場跳傘。但美軍不是這樣訓練的，傘兵要先花好幾天做地面訓練，熟悉使用裝備、穿降落傘、跳出艙門以及著陸翻滾的技巧，這些步驟要不停反覆練習兩週，一直到整個流程都深深印在腦海為止。在第二週結束前，傘兵才會正式著裝登機再從高空跳傘，也因為他們已經對流程瞭若指掌，一切就像家常便飯一樣。」

就跟傘兵訓練一樣，你在考試當天也要帶著全然的熟練感上場。對於考試地點，你需要知道確切的位置、怎麼抵達，甚至是坐在考場座位上的感覺。對於考卷，你需要知道可能會出哪些題目、應該如何回答最妥當。透過機械式地反覆演練細節，等到實際上場的那一刻，你就能覺得稀鬆平常。

你可能覺得標準化測驗真無聊。沒錯，這些測驗始終如此無趣。是的，考題本身會變，不過在美國大學理事會（負責SAT）及ACT總部裡面，有很多人的任務是確保考題的難度不變。當然，你的感覺可能不同，學生常向奈德反映實際考試的時候覺得好難，但是奈德親自考過SAT和ACT很多次，他可以保證那只是錯覺。他也會提醒學生，參加模擬考會幫助他們驅除陌生感。在考試時，如果你體驗到「陌生」的感覺，其實原因在於你的考試流程有點變了，而

我一開始當老師時，教過一個學生娜歐蜜，她參加考試慘遭滑鐵盧，完全出乎我意料之外。她媽媽怒打電話來質問，投入了大把的時間和補習費，女兒怎麼都沒進步，我本想回答她：「我也不知啊，考前她在我這邊都很正常，後來是發生了什麼事嗎？」但我聰明地把話吞了回去，等到娜歐蜜來時才問她本人。

一開始她也說不上來原因，只說題目比練習時難。我追問考場有沒有出現會擾亂她的人事物，像是監考人員在竊竊私語，或是其他考生發出噪音。她說只有在考前跟媽媽吵了一架，就在去考場的途中，媽媽念她不夠認真，覺得她八成會因為太混考不好，「我被她罵到都哭了，心情很差。可是，印象中，進考場前我已經好多了。」

「很好，保持冷靜對考試很重要，我很欣慰妳有辦法恢復平靜。」

「唔，可以說有，也可以說沒有，」娜歐蜜解釋，「後來發生了別的事……」原來她跟交往七個月的男朋友在考前一週分手了，那天他們居然分配到同個考場。

「了解。那還真的滿有壓力的，還有其他的事嗎？」

「還有，跟前男友分手後，我心情很不好，跟朋友出去玩，然後就認識了另一個男生……他剛好也跟我們在同間教室考試。」

簡單來說，考試當天的突發情況，她以前從沒碰過，也因此處於壓力之中。據說，高爾夫球名將老虎伍茲到外地比賽都會刻意帶著家中的物品，就能複製他家的環境，藉著控制細節來減輕壓力。②娜歐蜜遇到的情況，算是超出了她所能控制的範圍，幸好這種事不至於天天發生。我建議她，下次考試別再讓媽媽載她去，自己開車去（這也需要事先演練），而在考場上同時巧遇新歡舊愛的窘況，應該也不大可能會再來一次了吧。

奈德

這點是你可以掌控的。比方說，你可能閱讀時看得太快，才會誤以為題目變難，只要把速度放慢，你就會發現難度其實一樣。

你所討厭的模擬考，其實有重要的功用。模擬考會改善你的考試流程，也會幫助你可以專注在流程本身，到了考試當天，你就不會感到陌生。有句話說得好：「比照正式上場去練熟，真正上場你就很熟練。」

不可預測性

常有人問，「全新陌生感」跟「不可預測性」差別在哪。簡單說，陌生的事情含有不可預測性，但是，不可預測的情況對你而言不見得很陌生。例如你有個朋友平常很親切，可是每當他心裡覺得壓力很大，或是外在情況的壓力很大，講話就會變得很酸。一段時間過後，你會覺得他說話很酸並不稀奇，但什麼時候會講或是會講些什麼還是不一定。跟他相處時，你可能就會覺得不可預測。

或許你覺得標準化測驗也充滿了不可預測性（畢竟無法預測會出什麼考題），其實並非完全如此，只要考試準備得夠充分，你就會知道，雖然具體的題目會變化，但是考題的類型非常相似。專注在應考流程上，你就能讓不可預測性降到最低。

面對不可預測性時，另一個減壓的方法是練習B計畫思維。假如你要籌備草地派對或婚禮，但無法確知那天的天氣是好是壞，你會怎麼辦？你可以租借婚禮帳棚，免得來賓淋成落湯雞。那頂帳棚就是所謂的「B計畫」。

心理計量學家（就是SAT、ACT這類標準化測驗的出題者）倚賴的就是「考生回答某些考題的方式是可以預測的」。他們設計問題時，參考的不只是老師教學生什麼內容，更要參考老師是用什麼方式教學生的，這樣有助於出題者讓正確跟錯誤的答案數量保持平衡。考生在壓力之下，有時會經歷「知覺窄化」，代表大腦的預設模式會直接以老師教的方式作答，畢竟這也是印象最深刻的方式。不意外的是，考試時，這同時往往也成了最困難的作答方式。奈德的同事艾倫給考生的建議是：「別問自己應該如何解這一題才好？你可能會鑽進死巷子出不去。你該問自己的是：所有我會做的包含哪些方式？這樣可以讓你看得比較廣，思考不再受限，能夠拿出所有可用的方法。你可以直接看出來答案嗎？你可以直接代入數字嗎？你可以套入每個選項確認適不適合嗎？雖然這些都是你的數學老師會嫌棄的方法，反正他又不在你身邊，當下有什麼方法適合的，就都大膽用吧。」所以，如果你在做微積分題目時，懂得如何使用一階導數解題，就火力全開吧，可是，如果數手指對你而言比較容易，那就數手指啊。有時候，最簡單的方式會勝過高難度的方式。面對任何考題，跳脫單一作答的方式對你最為有利，除了B計畫，你還可以有C計畫、D計畫、E計畫等等，再從中選擇最適合你使用的就好。光是相信作答時不是只有一個方式能解題，就足以幫你降低壓力，讓你思考更清晰。

除了B計畫思維，你也可以做些「防災準備」，類似為壞情況做好準備的「心智對比」練習。

奈德是在一次突發的考驗當中體會到這件事的重要，當時他為了教學的需求去考SAT，監考人員宣布時間到了的時候，他很驚訝地發現自己居然還有五題沒寫完。以前從來沒有出現這種情況，他的作答速度一向拿捏得很好，通常還會提前寫完。他環顧四週，看到其他考生也都全都僵在那裡（簡直就像是被車頭燈照到的鹿），奈德也愣了一會，但他決定詢問監考人員。

「請問……不好意思，您確定作答時間已經結束了嗎？」

「對。」

「了解。只是，我以前也參加過SAT，這次好像特別快結束。麻煩您再確認一次時間好嗎？」

監考人員嘆了口氣。「好吧，測驗是九點五分開始，作答時間是二十五分鐘，現在是……」他看手錶一眼，「啊！」他清了清喉嚨，「各位考生，你們還有十分鐘，請繼續作答。」

奈德常跟學生分享這個故事，這樣學生才能事先練習如何保持禮貌跟冷靜，在考試遇到不合理的情況時主動提問。光是知道自己有辦法臨機應變，就可以預防你現場愣住，也能夠提升你的掌控感。

對自我的威脅感

說實在的，SAT、ACT、GRE、GMAT、LSAT等各項標準化測驗本身並沒有危險性。它們會讓你惡夢連連沒錯，但不至於害你進急診室。這類測驗之所以讓你不舒服，其實是你的自我產生了威脅感。許多高材生看到第一次考的分數低於預期，便開始驚慌失措，認為考試讓他們「原形畢露」，懷疑他們不如自己以為的聰明。

再強調一次，考試分數無法準確反映出智商。就算你知道答案，證明的不是你有多聰明，只是代表了你曉得這些特定的知識。就算不知道，也不等於你就是笨蛋。SAT跟ACT測的是後天習得的知識技能，有些你在學校學過，有些則沒有。而且，你的分數不可能跟著你一輩子，萬一你到了四十歲還在炫耀當年考SAT分數很高……嗯，你的人生不太對勁啊。

奈德有個學生叫小安，模擬考的表現很糟，奈德懷疑她有焦慮症，約了她跟媽媽一起聊聊。他先是例行性問問她考試的情況、日常生活，還有她覺得自己可能受到什麼因素的干擾。才問到一半，她就已經快哭了。奈德停了下來，盡可能溫柔地改問：「妳在想什麼呢？」

小安停了一會後回答：「我真的笨死了！」

「妳能不能解開微積分或回答高級物理的考題，我不知道，可是我非常確定妳不笨。我教過很多孩子，看得出來妳很有能力。妳剛才的情況只是壓力引起的。不管原本有多聰明，只要妳的大腦感到很有壓力，就會當機。處於壓力的大腦沒辦法好好運作，所以，除了準備考試，我們還需要討論如何解決妳的壓力，讓妳達成原本就有能力做到的目標。」

有種特別有害的自我威脅感，叫「刻板印象威脅」，這也是紐約大學的應用心理學副教授艾朗森博士（Josh Aronson）研究的現象。所謂的刻板印象威脅，就是當事人會害怕自己的言行恰好落實了別人對自己族群的負面刻板印象。例如，艾朗森博士有次跟一位女性不動產經紀人吃午餐，③吃到一半，她突然劈頭就問：「你們猶太人對金錢是有什麼心結？」不難想見，他聽得一頭霧水，就問這話是什麼意思，她回答：「我跟猶太人是沒真的很熟，但是最近工作上跟一對猶太籍夫妻接觸到，發現他們很愛炫富。」

艾朗森博士的工作就是研究刻板印象威脅，於是他說：「好吧，讓我來解說妳是怎麼了。妳先前聽說了猶太人的刻板印象，而且還是充滿仇視的偏見，所以，現在妳只要遇到任何可能是猶太人的人，就會把這個刻板印象套用在他們身上。妳的這種做法，代表妳相信這個偏見，還到處散播。」氣氛尷尬了一會後，兩人繼續若無其事地用餐。

後來，餐廳的服務生送上了帳單。艾朗森博士立刻想：「大家認定猶太人很有錢，所以這次我不要請她，免得強化這個偏見，加上她是我的不動產經紀人，應該是她請我才對。」接著他又轉念一想：「等等，也有人覺得猶太人很吝嗇，如果我不付帳，就會強化這個刻板印象。」只是為了該不該請客，就搞得艾朗森博士想東想西。

讓我們把這種情況的主角換成是一個非裔青少年。他坐在一群白人孩子當中參加標準化測試。進教室時，他身上除了攜帶的 2B 鉛筆，也可能背負了其他人滿滿的偏見。那些刻板印象其實毫無根據，但他很清楚其他人都認同那些偏見，光是這一點就足以對他產生威脅感。處於那樣的壓力下，很容易讓他從成功的思維轉為失敗的念頭：每個看到我考不好的人都會知道我是黑人，都會更加相信黑人不會唸書。

如果孩子因為要參加標準化測驗，而體驗到對自我的威脅感，那麼在考試前可以想想以下這幾個宏觀問題，把答案寫下來，這樣有助於改變想法，並且提升掌控感。「我的核心價值是什麼？我在乎的是什麼？不管考到幾分，我是什麼樣的人？」答案可以是：袋棍球選手、照顧弟妹的好姐姐、講義氣的朋友、期待改革社會或政治的理想家……這個練習可以幫助你從不同的角度審視自己，意識到自己不會受到考試分數所侷限。在一項研究當中，請受試的孩子寫下肯定自我的話，研究結果顯示，不只非裔學生本身的成績有顯著的進步，而且，不同種族之間的成就差距也縮小了百分之四十。④

你還有另一個選擇，就是進入「勇士戰鬥模式」。我們認識一位大學生是網球選手，每次上場前，她都會聆聽充滿狠勁的幫派饒舌歌曲。耳機品牌Bose有個很棒的電視廣告，在廣告中，國家美式足球聯盟的明星四分衛威爾森（Russell Wilson）聽著白人饒舌歌手麥克莫（Macklemore）的歌曲〈市中心〉（Downtown），一邊想像著麥克莫在一旁幫他助陣打氣：「看看那個狠咖，他正在摩拳擦掌。看看那個狠咖，他要大展身手。這裡就是威爾森的王國。我聞到了什麼？（麥克莫作勢聞了聞）空氣中散發威爾森的王者氣魄。」

「勇士戰鬥模式」這個方法的效果，也有研究佐證。美國陸軍研究了士兵處於壓力之下，不同的心態會如何影響他們探測土製炸彈的能力（這種炸彈在伊拉克跟阿富汗奪走多條人命）。長話短說，「研究人員發現，在演練時格外擅長偵測炸彈的士兵，往往是將自己視為獵人，而非獵物。」這個發現不意外。此外，同一項研究也證實，「就算是世界上最敏銳、善於觀察的大腦，一旦被壓力淹沒，也察覺不到精細的線索。」獵人的心態證明了這些士兵成功的關鍵在於：藉由減少焦慮，他們的表現得以勝過心懷恐懼的同袍。⑤

這項關於土製炸彈的研究，跟你準備考試有什麼相關？關係可大了。多年來，奈德一直想讓學生了解，他們的情緒如何影響標準化測驗的表現，特別是焦慮對考試產生的干擾。很多孩子明

杰弗瑞是傑出的高中美式足球員，好幾間大學都想延攬他，他很喜歡其中一所，但校方告知他如果想入學，必須有更高的SAT分數。他已經上過兩個私人輔導老師的課，分數一直無法提升，他爸爸很擔心，就找上了我。在電話中，他說杰弗瑞是個好學生，在校數學都拿A，但SAT的數學科卻一直卡在五百多分上不去，還有，這一年來他過得很辛苦，學期中間轉過學。原因呢？他爸爸才勉強說出杰弗瑞在學校被霸凌的事，球隊的隊友經常欺負他，而且教練都當作沒看到。每次杰弗瑞的模擬考沒考好，他可能就覺得那些分數證明了隊友笑他是窩囊廢一點都沒錯。他需要的不是更多次的模擬考，而是找到一個方法，讓他可以反擊那份對於自我的威脅感。

距離考試沒剩多少時間，所以我們只上了兩次課。我向他解釋，他的大腦需要進入「獵人模式」，不能處在「獵物模式」，而把注意力放在過程本身，可以幫助他辦到這一點。我用打球比喻，這就像專注於在他選擇的進攻路線，全力往前推進，忽略攔阻他的敵軍，一心只想著帶球突破防守，而不是擔心對方的襲擊。我也鼓勵他，在去考試的途中可以聽一些讓他鬥志激昂的歌，他需要帶著獵人的心態赴試，「事前想像考試的場景，在腦中排練，就跟參加球賽的時候一樣。」我提醒他，別把考試的難度想得太簡單，而是要想像你具體的推進路線，在敵隊森嚴的防守陣式當中殺破重圍。想像一下：那些在校欺負你的小混混、那些討厭的出題者，你殺得他們全部哀叫求饒，活化你的前額葉皮質，不要驚動你的杏仁核。我們完全沒講到任何考題。

考試結果出來，他進步了將近一百八十分，這名優秀球員漂亮地改寫了自己的比賽結果，大幅扭轉了局勢。先前他只是受到恐懼所阻礙，一旦找出有效的策略加以克服，就能順利一展被埋沒的實力。

奈德

明知道答案，在模擬考時也都答對，但正式考試接近，整個人開始很緊張。因為恐懼，他們改變了作答方式，結果慘不忍睹。

考試前會緊張完全正常，但你可以選擇用不同的心態看待考試，這樣就可避免壓力。你的心態應該是「征服考試」，而非「天哪讓我活下去」。運動選手會利用各種固定的「儀式」，來幫助自己在比賽當天進入狀況。你也可以藉著聆聽相同的音樂、進行特定的例行程序、積極想像自己勝利的畫面等等方法，來醞釀進考場的戰鬥能量。記住，你上考場時，可以選擇是要緊張「完了完了，我的未來岌岌可危」，你也可以選擇發揮氣魄「我要給他們一點顏色瞧瞧，讓他們見識誰才是厲害的老大」。

缺少掌控感的問題

你今天早上出門已經晚了，偏偏又塞車在路上動彈不得，此時會覺得很緊張吧？你手心冒汗，心跳加速，此時同車的不管是誰，你可能都看他不順眼。遇到這種情況會壓力很大，有個重要的因素是因為你受困了，無法改變現況，沒有掌控感。此刻如果叫你解開一題困難的數學方程式或是做閱讀測驗，你應該沒辦法好好回答。遇到這種時刻，你的大腦設計用來逃避獵食者的那一區只想要拼命逃跑，所以你無法冷靜思考。

你覺得自己能控制局面時，就比較能夠平靜、放鬆、清楚思考，也比較能做出明智的決定，本章先前討論的全新陌生感、不可預測性、對自我的威脅等等，都可能讓你覺得失去掌控感。

話說回來，標準化測驗是有固定模式的，你可以學著認識這些模式，然後調整你的作答策略。比方說，如果你作答速度較慢，而且習慣有條不紊，那麼你想寫完所有考題就需要練習加快速度——這樣的目標非常明確，而且有方向，這可真是個好消息。簡而言之，專注在過程上，而非結果，那麼無論你是要考試還是要跳傘，都會擁有更多的掌控感。

有個問題我們還沒有討論到：如果你爸媽經常挑剔你，你能怎麼辦？如果他們就跟塞車一樣帶給你壓力呢？奈德每次都會跟學生聊這個情況，他是這麼說的：

首先，你要知道爸媽是愛你的，只是他們的愛夾雜混和了恐懼，而他們分不清楚。每當爸媽管你太多，可能就是他們腦中負責恐懼的那一區在行動。每當他們無法控制你的生活，他們就覺得有壓力。而當他們有壓力，就會批評你不好，或者吼你，因為這樣比較容易釋放壓力（比起傾聽或是放下不管）。當然，你被這樣對待絕對不好受，但至少你現在知道了他們會這樣的原因。

其次，請你認真聽爸媽說話，盡量略過他們話裡恐懼的成分，看看能否汲取到實用的建議。如果你能夠針對一件事盡量收集資訊，並評估所有觀點，這就是成熟的表現。

認真傾聽時，萬一你只覺得爸媽給的建議很荒謬，你可以使用一招絕地武士的心靈控制技巧。如果爸爸或媽媽過來跟你說：「孩子啊，我真的覺得你應該……（自行填空）」，你通常是回嘴：「別再念了啦！」這時的效果如何？爸媽應該會覺得你沒在聽，或是你根本不懂這件事的重要性。所以，他們不會走開不會放棄，他們反而會再重講一次，加上更多強調，搞得你更火。

接下來就變成吵架，你聽不進去，他們也更加念個不停。

其實，你是有辦法扭轉情況的。如果爸媽建議你應該做某件事，你只需要回應「謝謝你跟我說」或是「有道理」就好。當他們覺得你認同他們的話，就比較可能受到安撫，他們就會跟你說聲「不客氣」，然後回去處理他們自己該做的事。重點在於，你不理他們，這樣沒用，所以要改成贊同他們的話。對於他們的建議，如果你無感或不相信或不贊同，你可以對他們說「有道理」，然後自己默默在腦中加上「瘋子才會聽」的ＯＳ，或是告訴他們：「謝謝你跟我說（ＯＳ但我永遠不相信你說得對）。」

最後，盡量用尊重的方式向爸媽傳達你的需求。有時候寫信的效果還不錯，你可以寫下：「我知道你是為我好，想幫助我考到最理想的分數，可是，考試最終是我自己的事。我很感激你的協助，不過，我也需要你去考慮到我覺得怎樣對自己才最適合。」

如果這些你能做到，不只會讓你在考試的衝刺期間心情比較輕鬆，也能幫你在未來幾年跟爸媽建立新的關係。

在考前一週時，你應該把自己當成馬拉松選手：選手在比賽的前一週不會拼命練習，而是會降低練習的強度，盡全力照顧好自己的身體。所以，你應該要做的是睡飽跟運動。可以花一點時間複習，保持對考試範圍的熟悉感，小心可別做過頭了，只要提醒自己已經會了什麼就好。練習心智對比技巧，想想看如果有情況不對勁，你會怎麼應對。準備一張「戰鬥之歌」的播放清單，幫助你心理建設，進入獵人模式。記得，凡是那些會對你產生負面影響或帶來壓力的人事物，你幾年前我有個考SAT的學生，很想在閱讀和數學突破六百分。數學對她是瓶頸，她的作答習慣是會漏掉太多簡單的題目，卻糾結在最難的。我們本來的應考計畫是：她從容地回答百分之七十的考題，剩下的百分之三十放著，如果這百分之三十的考題當中有看到會答的，也可以選幾題來寫。雖然她很清楚作戰計畫，但就是無法確切執行，而一開始所犯的錯誤也破壞了好好把握百分之七十考題的目標。她真正的癥結點在於，雖然理解這個應考計劃，但是無法放掉題目，因為她覺得由她自己選擇哪些題目要寫、哪些跳過，等於是讓她自己一個人負責，而且不寫某部份的考題，她會有罪惡感。所以，我拿了一份模擬考題，把每一個數學大題的最後四道小題都劃掉，再把考卷交給她練習。

「萬一劃掉的這幾題我會呢？」她問。

「不要管，」我堅持，「跳過就對了，不可以寫。只要是紅色畫叉的地方都不可以看。」

她開始作答。寫完後，我問她：「如何？」

「哇，輕鬆好多喔！」最難的題目她全都跳過，結果，數學她考六百一十分，很不錯。更大的驚喜是，她的閱讀拿到了六百四十分！看吧，她省下了時間跟專注力，集中火力回答比較少的數學題，避開了不該犯的粗心錯誤，而且，到了閱讀部分時，她還能保留更多的寶貴精力作答。

奈德

就避開，保持安全距離（就算是你的爸媽也一樣）。上考場的前一晚，你可以看點好笑的電視劇或電影，大笑一場是紓壓跟放鬆的妙方，比起考前K書，笑一笑放鬆後，也更能讓你一夜好眠。現在，就開始行動吧。你辦得到的！

爸媽放輕鬆！

「我爸媽好像更關心我的成績和考試分數，沒在關心我。」──奈德常聽到學生這樣抱怨，雖然他知道這不是事實，但顯然這些孩子從爸媽那邊接受的訊息讓他們誤會了。所以，各位爸媽，接下來是寫給你看的。

家長常問奈德要不要讓孩子參加某項測驗，他的建議始終如一：別替孩子決定，提供需要的資訊即可，讓他們自己選擇。展現出你對他們的信任，給予建議，剩下的就交給他們。

為什麼要採取這種方法？不只對親子關係有好處，也能教導孩子解決問題，鼓勵他們自主。要是你逼太緊，可能還會負面影響他們的分數。他們壓力愈大，工作記憶就愈少，愈缺乏動機，奈德的兒子馬修曾經貼切地形容：「父母愈叫我做一件事，我就愈不想去做。」

孩子甚至可能不惜犧牲考試分數，用這麼高昂的代價來表達對你的抗議。奈德的同事曾教過一個女學生，她堅決不參加模擬考，可是爸媽還是幫她報名了，夫妻倆親自開車把她送去，確認她進了教室，而且由於她有焦慮症，他們也確認她在現場享有特殊的資源協助，包含延長考試時間。這孩子考了五個小時後，成果如何？答案卡上沒多少正確答案，只有滿滿的可愛塗鴉。

我們都知道，要放輕鬆談何容易。你想要孩子擁有最好的，有時候你覺得只要他們可以更專心一點，或是你可以再督促一些，他們就能辦到。看到孩子在任何事情上有困難或失敗，都會讓你心疼，你想要保護他們，盡可能讓他們有條輕鬆的路。別忘了，我們也是為人父親，都能感同身受你的心情。但是，你跟孩子有很長的路要一起走，而且對孩子的教養，有時爸媽只需要站在場邊旁觀，孩子知道自己能到你的身邊尋求擁抱跟鼓勵，再重新回到場上。旁觀區才是你最重要的位置，所以，記得當孩子的啦啦隊。最重要的是提醒孩子，你最關心才不是什麼分數，而是他們。

隨時練習

・如果考試讓孩子非常緊張，你可以向他提議在模擬考時坐在旁邊陪伴。陪考時你不妨看個書，別看電子郵件。

・在考試的前幾週（但別挑最後一週），就先跟孩子討論某些情況的B計畫，幫助孩子抵抗緊張。你可以說：「你想要花幾分鐘聊聊，換個不同的方法看待考試，來減少壓力嗎？如果結果不盡如你意，沒關係的，天又不會塌下來。如果你的ACT目標是考三十分或三十三分，結果考了二十八分，情況會如何？如果你無法錄取想去的大學，情況會如何？我們一起討論B計畫吧，幫助你的大腦認清，就算你沒達到目標，也不是世界末日。」

・孩子參加考試前，請他們想一想或寫下一段對自己最重要的價值觀。你不用看，你可以說：「留給你自己參考就好。」

・考試前一週載孩子去考場走走看看，讓他們熟悉環境。如果孩子能事先想像考試當天的畫面，等到大日子來臨時，就能擁有更多的掌控感。

・請上非營利組織「公平考試」（FairTest）官網查詢，上面共有超過八百五十所的學院和大學，都是讓學生自由選擇提交標準化測驗的分數。有許多優秀的學校並不需要測驗的分數，這等於是提供了你的孩子申請大學的各種B計畫選項。

・訂好計畫，提供孩子至少兩次考SAT或ACT的機會。若他們知道還有重來一次的後路，表現可以更好。

- 有點壓力其實能激發出孩子更好的表現，但是為了保持最佳的壓力量，請讓充足睡眠成為全家人的第一要務。此外，跟孩子討論測驗的場次，請他們選擇學校事務跟課外活動較少的那一週參加。

第十三章

孩子真的準備好上大學了嗎？

許多人把「進大學」看成是終點，從未想過大學生活是什麼樣子。這樣有點像新手爸媽想生孩子，對於懷孕以及分娩階段有著各式各樣的擔心，等到寶寶誕生後，他們的擔心並沒有消失，事實上，真正的挑戰才剛要開始。

大學環境和多數孩子經歷的高中環境很不一樣，**許多青少年離家就讀大學前，都還沒有發展出能在大學環境生存的基本技能**。他們可能為了考試拿高分而拚命用功、認真做功課、積極參加課外活動，也按時完成了大學申請，但他們能做到這一切，都是歸功於爸媽在後頭督導。一旦少了爸媽在身邊叨念、提醒、設立界線，很多孩子的生活就會變得一團亂。

蘇珊從小二開始，就因為學習障礙找比爾看診。有 ADHD 的她靠著服用利他能，從國小一路順利念完高中。後來，她進入一所頂尖私立大學，大三時來找比爾做測試，她說為了準備考試經常整晚沒睡，有時甚至連續兩天熬夜。會花這麼多時間準備考試，是因為她現在更難專心，更難學習跟記住課程。她告訴比爾：「我在想，是不是為了ADHD長期吃利他能，導致我的大腦受損。」接著又說，她媽媽認為喝酒才是她腦力不好的主因。

「那妳喝的量是多少？」比爾追問。

「一晚大概五杯，每星期有四天晚上會喝。」比爾說這樣已達酗酒的標準。結果蘇珊回答：「我最好的朋友每晚喝十二杯，每星期喝六天晚上。」

這個故事能探討的地方很多。不過最驚人之處是，蘇珊必須經由他人提醒，才知道她做出了傷害自己的行為（睡眠不足和狂飲），而且這些行為會導致她學習效能低落。許多聰明的孩子上大學後，都會出現類似的狀況。這是因為大學生活的環境經常會損害孩子的大腦。讓我們一起來看看，多數大學生每天會經歷到哪些壓力源：

大學生平均半夜兩、三點才睡覺。比爾曾有個高中生的個案靠著服用褪黑激素，終於控制住睡眠問題，到了高四結束前，他大概可以在晚上十二點前睡覺。上大學後，他原本的作息習慣隨之崩壞，因為他的室友每天都清晨四點才睡。另一個念大一的個案最近告訴比爾，三點半睡覺是「再正常不過」的事，因為校園裡「所有的活動都在半夜十二點到三點之間進行」。大量研究指出，大學生有集體睡眠不足的現象，平均每晚只睡六到六個半小時，有些研究的結果則顯示他們可能還睡得更少。①

不可否認，大學生想要早點睡，存在著實際的障礙，只要室友還開著燈或是很吵，就讓人很難好好睡覺。另外大學生通常也有嚴重失調的睡眠週期，睡眠學者史帝戈德（Robert Stickgold）形容為「睡眠貪食症」（sleep bulemia），②貪食症患者在暴飲暴食後，會進入「嘔瀉期」來淨空，而大學生則在週末跟假期狂睡，上學日晚上又睡得很少或徹夜未眠。由於大學生要面對學業壓力，睡眠週期又缺乏規律，酗酒跟使用3C產品也影響了睡眠，因此大學生有睡眠障礙的風險很高。睡眠不足的學生所付出的代價是課業退步，各種情緒問題的風險性也隨之增加。③

此外，許多高中生跟大學生還受到一種奇特的心理影響：睡得少是一種榮譽，值得誇耀吹噓。

奈德有次連排四堂課，學生都是同一所名校女中的學生，她們剛寫完高三的學期報告。第一個進來的女生倦容滿面：「我昨晚寫到兩點才睡。」。她離開後，換第二個女生進來，奈德問她：「哇，剛蘇西來上課時很累，妳們的期末報告很難嗎？」「對啊，很難。我昨晚才睡兩個小時而已。」第三個女生來了，她整晚都沒睡。最後一個女學生呢？她的反應就像卡通人物那樣的崩潰：「整晚沒睡？整晚是嗎？哈！我兩天都沒睡了啊！！」別忘了，這幾個女孩還在念高中而已。這些問題到了大學只會更加惡化，畢竟孩子沒有爸媽在身邊，無人約束。

比賽誰最疲累當然很荒謬，但是，讓我們來了解這種情況背後的思考邏輯，看看孩子是怎麼想的。如果有兩個室友要參加同一門的化學科期中考，一個十點就上床，另一個則在十點到兩點之間讀書。早睡的孩子可能會擔心自己沒有準備充分（其實，睡飽就是最好的準備），而熬夜到兩點的孩子可能會認為，假如沒考好，至少他唸書比較久，減輕了責任。諸如此類的情況，就這樣一直上演，不勝枚舉。

大學生空檔的時間很多。大學生不需要每天進教室聽課，也不需要像上班族一樣每週工作四十個小時。有項調查顯示，他們每週花十五個小時念書，另一項調查則顯示，他們每週花十九個小時從事學業相關的活動，花二十九個小時在社交跟休閒娛樂。④這代表他們還剩下很多空檔。對於不少孩子而言，這是生平第一次有機會自行決定如何安排時間。但同時，對許多孩子來說可能也很危險，他們原本過著井然有序的日子，現在卻享有百分之百的自由。在大學，課程可以自己選擇，吃飯時間沒有規律，午夜過後可以大啖消夜，還有數不完的深夜派對，而且，沒有什麼人會管你，甚至可說是完全沒人監督。

狂飲在大學的文化成了常態。哈佛大學最近的研究發現，在四年制大學的學生當中，有百分之四十四的飲酒量達到狂飲標準（男生的標準是至少連喝五杯，女生是至少連喝四杯），⑤甚至更高。這個比例高達將近全屆學生人數的一半之多。年齡介於十八歲到二十二歲之間的全職大學生，比沒上大學的同齡人更有可能喝酒，也喝得更兇，這代表的是大學生活會使得孩子開始大量飲酒。⑥

比爾最近幫一個剛念完大一的頂尖私校學生做諮商，他告訴比爾，大學裡所有「喜歡社交的孩子」會在每週二、四、五晚上狂飲，在每週六的白天跟晚上狂飲，而且每天都會抽大麻。狂飲除了導致學生更有可能在學習上落後，也更有可能參與許多危險活動（蓄意破壞公物、跟警方發生衝突、隨機且不安全的性行為、酒駕）。除此之外，也有證據顯示，狂飲會影響海馬迴新神經元的生成，降低學習力跟記憶力。⑦

青少年的飲酒習慣在過去幾十年來有大幅改變。過去他們是小酌消遣，如今是牛飲消磨自己。⑧這樣的變化其實也不讓人意外，壓力正是導致年輕人濫用藥物的重要原因。實驗證明，青春期的猴子感到有壓力時，飲酒量會增加一倍，⑨而近期有項調查也指出，青春期的孩子在處於高壓時，抽煙、喝酒以及吸毒會增加一倍。⑩第一章提過，如今年輕成人的焦慮程度更甚以往，一個人感到生活失控時，不是會加以應對就是會放棄。狂飲正是許多人的應對之道，酒精帶給他們深度的逃離感，孩子在喝醉時，覺得自己更有力量，覺得跟彼此更加親近。狂飲對於他們的焦慮有如速效解藥，長遠來看，卻是後患無窮。

大學生面臨飲食的問題。很多大學生以前從來沒有自己買過菜或煮飯，所以不知道如何維持負責任的飲食習慣，再加上人疲累時（許多人都處於疲勞狀態），腦中負責控管進食的化學物質無法正常作用，前額葉皮質的抑制功能（也就是告訴你「別再吃了」的那個聲音）會減弱。在學校餐廳吃飯的孩子可能會經歷到所謂的「大一新鮮人發胖期」，都會胖個六、七公斤起跳，而且飲食疾患通常是在大學開始出現初期徵兆。[11]事實上，有百分之二十五的大學生為了控制體重，會出現暴食症的相關行為。[12]飲食疾患的患者無法用健康的方式控制行為時，經常會透過僵化跟不健康的行為，產生自己仍處於控制之中的幻覺。

大學生有濫用刺激藥物的現象。許多並未確診有ADHD的學生會自行服用安非他命緩釋劑和其他種類的興奮劑，最常吃藥的學生是在學習上遇到困難的孩子，他們誤以為這樣就能提升學業表現。擅自服用興奮劑的學生也比其他學生更容易大量飲酒跟使用非法藥物。此外，許多學生在參加派對時，已先服用其他非法藥物，再加用興奮劑來加強愉悅感。[13]

除了上述種種現象，大學住宿也是個問題。大學宿舍堪稱是戰場以外壓力最大、最欠缺規範的生活環境。在演講時，我們也都會直接把宿舍比喻為戰場。最近我們收到觀眾席傳來的一張紙條，上面寫道：「我是從阿富汗戰區退役的退伍軍人。你們說的很對，我在大學看到的惡劣環境就跟戰場幾乎沒什麼兩樣。而且，在戰場，至少還有指揮官會命令我們要熄燈。」這也難怪大學校園裡的心理健康問題日益惡化，自殺更是排在大學生死因的第二名。[14]

二〇〇四年，哈佛大學心理健康諮詢中心的凱德森（Richard Kadison）博士對大學校園的「心理健康危機」提出警告，[15]他的擔憂是基於堪薩斯州立大學在一九八八年至二〇〇一年間研究心理健康趨勢的發現。研究顯示，在這段十三年的期間，焦慮症和壓力相關的問題增加了百分之五十八，而憂鬱症、人格疾患、發展疾患、精神藥物使用以及自殺的比例都上升了將近一倍。[16]

較為近期的研究結果也都證實了這項趨勢，現在的大學新鮮人是二十五年來壓力最高、心理健康最低的大一學生。⑰二〇一〇年的調查顯示，到大學諮商中心求助的學生當中，百分之四十四有極為嚴重的精神問題，十年前的比例是百分之十六。雖然憂鬱症和焦慮症仍然是大學諮商中心最常見的轉診情況，但也有愈來愈多的學生出現壓力導致的飲食疾患、藥物濫用以及自傷行為。⑱

這麼多的大學生過著對大腦有害的生活方式，難怪他們的學業沒什麼進步。社會學家阿朗姆（Richard Arum）和羅克莎（Josipa Roksa）在著作《學術漂泊：大學校園的有限學習》（Academically Adrift: Limited Learning on College Campuses）中指出，來自二十所學校的兩千三百名大學生參加了「大學生學習成效評估」測驗，有超過百分之四十五的學生在大二學年結束時，批判性思維、寫作技巧或複雜推理能力均無顯著提高。大四的時候，儘管學生的前額葉皮質已大幅成熟，仍有多達百分之三十六的學生沒有顯著進步。對於這些學生智識缺乏成長的驚人情況，兩位作者認為原因在於大學重視研究勝過教學，而且學生修課時只想要營養學分，未能充分學習。然而，不可輕忽的是，這些孩子的大腦居然習慣用如此低的效率運作，是非常不妙的情況，我們認為這跟孩子對於念大學這件事缺乏掌控，以及他們的大腦缺乏發展成熟的機會，都有很大的關係。⑲

在美國，上大學等於是進入截然不同的異次元世界，你的孩子真的準備好管理新世界的生活了嗎？你需要鼓起勇氣來問這個問題，同時，我們也希望有更多的爸媽能想一想這個問題的答案。本章將會協助你幫孩子透過提升掌控感的方式，做好成為大學生的準備。如果孩子還沒準備好，別擔心，你也會讀到可以如何應變。不過，首先，你需要先改變對孩子上大學的看法。

上大學這件事不該讓孩子「不勞而獲」

對許多孩子而言，上大學就像是去參加昂貴的派對，他們通常都很期待。但是，當我們說到他們在大學裡面需要花長時間念書時，他們會一臉茫然。

塔德是個聰明的孩子，SAT的高分讓他錄取了東北部一所優秀的大學。不過，他在高中的所有成就都是因為有爸媽替他建立生活秩序，他們晚上催他該睡了，早上叫他起床，限制他看電視和打電玩的時間，監督他的學校作業。進了大學後，再也沒有父母建立的秩序讓他依賴，生活全面崩壞。他第一學期就被留校察看，這點當然不意外。後來塔德又休學了兩次，靠著他爸媽大量的情感支持跟金錢接濟，最後終於念完大學。

我們每年都會遇到很多像塔德一樣的孩子，進大學前，需要爸媽叫才會睡覺或起床，無法自己獨立管好課業，而且玩手機、電動或其他3C產品時都不知限度。許多人都是依賴爸媽或學校輔導老師的力量，將他們推上通往大學之門，也因此很多爸媽產生了誤解，以為比較重要的是「設法讓孩子的表現良好」，而不是「協助他們確實對自己的人生負責」。

我們需要徹底檢討並翻轉對於孩子念大學的看法。目前，許多中產、中上階級家庭認為上大學是一種權益，卻沒有想到這種權益，應該是由孩子付出、爭取而來。比爾經常聽到家長說：「我也知道他還不適合進大學，可是總不能叫他別去讀大學吧。」聽起來，上大學就像是天賦人權似的。其實不是。你在評估要不要送孩子去上大學的時候，應該要比照投資的評估一樣——念大學是成本高昂的投資。年輕人可能虛度青春沒錯，但是，這跟把教育成本浪費在尚未準備好學習的學生身上，是兩碼子事。未來四年，你願意每年花五萬美元，投資給欠缺優良決策紀錄的公司嗎？你不會。同理，也別把錢投資在孩子還沒準備好要面對的事情上。在美國，四年制大學的學生當中，有將近一半的學生都沒有畢業。[20]孩子無法畢業時，不但是他們自己痛苦，家長也付出了高昂的學費。在四年制大學只讀了兩、三年的孩子，學識沒增加，只有增加學貸金額。我們看過太多、太多的爸媽都還沒有開始存自己的退休金，錢就先拿去給孩子念書。這樣的財務決策事關重大，對家中每個成員都會產生重要的影響，你真的要格外謹慎，把錢花在對的地方。

如何知道孩子準備好了沒

孩子高中畢業後，有百百種原因使他們還沒準備好成為大學生，可能是學業能力還不足，可能是缺乏自我覺察或自我控管的技能，可能是為焦慮症或憂鬱症所苦，可能是無法獨立打理生活，可能是高中四年已經榨乾心力，可能是還不想面對大學的社交生活……或者，也可能是孩子大腦的成熟度還不夠。別忘了，大腦就如同身體，每個孩子的發育速度不同。

想確認孩子是不是已準備好當個大學生，你可以問這些問題：

你的孩子接受「自己的人生自己負責」嗎？

在你家，是誰來找資料決定孩子可以考慮申請哪些大學的？如果他們無法獨立完成各項申請資料跟自傳，或者是他們尋求了協助，但還是搞不定，他們可能就還沒有準備好念大學。有些孩子被保護得太好，長到十七歲了還不大懂得怎麼照顧好自己，甚至不知道怎樣才算照顧。如果孩子從未想過自己洗衣服或做飯，你真的能把他們送到沒人管制的環境獨自生活嗎？

奈德曾有個學生不知道廚房裡的「篩網」是什麼東西。奈德解釋：「就像濾鍋一樣。」學生還是一臉茫然，奈德又說，「就是那種全身有很多小洞的金屬鍋子。你煮義大利麵時，煮好後不是都會把麵放在濾鍋裡讓水瀝乾嗎？」

「我不下廚的，我們家人都沒在煮。」

「哇，那你們家都是吃外食吧。」奈德推論。

「拜託喔，奈德，我們家有請人煮飯跟打掃啦。」

當然，家裡有錢，不等於沒資格念大學，但在這個孩子的成長環境裡，他相信萬事都應該要有人替他做。他後來進了喬治亞大學，情況並不順利。有次感恩節假期奈德碰到他，他表示學校裡每個人都「笨死了，真是一群白痴」。大一上學期還沒結束，他就被退學了。這個年輕人完全沒有意識到「某件事的責任是在我身上」，他覺得所有事情的責任都在別人。因此，他只要失敗了，就一律歸罪給他人。

你的孩子有足夠的自知之明嗎？

孩子知道對自己而言有哪些事是困難的嗎，而且知道哪些事情會影響自己嗎？他們是否知道，自己如果沒睡飽，脾氣就會很壞嗎？他們知道如果自己壓力大的話，去跑個步會很有幫助嗎？他們清楚自己什麼時段做事效果最好，什麼時候需要休息嗎？他們知道自己在大學有哪些事可能需要尋求協助嗎？你可能會說，這些問題就算拿來問大人，也會有很多人不知道。但是，孩子想在大學的環境裡有所成長，先決條件就是要對自己有基本的了解，願意照顧好自己，以及在必要時有辦法節制自己或是徹底改變某個行為，好讓自己過得更加健康快樂。

你的孩子是否有足夠的自制力來打理生活？

孩子有辦法自己在正確的時間睡覺、起床，並且做到睡眠充足嗎？萬一室友是凌晨四點才睡的夜貓子，他們還能堅守自己的作息嗎？他們能夠限制自己上網或打電動的時間嗎？如果有使用藥物或是喝酒的習慣，他們知道什麼時候該適可而止嗎？這邊任一題的答案只要是否定的，你都需要考慮暫緩讓孩子去上大學，等到他們自制力更好再說。

你的孩子對於課業夠自動自發嗎？

有功課要做時，他們有辦法先做功課再玩樂嗎？有需要時，他們懂得尋求幫助嗎？交作業或是有預約時，他們都能準時嗎？有報告要做時，他們有辦法連續專心好幾個小時嗎？

多年前，奈德有個學生叫裘爾。他高三那一年，每週都來找奈德上兩次課。他的爸爸跟奈德說，他只願意在上課時寫習題，下課後都不會做功課，請奈德善用上課的時間。

裘爾家全家人都是名校畢業，所以他的目標也是鎖定常春藤名校。他精通數學，但詞彙不好，每個星期他都會問奈德：「你覺得我詞彙考得到七百分以上嗎？」奈德回答：「我覺得你可以。你需要做的是每天都撥出幾分鐘練習詞彙，一點一滴累積下來你就能辦到。」

「好，那出功課給我。」裘爾回他。到了下一堂課時，他來了，但功課完全沒動（就跟他爸預期的相同），然後繼續問奈德：「你覺得我考得到七百分以上嗎？」這種情況簡直就像是電影《今天暫時停止》裡的跳針情節，不斷反覆。不過，他的詞彙還是慢慢有了進步，主要是因為他爸媽規定他每週上兩堂詞彙課。後來他如願錄取了常春藤，但進大學後他只能靠自己，結果連第一學期都沒念完。這是意料中的事，不是嗎？很多時候，爸媽都親自扛著孩子跑馬拉松，在看得到終點線時才把孩子放下來，孩子跑過終點線後，接受大家的擁抱跟恭賀。問題是，他們不是靠自己辦到的，那不是他們的功勞，而且其實他們也心裡有數。

無論是逃避努力，或是不勞而獲，都無法帶給我們對自身生活的掌控感。**掌控感來自於勤勉**

的付出和全心的投入。多數人都以身上的傷疤為傲，馬拉松選手很少炫耀比賽時花了多少時間，但是他們很喜歡分享甘苦談，像是腳底起水泡、雙腿抽筋，或是到後來全身虛脫依然撐著跑完。我們都是從投入心血去完成的事情當中，獲得了成長茁壯的力量。

你的孩子有辦法每天好好獨立生活嗎？

他們能夠自己預約並準時赴約嗎？會自己繳罰單嗎？會洗自己的衣服嗎？會自己按時吃藥嗎？能做出明智的社交選擇嗎？會自己記好錢包和鑰匙這類重要物品放在哪裡嗎？很多大一新生都曾被鎖在宿舍外，然後打電話向爸媽求救。試問，這種時候，遠在家鄉的爸媽是能怎麼辦？遇到這種情況，你的孩子可以自行想辦法解決嗎？又或者，更理想的情況是，他們能不能一開始就別弄丟鑰匙？

你的孩子有健康的方法來管理或釋放壓力嗎？

每個人都有壓力，也都會找到排解的方法。如果你的孩子本身沒有健康的紓壓之道，就會開始投向不健康的方式。我們認為，大學生如果能夠睡眠充足、勤加運動，並且練習靜坐，校園裡的狂飲、抽大麻等傷身行為就會減少許多。

你的孩子是否已經心力交瘁？

奈德遇過許多身心俱疲的學生，他們覺得自己就像是在跑步機上不停的跑，停不下來。學生伊萊恩曾經這樣說：「我只要想到自己在高中所做的一切都是為了成績跟分數，就覺得浪費掉了四年的生命。我完全沒做任何有趣的事讓自己開心。」像伊萊恩這樣的孩子，真的令人擔心。許多孩子本來就已經有焦慮症或憂鬱症，進了大學處在失調不良的環境，恐怕會更加脆弱，有些會開始出現飲食疾患，有些會開始借酒澆愁或是出現自傷行為，更何況，他們的爸媽不在身邊，對這些全都一無所知。你的孩子如果也心力交瘁，他們有健康的應對機制嗎？知道壓力管理的技巧嗎？曉得有時候該暫緩腳步休息一下嗎？

你的孩子有足夠的學業能力處理好大學課業嗎？

孩子需要有能力閱讀、理解並記住大學程度的教材資訊，而且速度要夠快，才能看得完、寫報告、解決問題集以及其他項作業。此外，他們還需要規畫、組織的能力，也要有辦法把多項作業排出優先順序，並且能妥善地為每科考試做好準備。大學的課業量比高中重，對學生的學業表現期望也大幅提升，因此，有很多孩子都會大感吃不消。

如果需要學業上的協助，你的孩子會主動提出並善加利用嗎？

許多有學習障礙、ADHD 或是自閉症的孩子念高中時不喜歡接受額外協助（例如考試時間延長或是改聽有聲書），他們到了大學依舊不希望接受額外協助。如果別人認為他們需要幫忙，或是需要找助教加強寫作能力的話，很多孩子會感到丟臉，寧可放棄接受協助，眼睜睜看著自己課業落後。

你的孩子是否具備足夠的社交能力去面對複雜的社交環境？

對於不擅社交的孩子，進了大學後，除了要面對全新的學業挑戰，同時也要處理住宿的社交互動，並打理獨立生活的細節，他們可能會感到不堪負荷。許多在社交方面笨拙或不熟練的孩子，會開始退卻畏縮。或許你的孩子很擅長獨立學習，不過，他們有能力跟室友建立友誼嗎？萬一跟室友衝突時，他們有辦法化解嗎？面對大學的社交環境，像是吵雜狂歡的派對、狂飲行為以及跟人交際的種種壓力，他們應付得來嗎？

許多爸媽只要誠實回答這些問題，就不難發現其實孩子並未準備好成為大學生。至少，目前時候未到。那麼，這時你可以怎麼辦？

孩子還沒準備好，父母可以怎麼辦

現在的大學生人數空前得多，從某些方面來看是好事，我們完全贊成讓「準備好」的孩子擁有進入大學的機會。不過，問題在於，有愈來愈多的人在高中畢業後直接念大學，這已經是常態了。所以如果孩子高中畢業沒有直接念大學，有人就認為這樣很失敗。

這種信念不對。我們都知道每個孩子成長茁壯的時間不同，有的孩子大一的時候還不夠格加入籃球隊，到了大四已搖身一變成為明星控球後衛。如果孩子還沒有做好準備，不管你再如何強迫，他也無法準備好。他們必須靠自己的力量辦到才行。

很多爸媽都是殷切期盼孩子直接去念大學，他們已經厭倦了要負責監督孩子。而且，財力雄厚的家庭根本不在乎「大學教育是糟糕的投資標的」這件事，這些家長只想要喘口氣。送孩子進大學是符合社會期待的路徑，讓爸媽可以休息，因此父母往往也覺得自己別無選擇，必須送孩子上大學。

其實，你有選擇。在德國、丹麥、澳洲、英國等地，都非常鼓勵孩子體驗為期一年（兩年也不錯）的空檔年，孩子可以去旅行、工作，甚至是從軍。而在以色列，孩子上大學前會先當兩年兵或從事其他服務，等到進大學時已多了優勢，累積了生活經驗，也多了兩年時間讓前額葉皮質更加成熟。

我們為什麼不能比照辦理呢？有些人也提出了相同的疑問。例如，過渡計畫中心（the Center

for Interim Programs）機構正在努力讓空檔年成為主流。前總統歐巴馬的大女兒瑪莉亞錄取哈佛後，選擇了延後一年入學，這也引起了大家對於空檔年的興趣。過渡計畫中心的副主席沙洛罕（Jason Sarouhan）表示，有五種類型的學生很適合安排空檔年，可以從中獲益：

努力不懈型：標準化測驗的分數高，學校GPA成績也高。這類孩子往往已經在跑步機上長跑了四年，早就精疲力盡。

尋求意義型：標準化測驗的分數高，學校GPA則較低。這些孩子非常聰明，但是除非他們被說服，否則不會想努力；他們希望自己的行動有意義。

實用主義型：希望有明確的目標再上大學。《絕望者之歌：一個美國白人家族的悲劇與重生》的作者凡斯（J. D. Vance）就是一例，他在動盪不安中度過了失序的童年。因為不知道自己是否已經準備好要背負學貸念大學，所以他選擇先去從軍。

掙扎型：學習落後使得他們的高中經驗蒙上陰影。多數的ADHD兒都很適合再多等待一段時間，讓大腦有機會發展得更好，等他們準備就緒後，就能迎向成功的大學生活。

隨波逐流型：對生活沒有完全投入，可能也還不夠成熟。這類孩子就是靠爸媽扛到接近馬拉松終點線的位置，他們根本還沒準備好要跨越那條線，這段路程不是他們自己努力跑完的。㉑

還沒準備好念大學的孩子，大都屬於這五類的其中一種，先休息一年對他們多半都有好處。「我一直很清楚高中畢業後，自己的生活會改變，」部落客凱薩琳（Katherine Engman）曾發文記錄她的空檔年，「我把這個機會當成是人生第二篇章的起點，開始掌控自己的未來。」在那一年裡，她參加了幫助猴子回歸野外生活的計畫，也造訪了中美洲的哥斯大黎加山區，增添了新奇愉快的人生體驗。令人驚豔的是，休息一年這個決定本身對她的意義有多麼重大：「每一天，我都會想著，這真的是我目前做過最棒的決定……我開始對自己做決策跟適應不同環境的能力充滿了自信。這是我生平第一次能夠主控自己的人生，而我選擇的是去做讓自己快樂的事情。」㉒

孩子能空出時間關掉以往習慣的生活模式，改成有意識地去做決定，這是成長的絕佳機會。許多選擇了空檔年的孩子，在這段期間裡專注投入於本身的興趣，例如進行野生動物研究、念語言學校、投身社區服務等等，多了這段經歷，他們後來在校攻讀相關領域時更能得心應手，畢業後興趣也變成終身事業。其他孩子則增加了真實世界的實用經驗值，或是在軍隊的磨練，也都有助於他們心智成熟，當個真正的大人。

假如你以為空檔年只適合口袋夠深、供得起孩子旅行的家庭，這是誤會。很多空檔年的計畫都屬於工讀性質，雖然收入不夠讓孩子存退休金，但也不會讓他們負債。其實，選擇空檔年的孩

子還能省到錢，因為他們的專注能力會提升，進大學後能更快拿到學位。㉓

由孩子決定，但別忘了學費是你付的

萬一你有疑慮，但孩子打定主意要直接上大學，我們來看看應該怎麼辦。如果他們拿到了全額獎學金，或是自己會付學費，就交給他們決定。但如果學費是由你資助，合理的做法是，你應該把自己看成是利害關係人去處理。你可以告知孩子：「如果你真的想，就今年入學。可是，如果你想要我幫你付大學的學費，我需要先看到你符合某些標準，才能放心投資在你身上。」爸媽採取這樣的立場完全合情合理。那些還沒準備好成為大學生的孩子，往往缺乏自知之明，不知自己還不適合繼續升學。有許多孩子也會認定一旦入學後，自己就能準備就緒，但他們這樣的選擇並非經過全盤的考量。所以，你可以要求他們向你證明自己確實已做好準備，並協助他們收集資訊。

有些爸媽之所以希望孩子直接念大學，是怕他們高中畢業後，如果不立刻升學，就永遠不會回去學校了。換作是早期，這份擔心曾經是合理的，一九五〇年代到一九六〇年代初期，很多十七歲的孩子輟學後到工廠上班，領的薪水足夠養活一家四口，有很多人不需要大學學歷也能好好過一輩子。不過，基本上，那種情形已經正式走入歷史了。

爸媽操心的事永遠一長串，其中的前幾名，莫過於害怕孩子會覺得自己不夠好。我們經常聽到家長說：「如果我的孩子不去上大學，就會認為自己比不上別人。」尤其是家族親戚或所屬社團裡每個人都有讀大學時，這些家長更擔心。

身為父母，你無法幫孩子杜絕所有的失望跟壓力，但是，你可以趁早開始讓他們知道人生還有其他條路可以選擇，下一章我們就來看其他人的故事分享。

隨時練習

- 準備要趁早。如果在六月高中畢業時，孩子還沒準備好當個大學生，等到九月開學時恐怕也還不會好。你必須及早鼓勵孩子開始準備，孩子高一時，你就應該告訴他們需要努力爭取，你才會送他們去念大學。為了協助孩子準備，你可以陪他們一起列出未來高中四年裡，需要培養哪些上大學的技能。提醒孩子，最遲在進大學的半年以前，你就要看到他們已經有能力照顧自己的基本生活。
- 如果孩子的意願是想讀大學，也有能力把課業顧好，但目前本身還沒準備就緒，請向他們強調：問題不在於要不要去念，而是在於何時入學比較適合。
- 鼓勵孩子去工作，累積經驗。成功的職場經驗是個良好指標，代表他們也會擁有成功的大學生活。
- 如果孩子即將入學，跟他們聊聊大學生活會是什麼情況，需要怎麼做才會充實愉快。跟他們討論，上大學之後怎樣的親子相處方式最好，原則上是你會給予支持，但不會干擾他們：保持聯絡，但不會緊迫盯人。
- 你本身也要準備好面對孩子離家念大學後的轉變。保持聯絡，給予關心，但生活重心應該是擺在你自己。提醒他們，你們的家永遠都是他們的安全基地。同時，也跟另一半聊聊你們的角色轉變。

第十四章
通往成功人生的「替代道路」

以下這段心聲，是來自一位飽受壓力所苦的青少年：

凡事都要表現好，不能鬆懈，但又知道永遠都有其他人更強，你永遠當不上最厲害的第一名……你知道這樣壓力會有多大嗎？如果你爸媽都很聰明又功成名就，都是哈佛校友、知名律師，你真的會懷疑自己未來有沒有辦法成功、買房子、養家活口。一方面你會想：「我爸媽那麼聰明，我念的又是好高中，我怎麼可能輸他們？」另一方面你又會懷疑：「我真的有辦法進得了好大學嗎？有沒有可能，我連那些輸給哈佛或是那些低於我爸媽預期的學校，都擠不進去？」

寫下這段沉痛告白的孩子是奈德的學生，在他看來，通向成功生活的窄路十分險峻，兩側都是懸崖，一不小心就會摔個粉身碎骨。如果每科成績都拿 A，考試分數也很亮眼，幹得好，代表步伐還穩穩的。如果被幾何學或是其他科目難倒，這下糟糕了，不如直接跳下去算了。

這種「不是全有，就是全無」的思考習慣，孩子可能很早就會養成，持續到大學畢業後還會持續存在。有次奈德的公司舉辦了同仁野餐活動，他跟一個年輕人閒話家常，聊到大學的話題時，他就問眼前這位二十多歲的年輕人有沒有念大學。

「沒有耶，」他語氣淡淡的，「我腦筋不怎麼靈光，不是讀書的料。」

奈德安靜了一會，消化這個年輕人的話所傳達的信念，包含：

沒念大學，代表不夠聰明。
只有某些人才適合學習。
我比不上其他人。

「唔，」奈德回他，「成功的定義不只一種，貢獻社會的方式也有很多。你是做什麼工作的？」

「噢，我只是個緊急救護技術員。」

「只是」個緊急救護技術員？緊急救護，顧名思義，他的工作負責的就是「救人性命」。

那個年輕人的回答，剛好跟我們很愛問孩子的一個問題相關：在過去幾百年來，你覺得哪種工作拯救了最多條人命？雖然大家可能看法不一，不過，我們認為答案是清潔人員，而緊急救護技術員也絕對排在前面幾名。不妨請你試想一下：如果有人的生命面臨危急關頭，你最想看到面前出現誰的臉？（A）投資銀行家（B）律師（C）神經心理學家（D）教SAT的老師（E）緊急救護技術員？

是的，我們的選擇也跟你一模一樣。

很多年輕人對於「如何才能擁有成功和滿意的人生」，看法都很狹隘，這是很大的問題，導致他們難以擁有健康的掌控感。這些歪扭的看法只會造成恐懼和競爭。對於成績很好的孩子而言，他們對「成功」的看法會帶給他們很多不必要的壓力、焦慮以及心理健康問題。而成績不好的孩子一樣受到影響，許多人在年紀還小時就已認定自己與成功無緣，不必再多做努力了。許多年輕人跟自我對話的內容是會削弱他們力量的：「我必須做這件事那件事，但我就是辦不到！」「我必須做這個跟那個，但我很討厭去做！」

這些孩子對於如何邁向成功，誤解極深。或許是受到父母的影響，有時則是學校和同儕的關係。無論是過度求好心切的孩子，還是學習動機低落的孩子，都認為只要自己沒有名列前茅，就注定當個輸家，只能在速食店工作到老。

但現實情況是，想在社會上成功，必須要認真去做我們天生擅長、也樂於參與的事。我們需要告知孩子，當個好學生所需的能力，在許多方面，都不同於事業成功、擁有美好人生所需的能力。

比方說，要成為每科都拿A的資優生，幾乎就是代表服從性要很高，可是「聽話」並不是通往高度成就的路徑。要拿到GPA四分代表每科都得很擅長，這樣也不見得就能在真實世界獲得成功。我們需要告訴孩子：很多成功人士都不是在校時全拿A的學霸。事實上，以大學畢業生為例，那些在高中畢業典禮擔任致詞代表的優等生，到了快三十歲時，相較於其他人，並沒有來得更加成功。① 一個人的能力高低，無法簡單地只用學校的成績來衡量。

請別誤會我們的意思。如果孩子書念得好，加上名校學位，當然很有好處。只是，人生還有很多條不同的路能選擇。要是我們只對單一的路徑過於執著，會讓許多孩子覺得格格不入，甚至擔心世界上沒有自己的立足之處。

真正的現實世界

長青廣播節目《大家來我家》（Prairie Home Companion）每集接近尾聲時，主持人就會說：「好的，以上是來自烏比岡湖的報導，我們的居民，每個女人都很堅強，每個男人都很帥氣，每個孩子都很聰明。」這個諷刺的笑話一針見血。大家都想要相信自己的孩子比其他孩子優秀，卻忽略了簡單的現實——既然每個家長都這樣想，就不可能每個人都是對的。許多數學、語言能力低於第三十三百分位數的學生（代表程度不佳），卻準備要去念大學，他們不知道，屆時在大學碰到抽象的概念和量化的複雜課程內容時，自己會遇到很大的困難。「必須讀大學」的想法對許多孩子是有害的，再怎麼努力，有很多孩子就是應付不來大學程度的課業，無法撐過四年拿到學位。與其讓他們活在假象之中，我們應該要做的是告訴他們現實的情況，例如：

- 大多數的人都沒有大學畢業。雖然每年的統計數據不同，但研究結果顯示，美國只有約百分之二十五到百分之三十的成年人擁有四年制大學學位。
- 許多大學或研究所畢業的人，其實都經歷了曲折的過程，最後才取得學位。
- 許多曾是優等生而且如今事業有成的成年人，過得其實並不快樂。
- 上哪間大學，或是上不上大學，都不會就此注定你的人生之路。最知名的例子有比爾蓋茲、賈伯斯以及臉書創辦人馬克祖克柏，他們都沒有念完大學。還有許多人畢業於「尚可」的學校卻極其成功，像Google的共同創辦人布林（Sergey Brin）是讀馬里蘭大學。不可否認的是，獲得諾貝爾醫學獎的人當中有不少人畢業於哈佛、布朗等名校，但也不乏是畢業於私立文理學院的諾貝爾獎得主，這些學校包含德堡大學（DePauw University）、聖十字學院（College of the Holy Cross）和葛底斯堡學院（Gettysburg College）。[2]此外，最近退休的普林斯頓大學校長，當初念的是位於俄亥俄州一所小而精的文理學院，叫做丹尼森大學。
- 比起去做你認為必須做的事，不如追隨你的熱情所在，會讓你更有活力。
- 目前，全美國的人從事的職業超過三千五百種，很多種都不要求大學學歷。

多樣性的優點

我們的社會之所以能蓬勃發展，就是依靠人類天賦的多元性，正如某地區的生物如果存在著多樣性，就代表該地擁有健康的生態系統。人類的社會除了藝術家、夢想家、創意家，也需要創業家和實踐家；光有身手矯健的運動員還不夠，也需要雙手靈巧的工匠。愛因斯坦說過：「如果用爬樹的技巧來判斷一條魚的能力好壞，牠一輩子都會以為自己很笨。」發展心理學家加德納（Howard Gardner）也指出，人類的智能具有多種的形式，包括音樂智能、空間智能、語言智能、邏輯—數學智能、肢體—動覺智能、人際智能、內省智能以及自然探索者智能。③換句話說，你有可能書念得很糟，不過舞跳得很好（是也有可能相反）。你也有可能在多數領域的表現都很普通，但是格外擅長解讀別人的情緒。重點在於，你需要的是找到自己的強項。

我們看到的問題是，孩子受到誤導（尤其是高中生），以為自己非得精通英文、科學、外語等所有科目，每一科都很優秀，才會有前途。孩子只要看看周遭，很容易就會發現其他人在很多事都比他們自己更厲害，因此如果把目標訂在「成為最棒的」，意味著你要不停跟別人比較，雖然你可能會因此產生動力，但是更常見的情況是害你失去動力。「長大」就是要知道何時你該看開、放下，選擇不要追求某件事。

較年長的孩子和青少年來看診時，比爾經常告訴他們：「我希望能找出你很爛的領域。那些成功人士也是只擅長某些領域，其他領域就比較不好，但是他們聰明的是，在工作上只做自己擅長的事。」（對於較年幼的孩子，他只會簡單地說：「我希望能找出你沒有那麼會做的事。」）換句話說，如果你把希望寄託在自己的弱項上，這樣是不可能找到成功之路的，因為你再怎麼努力進步，也只能達到一般水準。

許多學生無法接受這一點，以奈德的學生大衛為例，奈德曾建議他在青春期要努力的方向，除了探索自己喜歡的事，就是找出他比多數人擅長的領域並認真投入，他聽了後有點遲疑。

「那樣不會不好嗎？如果只做輕鬆的事，不會像在投機取巧嗎？」

奈德的回答是：「你看，你身高一百七十公分，體重八十公斤，你的力量大到能夠仰臥推舉一百七十公斤重的啞鈴，所以你才會成為美式足球的跑衛。可是，如果叫你去跑馬拉松就完了，因為你的體型不適合。」

奈德並不是建議大衛放棄所有天生不在行的事情，因為無論是在校內或在生活中，就連不拿手的學科。也都有重要的課題該學習，但了解自己的天賦並且努力精益求精，也是很重要的價值。

許多家長聽到孩子說「我不像某某人那麼聰明」或「上數學課的時候我都比不上那些聰明的同學」，會試圖安撫：「沒有這回事，你很聰明，就跟他們一樣的聰明。」比爾的做法不同，他會告訴孩子的是，你聰明的程度只需要能夠把世界上一件感興趣的事情做好，這樣就夠了（孩子確實可以做到這點）。此外，他還很感激在自己的專業領域存在著那些比他更加聰明的人，多虧有他們建立的理論跟測驗，他才能當醫生助人為生。

不要陷入「集體精神錯亂」的現象

比爾有次幫一個八歲的男孩做評估，男孩的媽媽表示，兒子日後如果上的大學不是哈佛、耶魯、普林斯頓、布朗，她就不會付學費。比爾笑了出來，覺得她在開玩笑，沒想到，那位母親冷回，她是認真的。比爾試著跟她講道理：「妳知道那樣不大合理吧？絕大多數的成功人士都不是哈佛、耶魯、普林斯頓或布朗畢業的。」她顯然被激怒了，厲聲回他：「我就是認定要這四間大學，其他學校一律免談。」

很多人相信的事根本與現實不符，許多成年人都有這種毫無根據的信念體系，尤其是富裕人家，我們稱之為「共同的妄想」。學校每年都會接觸許多孩子，所以學校比家長更知道「妄想」跟「現實」之間的落差，但是校方卻很少反駁這種脫節的信念。我們曾經詢問多位公私立高中的校長：「為什麼你們不乾脆告訴孩子關於大學的真相？讓他們知道，上哪間大學對他們之後的人生影響極為有限，而且也不是一定會成功的指標。」他們不約而同回答：「要是我們說了，就會接到家長投訴的電話和信件。他們覺得一旦孩子知道真相，就不再認真念書，這輩子就會完蛋了。」

我們的發現是，直接告訴孩子這個世界的真相——包括當個好學生有哪些優點——其實能夠增加他們的彈性跟動力。缺乏學習動機的孩子會因此備受激勵，看到的不再只有「我必須跳過這些火圈才能成功」，而是「我有好多條路可以選擇如何增進自己，在社會上當個有用的人」。每當我們跟朋友、同事聊天或是到學校舉辦講座，提到通往成功人生的替代道路時，發現大家都有精采的故事可以分享。有的修車師傅其實是麻省理工學院的電機工程博士，後來轉換跑道，專心追求更能滿足自己的職涯。也有人認識的修車師傅沒念大學，但技藝超群，又很有生意頭腦，三十二歲就提早退休，聘請了二十個師傅當員工。有些人走的路則是方向相反，比方說，高中時離開學校的中輟生，後來愛上念書，還拿了雙博士學位。

為了破除大眾的迷思，也由於故事通常比統計數據更有力量，接下來要分享幾個我們最喜歡的故事。故事中的主人翁都透過非傳統的途徑邁向成功快樂的人生。本書作者比爾正是一例，他走了不一樣的路，最後踏入了神經心理學的領域，我們就從他的故事開始。

神經心理學家比爾

我高中畢業的GPA只有二點八分。我不愛讀書，比較喜歡玩搖滾樂（風琴、貝斯、吉他），高四我的英文還被當掉。要等到十九歲之後，我才開始對追求知識產生興趣。我進入了華盛頓大學，畢業後直接攻讀加大柏克萊分校英文所，願景是要拿到博士學位，二十六歲當教授。但事情不如預期：當時我有焦慮症，沒自信，還有咖啡因成癮，而且我很會逃避作業，最長曾有高達五個月的時間沒交半份報告（現在看診遇到表現嚴重欠佳的孩子時，我會跟他們聊自己的事，然後說：「要超過我的紀錄可是很難的！」）想當然耳，後來我就被退學了。我非常羞愧，很擔心自己的未來就這麼毀了。

後來我回到西雅圖老家，思考下一步該怎麼走。當時我父親剛過世不久，幸好母親很支持我，鼓勵我會找到出路。我找了一個進了一個公司，做打字謄寫，但沒多久又被解雇了……應該是我焦慮的程度搞得其他同事也跟著緊張吧。接著我找到了一份倉庫裡的粗工。那段時期可以說是我生命中的低潮。

在倉庫工作，閒暇很多，那時我意外發現自己很喜歡跟四歲的小姪女聊天。我現在還記得帶她去搭公車的情況，那是她第一次搭公車，聽著她好奇問我一堆問題，或是換我問時她回答的方式，我都覺得很有趣。而我也回想起，以前我們家常跟其他有小孩的家庭一起去度假，我很喜歡跟小孩子相處的感覺。這個想法啟發了我，或許我可以可以從事與孩子有關的工作。

於是我去修教育學程，拿到學位後當了老師，接著去念特教的碩士，斷斷續續有在教書。擔任全職老師的那一年，每次到週一我就會頭痛，現在回想起來，我覺得是因為雖然自己有當老師的優勢（我個性很好），但不擅長行為管理的技巧，也發現要管教一群有特殊需求的年幼學生，壓力很大。我開始意識到，如果我要繼續從事跟孩子相關的工作，必須在一個不同的環境才行。三十二歲那年，我拿到了「學校心理學」的博士學位，接著開始做臨床神經心理學的博士後研究。到今天，四十三年就這樣過去了，我從沒想起過去不順利的事，再也沒有出現過教書第一年的頭痛。

當年被加大柏克萊分校退學之後，不到半年內我就明白：被退學可能是在我身上發生過最好的事。很多時候，我們感覺一切都很不順時，其實事情正是朝著對我們自己有益的方式，在進行重整當中。只是當下我們都料想不到而已。

瑜伽機構創辦人蘿蘋

蘿蘋成長於中產家庭，國中三年她在班上都是名列前茅，也是學校的風雲人物，順利申請直升高一。高一的課她在一個學期內就修完。

接下來的夏天，她走上了岔路。先是懷孕，跟孩子的爸私奔，在各地簡陋旅舍輪流棲身。後來她取得了高中同等學歷證書，跟老公離婚（兩人當時都是青少年），又馬上再婚，第二任丈夫是個控制慾很強的醫生，發起脾氣來很可怕。

她一面照顧年幼的親生兒子與兩個繼子，一面進入新罕布夏州的基恩州立學院就讀，二十七歲時以GPA四分的優異成績畢業。向來對靈性主題感興趣的她，姑且一試申請了哈佛神學院，結果真的意外錄取。上了一學期後，她發現自己最想要的是擁有一個穩固的收入，這樣才能離開現任丈夫。所以她繼續研讀MBA學位，畢業後到一間公司擔任訓練發展專家。收入穩定後，她離開了醫生丈夫。沒多久，她認識了現任老公彼得，兩人結婚至今二十四年，美滿幸福。

在工作上，蘿蘋的職涯後來又轉了個彎。由於不喜歡商場的環境，她開始改學如何當瑜伽和舞蹈老師。後來，她出版了一本女性靈性覺醒的書，教導弱勢女孩練習瑜伽跟靜坐。短短幾年內，她也開始服務有急性創傷後壓力症候群、創傷性腦損傷的現役軍人，教導華特里德國家軍事醫學中心的士兵如何做瑜伽和靜坐。此外，她也跟人共同創辦了「平靜戰士」（Warriors at Ease）機構，負責培訓瑜伽老師，傳授瑜伽和靜坐的方法，在教學上格外注重創傷跟軍隊文化對軍人的影響。「平靜戰士」已在全球培訓了七百名以上的師資，目前每年為約一萬名的現役軍人提供服務。

高階教師布萊恩

布萊恩從小就很聰明，可是去上學對他來說簡直是受罰一樣。青春期時，他跟爸媽的關係充滿衝突，任憑爸媽再怎麼設限規範他，他都會想辦法逃避。他半夜還故意把音樂開得很大聲，主要是讓爸媽也沒辦法睡，想挑起事端。

十六歲時，因為他在校表現不好，討厭上課，也沒花時間學習或增進課業能力，但爸媽覺得讓他輟學不妥，所以把他送到了寄宿學校。沒想到寄宿學校的師長也管不動他，他跟女友逃到了佛羅里達州，兩人就留在當地領基本工資打工為生。後來，「自由」的新鮮感逐漸消逝，他受夠了單調乏味的苦工，聯絡上爸媽，詢問他們能不能幫他支付就讀社區大學的學費，他們同意了。修到一些學分之後，他申請了華盛頓州首都奧林匹亞的長青州立學院，後來拿到教育學位，並繼續深造拿到了教育碩士，目前他是哥倫比亞特區公立學校的高階教師。

「順利升學」這四個字在布萊恩身上並不適用，但他終究找到了屬於自己的替代道路，通往快樂滿足的職涯跟生活。有趣的是，原本不喜歡念書的他，繞了一圈後，幫助孩子取得良好的學業表現卻成了他的終身志業。

採購專家彼得

彼得是芝加哥公立學校系統中一名平凡的學生，讀了五所不同的學校後，他最後從一所小型文理學院畢業（該校現已改成線上學院），拿到了英語學位。由於找不到好工作，加上他向來喜歡下廚，所以當起了快餐店的廚師，追尋自己開餐廳的夢想。

接下來的許多年，他在餐飲業做過各式各樣的工作，包含服務生、帶位領班、廚師、主廚，有段時間他甚至開了自己的熱狗攤。後來，彼得進了一家連鎖餐廳擔任初階經理，累積了餐飲的採購經驗。這份工作很適合彼得，他很有數學頭腦、善於交際，而且精通雙贏的談判技巧。很快的，有間開了三間分店的新餐廳挖角他，新老闆對他的採購能力很滿意，還分給他公司的股份。等到公司上市時，全世界的分店已經超過了三百間。彼得不但事業有成，衣食無虞，也擁有幸福美滿的家庭生活。

十歲的孩子當中，有多少人的志向是長大後要當大型連鎖餐廳的採購？但對彼得而言，這份工作卻帶給了他美好的生活和事業。

設計高手阿班

阿班的求學之路並不順遂，他還記得科學和數學對他尤其困難。他沒有學習動機，不想寫學校作業，高中還差點畢不了業，GPA成績不到一分。不過，在所有的美術課中他都是高材生，他特別喜歡國二修過的字體美學課。

他爸爸是臨床心理師，媽媽是腫瘤科護理師，兩人都支持他走不一樣的路，就讀藝術學校去探索自我。阿班有哥哥當開路先鋒，他哥在兩年制的學校念電影攝影，後來在洛杉磯事業有成（目前是好萊塢最搶手的前幾位攝影師）。雖然阿班報的是三年制的美術學校，他並沒有念完，不過，在校學到的技能已足以讓他拿到一系列平面設計的工作。

二十九歲時，他就成立了自己的設計公司「品牌大軍」（Brand Army）。有趣的是，雖然他沒有大學文憑，但在他長長的客戶名單上，可不乏近來受到矚目的喬治梅森大學以及歷史悠久的喬治城大學。

阿班跟哥哥在人生的道路上都追尋著自己的熱情，也大獲成功，兩人現在的收入都遠高於父母，他們的父親是這麼比喻的：「這件事我學到的是，在孩子的興趣上看到有一絲火花冒出時，你不妨再多倒些汽油助燃。」

巧手工程師雷賀藍

雷賀藍念幼兒園時就喜歡修理東西，下課時間他寧可不休息，開心地修理起教室壞掉的東西。國中時，他的聰明讓老師印象深刻，但他不愛寫功課，也很叛逆。國三時，他連接進入學校的鈴聲系統，他只需要按個鈕，隨時都能啟動下課鈴聲，還把學校的警報系統裝上另一條迴路，這樣他和朋友什麼時候想進學校，都能暢行無阻。

十六歲時他進了修車廠工作，最初只是負責換輪胎和機油，但很快就成了拆卸零件、重新組裝車輛的技師。他搬出了家裡，高中幾乎都翹課，高三結束前他的GPA只有零點九分。勉強拿到高中畢業證書後，他開始當音訊工程師。二十一歲時，他受派為甘迺迪表演藝術中心的歌劇院和音樂廳設計音響系統。

後來，他轉職負責電視工程。雖然缺少經驗，他努力邊做邊學，很快就上手，由於他有興趣和天分，再加上努力，他因此遇到不少貴人。最後，他進入國家電視台負責工程管理，一待就是二十多年。在裡面做了十年時，他升遷成了高層主管。雷賀藍本身有過人的天分，這一點無庸置疑，但他也知道如何做好其他人願意花錢請他負責的事，並懂得設下可量化的目標，專注於提升能力。

律師美樂蒂

從小美樂蒂就不喜歡上學，讀幼兒園跟小一時她偶爾才去學校，升小五前她告訴父母，她不打算回學校念書了。雖然她當時才十歲，但她爸媽對女兒很有信心，說她如果想在家自學，他們不會反對。

「妳以後想當什麼都可以。要是妳想當教授，很好。要是想當吉他手，也很好。只要妳確定做的是自己喜歡的事就好，而且要努力追求進步。」爸媽的訊息等於是給予她完全的自由，而且他們對女兒的信心也支持著她。

後來她回學校讀國一，上了幾年課，到了高二她又想輟學，她爸媽再次全權讓她選擇。她決定自學。

美樂蒂是一個獨立思考和求知慾強的孩子，很適合自學。不過，由於她有上大學的企圖心，她知道如果把進大學當成目標，高三跟高四最好要回學校上課，也就付諸了行動。後來，她進了史丹福大學，三年就拿到學位，工作十年後，又去念了法學院，多年來，她都是西雅圖一間律師事務所的合夥人。

美樂蒂覺得父母給她的自由十分可貴，他們相信不是只有一條窄路能通往美好的人生。他們告訴她：「這些都不是永久的決定。妳可以決定不讀五年級，如果中間改變心意，再回去念就好，沒關係。妳並不是走在一條不能逆轉的路，所做的決定也不會就此決定一生的成敗，妳永遠都可以邊走邊修正方向。」

特別的是，雖然美樂蒂很感激爸媽所賦予的自由，她對自己的孩子卻沒有採取相同的作風。「我兒子高中畢業後，說他不想直接念大學，想要先休息一年。我跟先生不答應，擔心他如果休息一年的話，是要做什麼？他可能會偏離人生正軌，或許需要重新申請大學，也或許就不念大學了。當時他說得很清楚，他不想去，因為還沒準備好，但我們當時就是不肯聽。其實我現在回想有些後悔。」

不讀書要幹嘛？關於替代道路的 2 個疑問

家長經常無法認同「還有其他條路能通往成功充實的人生」這個事實。部份原因是家長很難將「本身的自我」跟「孩子正在做的事情」分開來看。不過，也有些家長在放下自我後，仍然難免有些疑慮，以下是我們最常聽到的幾個問題。

可是，在學業上循序漸進的人，比較能賺大錢。

那些聰明又有紀律，能念完四年大學的人，確實可能發展得很不錯。但是，這些人無論是不是大學畢業，他們本來就聰明又能自律。他們的成功，是否直接來自於大學學位？很難說。

身為演員、探索頻道的《幹盡苦差事》主持人麥可羅（Mike Rowe）創立了「與世脫節基金會（Profoundly Disconnected）」，致力於顛覆唯獨擁有四年制大學文憑的畢業生才能成功的刻板印象。在基金會的官網上，他將自己的論點簡化成有力的三句話：

- 全美的就學貸款高達上兆美元。
- 全美的失業率創下新高。
- 全美有三百萬個好工作沒人要做。[4]

可是中產階級已經在消失了。所以，大學文憑不是更重要嗎？沒有大學文憑的人，雇主根本不屑一顧。

對於這個問題，有幾個重點可以討論。首先，由於人工智慧跟其他形式的科技產品帶來的影響，已經沒有人能夠預知五年或十年後職場的面貌。雖然新的職場人才仍然需要擁有技能，但沒有人確知要獲得那些技能，需要接受的是哪種教育。

還記得剛剛提到的平面設計師阿班嗎？他說過，相信自己永遠不愁會沒飯吃，因為他擁有其他人需要的實用技能。比起文憑，一技在身讓他更有安全感。

話雖如此，擁有大學文憑（以及更高學歷）確實有許多好處。如果孩子做得到，可以念到大學畢業當然很好。但是，我們千萬別讓許多無法念完大學的孩子覺得喪氣，彷彿他們從此注定無法擁有幸福的人生。

談金錢、事業以及幸福

我們認為有需要讓孩子知道：研究結果顯示，「收入高低」和「自認的幸福感」之間存有高度的相關性，但這種情況主要存在於收入極低時。當受試者的財務舒適度稍微提升後（收入仍算低，但沒到極低），「收入增加」和「更加快樂」之間便不再呈現正相關。⑤我們並不是要孩子別賺錢，只是希望他們在做決定時，依據的是自己真正在乎的事情，可以權衡利弊，考慮周全。

在本章，我們看到了一些「成功人生的替代道路」是什麼樣的景色，其實我們還知道很多很多類似的故事。知道別人的人生旅程，可以為我們帶來極大的力量，希望他們走過的路，看過的風景，會開啟屬於你自己故事集錦的篇章。因此，接下來還想推薦幾本書，這些美好的故事都能提醒你，有多種彎道都能通往幸福人生。

《摩托車修理店的未來工作哲學：通往美好生活的手工精神與趨勢》：作者柯勞佛（Matthew B. Crawford）是一位名校的政治哲學博士，也是一位機車行的老闆。他書寫了關於選擇開機車行當修車師傅的反思，分享了擁有技藝以及用雙手工作有何價值。

《我的耕食生活：關於耕種、食物與愛情》：作者克婷（Kristin Kimball）畢業於哈佛，原本是紐約的作家，後來她拋下了原本的都會生活，移居小鎮跟丈夫經營農場。她在書中坦露了心聲：「我不得不面對自己的偏見，當初我來農場時，偷偷懷抱的想法是——勞力工作是給資質駑鈍的人做的，天資聰穎的人就該從事勞心的事務。」

《讓天賦自由》：作者肯恩（Ken Robinson）是一位深具遠見的教育顧問，他認為當一個人的天賦和熱情產生交集，就會是他的生活和工作出現魔法之處。

最後，如果你想幫助孩子維持掌控感，引導他們走向滿意的人生（記得要成為「非焦慮的存在」，當孩子的顧問），最好的方式就是教導他們學會問自己兩個問題：

我真正熱愛的是什麼事情？

我比多數人擅長做什麼事情？

一切就是這麼簡單。

隨時練習

- 跟孩子一起動腦，列出你們想得到的一切工作。你們不需要對這些工作感興趣，只要是有人在做的事即可。從事這些工作的人，喜歡自己工作的哪些方面？他們擅長的可能是什麼？
- 跟孩子分享本章的故事，帶著他們認識成功人生的替代道路。你也可以補充自己還知道哪些人也有類似的經驗，詢問他們有沒有聽過其他人也是的。
- 敞開心胸，跟孩子聊聊你本身在人生道路上遇過什麼不盡理想或失望的經驗，以及你後來是如何重新前進的，或是聊你父母、祖父母類似的故事也可。奈德的祖父在股市曾經大起大落，原本住的是附近最氣派的房子，後來只能搬進小公寓，再後來又搬回去大房子。奈德當初聽完祖父的故事後，才曉得就連成功人士也會經歷高低起伏，於是開始懂得用不同的觀點看事情，也領悟了擁有韌性正是他們的家族傳統。
- 詢問孩子：你熱愛做什麼？你覺得自己比其他人擅長什麼事？你想聽我的看法嗎？
- 詢問孩子：你想要對周遭世界做出什麼貢獻？你可以採取什麼步驟達成這個目標？
- 鼓勵孩子尋找人生的導師。這個導師應該要受到他們的欽佩，也願意幫忙引導孩子。孩子通常比較樂意接受不是來自爸媽的建議。

後記

繼續前進

比爾輔導的一個孩子，母親是幽默作家。有一天，她跟比爾在談話時，對教養孩子下了個聰明的註解：「很多時候，我們這些當爸媽的，如果想管好孩子，就是要少管他們！」

這種形容很聰明，也說明了如果要實踐我們在本書中提倡的做法，並不是那麼容易，甚至很多時候是相當困難的，因為我們自己需要先勇敢起來，才能信任孩子的決定，對孩子的大腦發展有信心，並忽略種種外在壓力，以免我們又想保護孩子或是過度插手他們的生活。

我們也需要鼓起勇氣，正視自己對於未來的恐懼。我們需要保持謙卑，接受「自己其實經常不知道怎樣對孩子才會最好」的事實。我們更需要改變心態——專注在管理自身的情緒跟態度——這是養育孩子的過程中不該缺席的要素。

雖然要做到這些有難度，可是，如果你嘗試去掌控自己確實無法控制的事，才是更加艱難的路。一旦你實現本書推薦的方式，你會感到如釋重負的自由，也會看到實際的成效。

本書的所有內容，從第一章的大腦科學，到最後一章解釋成功人生有不同條路的選擇，都是為了讓你幫助孩子建立成年後仍然適用的生活模式、打好日後你們的親子關係，並培養他們的自我感。俗話說得好：「別人會忘記你說的話，會忘記你做的事，但永遠不會忘記你帶給他們的感受。」記得想一想，你希望給予孩子什麼樣的感受？不就是擁有家人的愛與支持、受到家人信任，而且相信自己的能力嗎？所以，最重要的是，讓這些感受陪伴你，成為你在教養之路的嚮導。

註釋

前言

1. The extensive research on the power of a sense of control is summarized well in *Why Zebras Don't Get Ulcers* by the eminent stress researcher Robert Sapolsky (3rd ed.; New York: Holt Paperbacks, 2004). See also an influential review article by Jonathon Haidt and Judith Rodin, "Control and Efficacy as Interdisciplinary Bridges," Review of General Psychology 3, no. 4 (December 1999): 317–37.
2. Psychologist Jean Twenge studied changes in the locus of control in college students and found that the average college student in 2002 had a stronger external locus of control than 80 percent of those studied in the early 1960s. The cause behind the shift, Twenge suggests, is a culture that has increasingly valued extrinsic and self-centered goals such as money, status, and physical attractiveness and devalued community, affiliation, and finding meaning in life. An external locus of control is correlated with poor academic achievement, a sense of helplessness, ineffective stress management, lower self-control, and vulnerability to depression. See Jean M. Twenge et al., "It's Beyond My Control: A Cross-Temporal Meta-Analysis of Increasing Externality in Locus of Control, 1960–2002," *Personality and Social Psychology Review* 8, no. 3 (August 2004): 308–19. For Twenge's findings regarding the increased mental health problems in contemporary young adults see Jean M. Twenge et al., "Birth Cohort Increases in Psychopathology Among Young Americans, 1938–2007: A

Cross-Temporal Meta-Analysis of the MMPI," Clinical Psychology Review 30, no. 2 (March 2010): 145–54.Also see Jean M. Twenge, "Generational Differences in Mental Health: Are Children and Adolescents Suffering More, or Less?" *American Journal of Orthopsychiatry* 81, no. 4 (October 2011): 469–72.

3. Christopher Mele, "Pushing That Crosswalk Button May Make You Feel Better, but . . ." *New York Times*, October 27, 2016, accessed May 11, 2017, www.nytimes.com/ 2016/ 10/ 28/ us/placebo-buttons-elevators-cross walks.html? src= twr&_ r= 1.

4. Judith Rodin and Ellen Langer. "Long-Term Effects of a Control-Relevant Intervention with the Institutionalized Aged," *Journal of Personality and Social Psychology* 35, no. 12 (December 1977): 897–902.

第1章

1. Evidence for the increased incidence of mental health problems in young people comes from many sources, including the previously mentioned studies by Jean Twenge. Also, research summarized in a journal published by the Woodrow Wilson School of Public and International Affairs at Princeton University and the Brookings Institution found that, for the first time in fifty years, the top five disabilities affecting U.S. children are mental health problems rather than physical problems. Janet Currie and Robert Kahn, "Children with Disabilities: Introducing the Issue," *Future of Children* 22, no.1 (Spring 2012): 3–11; Anita Slomski, "Chronic Mental Health Issues in Children Now Loom Larger Than Physical Problems," *Journal of the American Medical Association* 308, no. 3 (July 18, 2012): 223–25. Additionally, see Christopher Munsey, "The Kids Aren't All Right," *APA Monitor on Psychology*, January 2010, 22.A recent Time article sounded a similar theme, reporting that anxiety and depression in high school students have been on the rise since 2012, particularly among adolescent girls; Susanna Schrobsdorff, "Teen Depression and Anxiety: Why the Kids Are Not Alright," Time, October 26, 2016, accessed May 12, 2017, time.com/4547322/american-teens-anxious-depressed-overwhelmed/. Recent data from NIMH concludes that about 30 percent of girls and 20 percent of boys will have had an anxiety disorder. These

statistics probably underestimate the actual scope, as the large majority of young people with anxiety and depression do not seek help. Kathleen Ries Merikangas et al., "Lifetime Prevalence of Mental Disorders in US Adolescents: Results from the National Comorbidity Study-Adolescent Supplement (NCS-A)," *Journal of the American Academy of Child and Adolescent Psychiatry* 49, no. 10 (October 2010): 980–89. Also, according to a recent survey in Montana, nearly 30 percent of the state's adolescents reported that they felt sad and hopeless almost every day for the last previous two weeks. The article emphasized the role of social media in embroiling students in stressful situations of which their parents are largely unaware. "2015 Montana Youth Risk Behavior Survey," Montana Office of Public Instruction. 2015, accessed May 12, 2017, opi.mt.gov/ pdf/ YRBS/ 15/ 15MT_ YRBS_ FullReport.pdf. Moreover, a recent study of depression in adolescents concluded that the prevalence of self-reported symptoms of major depressive disorder in teenagers increased significantly from 2005 to 2014, particularly in young people from 12 to 20 years of age. Overall, there was a 37 percent increase. Ramin Mojtabai et al., "National Trends in the Prevalence and Treatment of Depression in Adolescents and Young Adults," *Pediatrics* (November 14, 2016), accessed May 12, 2017, pediatrics.aappublications.org/ ontent/early/2016/11/10/ peds.2016-1878.info. Nonsuicidal self-injury has also increased, particularly in adolescent girls. See Jennifer J. Muehlencamp et al.,"Rates of Non-Suicidal Self-Injury in High School Students Across Five Years," *Archives of Suicide Research* 13, no. 4 (October 17, 2009): 317–29.

2. Madeline Levine, *The Price of Privilege* (New York: Harper, 2006). Levine hypothesizes that the higher risk of affluent kids is due, in part, to their experiencing heightened pressure to perform but reduced parental support.
3. The results from the not-yet-published study by Stuart Slavin are discussed in a *New York Times* article by Vicki Abeles, "Is the Drive for Success Making Our Children Sick?," *New York Times*, January 2, 2016, accessed May 16, 2017, www.nytimes.com/ 2016/ 01/ 03/ opinion/ sunday/ is-the-drive-for-success- making-our-children-sick.html.
4. World Health Organization, "WHO Fact Sheet on Depression," February 2017, www.who.int/ mediacentre/ factsheets/ fs369/ en/.

5. Centre for Studies on Human Stress (CSHS), "Understand your stress: Recipe for stress," accessed August 11, 2017, www.humanstress.ca/ stress/understand-your-stress/sources-of-stress.html.
6. Steven F. Maier, "Behavioral Control Blunts Reactions to Contemporaneous and Future Adverse Events: Medial Prefrontal Cortex Plasticity and a Corticostriatal Network," *Neurobiology of Stress* 1 (January 1, 2015): 12–22.
7. David C. Glass and Jerome E. Singer, *Urban Stress: Experiments on Noise and Social Stressors* (New York: Academic Press, 1972).
8. Jonathon Haidt and Judith Rodin, "Control and Efficacy as Interdisciplinary Bridges," *Review of General Psychology* 3, no. 4 (December 1999): 317–37. Also, see Joseph Powers et al., "The Far-Reaching Effects of Believing People Can Change: Implicit Theories of Personality Shape Stress, Health, and Achievement During Adolescence," *Journal of Personality and Social Psychology* (2014), doi: 10.1037/ A0036335.
9. Maier, "Behavioral Control Blunts Reactions."
10. National Scientific Council on the Developing Child, "Excessive Stress Disrupts the Architecture of the Developing Brain: Working Paper 3," Harvard University Center on the Developing Child, Reports & Working Papers, 2005, accessed May 16, 2017, developingchild.harvard.edu/ resources/wp3/.
11. Michael J. Meaney et al., "The Effects of Postnatal Handling on the Development of the Glucocorticoid Receptor Systems and Stress Recovery in the Rat," *Progress in Neuro-Psychopharmacology and Biological Psychiatry* 9, no. 5–6 (1985): 731–34.
12. Maier, "Behavioral Control Blunts Reactions."
13. National Scientific Council on the Developing Child. "Excessive Stress Disrupts the Architecture of the Developing Brain."
14. Paul M. Plotsky and Michael J. Meaney, "Early, Postnatal Experience Alters Hypothalamic Corticotropin-Releasing Factor (CRF) mRNA, Median Eminence CRF Content and Stress-Induced Release in Adult Rats," *Molecular Brain Research* 18, no. 3 (June 1993): 195–200.

15. Yale School of Medicine, "Keeping the Brain in Balance," Medicine@Yale 6, no. 1 (Jan. and Feb. 2010), accessed May 16, 2017, www.medicineatyale.org/ janfeb2010/ people/ peoplearticles/ 55147/.

16. Amy F. T. Arnsten, "Stress Signalling Pathways That Impair Prefrontal Cortex Structure and Function," National Review of Neuroscience 10, no. 6 (June 2009): 410–22.Amy Arnsten et al., "This Is Your Brain in Meltdown," *Scientific American*, April 2012, 48–53.

17. *Dopamine Jackpot! Sapolsky on the Science of Pleasure*, produced by the California Academy of Sciences, performed by Robert Sapolsky (February 15, 2011; FORA.tv), accessed May 16, 2017, library.fora.tv/2011/02/15/Robert_Sapolsky_Are_Humans_Just_Another_Primate/Dopamine_Jackpot_Sapolsky_ on_the_Science_of_Pleasure. Marcus E. Raichle, "The Brain's Dark Energy," *Scientific American*, March 2010, 44–49.

19. Mary Helen Immordino-Yang et al., "Rest Is Not Idleness: Implications of the Brain's Default Mode for Human Development and Education," *Perspectives on Psychological Science* 7, no 4 (2012), doi:10.1177/ 1745691612447308 http://journals.sagepub.com/doi/abs/10.1177/1745691612447308.

20. Robert Sapolsky, Why Zebras Don't Get Ulcers, 3rd ed. (New York: Holt Paperbacks, 2004). Linda Mah et al., "Can Anxiety Damage the Brain?," *Current Opinion in Psychiatry* 29, no. 1 (December 2015): 56–63.

21. Bruce McEwen, *The End of Stress As We Know It* (New York: Dana Press, 2002).

22. Sapolsky, *Why Zebras Don' t Get Ulcers.* H. M. Van Praag, "Can Stress Cause Depression?" *World Journal of Biological Psychiatry* 28, no. 5 (August 2004): 891–907.

23. For a very readable discussion on the effects of early stress on the developing brain, see the National Scientific Council on the Developing Child. "Excessive Stress Disrupts the Architecture of the Developing Brain." Regarding adolescents' particular vulnerability to stress, see research by B. J. Casey et al., "The Storm and Stress of Adolescence: Insights from Human Imaging and Mouse Genetics," *Psychobiology* 52, no. 3 (April 2010): 225–35. Todd A. Hare et al., "Biological Substrates of Emotional Reactivity and Regulation in Adolescents During an Emotional Go-Nogo Task," *Biological*

Psychiatry 63, no. 10 (May 15, 2008): 927–34.Additionally, Frances Jensen's book provides a more popular discussion of adolescents' susceptibility to stress. Frances E. Jensen, *The Teenage Brain: A Neuroscientist's Survival Guide to Raising Adolescents and Young Adults* (New York: Harper Paperbacks, 2016). Melanie P. Leussis et al., "Depressive-Like Behavior in Adolescents After Maternal Separation: Sex Differences, Controllability, and GABA," *Developmental Neuroscience* 34, no. 2–3 (2012): 210–17. See, too, Sheryl S. Smith, "The Influence of Stress at Puberty on Mood and Learning: Role of the $\alpha 4 \beta \delta$ GABAA receptor," *Neuroscience* 249 (September 26, 2013): 192–213.

24. Jensen, *The Teenage Brain.*
25. Hui Shen et al., "Reversal of Neurosteroid Effects at $\alpha 4 \beta 2 \delta$ GABAA Receptors Triggers Anxiety at Puberty," *Nature Neuroscience* 10, no. 4 (April 2007): 469–77.
26. Bruce Pennington, *The Development of Psychopatholog y: Nature and Nurture* (New York: Guilford Press, 2002).
27. Regarding the idea that depression "scars" the brain, see Peter M. Lewinsohn et al., "Natural Course of Adolescent Major Depressive Disorder in a Community Sample: Predictors of Recurrence in Young Adults," *American Journal of Psychiatry* 157, no. 10 (October 2000): 1584–91.Also, Kelly Allot et al., "Characterizing Neurocognitive Impairment in Young People with Major Depression: State, Trait, or Scar?," *Brain and Behavior* 6, no. 10 (October 2016), doi:10.1002/ brb3.527.

第11章

1. Eckhart Tolle, *A New Earth: Awakening to Your Life's Purpose* (New York: Plume, 2006): 101.
2. Diana Baumrind, a developmental psychologist at the University of California, Berkeley, conducted extensive research on parenting styles beginning in the 1960s. She identified three primary styles of parenting: authoritative parenting, authoritarian parenting, and permissive parenting. Of the three, authoritative parenting has been found to produce the best outcomes in study after study. Authoritative parenting is a child-centered approach in which parents attempt to understand their children's thoughts and emotions and teach them to regulate their feelings. They tend to be forgiving and to allow

children to explore and make their own decisions. Authoritative parents also set clear standards for their children, and enforce consistent limits. Extensive research has demonstrated that children of authoritative parents are more likely to be successful, well liked by others, generous, and self-reliant. The power of authoritative parenting is explained in many books written for parents, including Laurence Steinberg's excellent book on adolescence, *Age of Opportunity* (New York: Mariner Books, 2015) and Madeline Levine's important and influential book, *The Price of Privilege* (New York: HarperCollins, 2006).

3. Recall the research of Steven Maier discussed in Chapter One. The rats in Maier's studies who had control over a stressful experience attempted to exert control in subsequent stressful situations, accompanied by strong activation of the prefrontal cortex, even when they had no actual control.
4. This theory was developed at Gordon Training International by its employee Noel Burch in the 1970s, www.gordontraining.com/free-workplace-articles/learning-a-new-skill-is-easier-said-than-done/#.
5. Rudolf Dreikurs, *Children: The Challenge* (1964; New York: Plume/ Penguin, 1990).

第三章

1. Collaborative problem solving is a method of parent-child interaction that grew out of work with oppositional and explosive children. Dr. Ross Greene and J. Stewart Albon developed this technique when it became clear to them that trying to force resistant children to comply (to show them who's boss) was ineffective, as neither threats nor rewards offered for compliance had any meaning to a child once he became stressed and could no longer think straight. Although this technique developed as a way of dealing with extremely difficult children, it's a good model for resolving conflict and for helping all children make good decisions. You can learn more about Ross Greene's work at livesinthebalance.org. Also, collaborative problem solving is discussed extensively in Dr. Greene's recent book, *Raising Human Beings: Creating a Collaborative Partnership with Your Child* (New York: Scribner, 2016). You can learn more about J. Stuart Ablon's work at thinkkids.org.

2. Lori Gottlieb, "How to Land Your Kid in Therapy," *Atlantic* (July/ August 2011).
3. Lois A. Weithorn et al., "The Competency of Children and Adolescents to Make Informed Treatment Decisions," Child Development 53 (1982): 1589–91.
4. The "adultness inventory" is discussed in detail in Robert Epstein's book, *Teen 2.0: Saving Our Children and Families from the Torment of Adolescence* (Fresno, CA: Quill Driver Books, 2010). Epstein argues that adolescents are highly creative, intelligent, and capable—and that they are infantilized by contemporary society. He points out that prior to the 1950s, adolescents spent most of their time with adults, wanting to be adults. They listened to the same music and saw the same movies that their parents did, as there was not, as yet, any such thing as a multibillion-dollar teen culture. He champions the competence of teens, who he believes should be able to marry, own property, and play other roles in society currently reserved for adults.
5. P. L. Spear, "The Biology of Adolescence" (paper presented at IOM Committee on the Science of Adolescence Workshop, Washington, DC, 2009). Laurence Steinberg, "Should the Science of Adolescent Brain Development Inform Public Health Policy?," *American Psychologist* 64, no. 8 (2009): 739–50.
6. The important role that emotions play in decision making was initially discovered by Antonio Damasio and reported in his book *Descartes' Error: Emotion, Reason and the Human Brain* (New York: Avon Books, 1994). Damasio's thinking is also presented in an article based on a recent interview with Jason Pontin, "The Importance of Feelings," *MIT Technology Review* (June 17,2014). In addition, see an excellent discussion of the important role that emotions play in children's learning and thinking in a chapter by Damasio and Mary Helen Immordino-Yang called "We Feel, Therefore We Learn: The Relevance of Affective and Social Neuroscience to Education," *Emotions, Learning, and the Brain: Exploring the Educational Implications of Affective Neuroscience* (New York: W. W. Norton & Company, 2016).
7. Daniel J. Siegel, *Brainstorm: The Power and Purpose of the Teenage Brain* (New York: TarcherPerigee, 2014). Laurence Steinberg, The Age of Opportunity (New York: Houghton Mifflin Harcourt, 2014).

第四章

1. Neil Strauss, "Why We're Living in the Age of Fear," *Rolling Stone,* October 6, 2016, 44.
2. Robert Epstein, "What Makes a Good Parent?," *Scientific American Mind,* Special Collectors Edition. Raise Great Kids: How to Help Them Thrive in School and Life. Vol. 25, No. 2, summer 2016. Epstein reports the results of a scientific analysis of parenting practices. The first most effective strategy was showing children love, affection, support, and acceptance through physical affection and spending one-on-one time together, while the second was reducing parental stress and attempting to lower the child's stress level. Parental stress management ranked higher even than maintaining a good relationship with a spouse (#3) and supporting autonomy and independence (#4). It ranked higher than offering children educational opportunities, using effective behavior management strategies, and trying to ensure a child's safety.
3. W. Thomas Boyce and Bruce J. Ellis, Biological Sensitivity to Context: I. An Evolutionary-Developmental Theory of the Origins and Functions of Stress Reactivity, *Development and Psychopatholog y* 17, no. 2 (Spring 2005), 271–301.The work of Boyce and Ellis is discussed in an article by Wray Herbert, "On the Trail of the Orchid Child," *Scientific American Mind,* November 1, 2011.
4. Numerous studies have supported the idea that stress is contagious. For example, a study by Eva Oberle found a link between teachers' self-reported levels of burnout and emotional exhaustion and higher cortisol levels in elementary school students; Eva Oberle and Kimberly Schonert-Reichl, "Stress Contagion in the Classroom? The Link Between Classroom Teacher Burnout and Morning Cortisol in Elementary School Students," *Social Science & Medicine* 159 (June 2016): 30–37, doi: 10.1016/ j.socscimed.2016.04.031.Also, a study of infants and their mothers found that when mothers participated in a stressful task, the babies' physiological reactions mirrored those of the mother's; Sara F. Waters et al., "Stress Contagion: Physiological Covariation Between Mothers and Infants," *Psychological Science* 25, no. 5 (April 2014): 934–42, doi:10.1177/ 0956797613518352.

5. Daniel P. Keating, *Born Anxious: The Lifelong Impact of Early Life Adversity—and How to Break the Cycle* (New York: St. Martin's Press, 2017).

6. Marilyn J. Essex, "Epigenetic Vestiges of Early Developmental Diversity: Childhood Stress Exposure and DNA Methylation in Adolescence," *Child Development* (2011), doi:10,1111/j.1467-8264.2011.01641.x. There is also a good summary of this article in a media release from the University of British Columbia, "Parents' Stress Leaves Lasting Marks on Children's Genes," UBC-CFRI Research, August 30, 2011.

7. Erin A. Maloney, "Intergenerational Effects of Parents' Math Anxiety on Children's Math Achievement and Anxiety," *Psychological Science* 26, no. 9 (2015). See also an article about this topic by Jan Hoffman, "Square Root of Kids' Math Anxiety: Their Parents' Help," New York Times, May 24, 2015.

8. Malcolm Gladwell, "The Naked Face," *New Yorker*, posted on Gladwell.com on August 5, 2002.

9. Robert Sapolsky, "How to Relieve Stress," *Greater Good*, University of California, Berkeley, March 22, 2012, greatergood.berkeley.edu/article/item/how_to_relieve_stress.

10. Golda S. Ginsberg et al., "Preventing Onset of Anxiety Disorders in Offspring of Anxious Parents: A Randomized Controlled Trial of a Family-Based Intervention," *American Journal of Psychiatry* 172, no. 12 (December 1, 2015): 1207–14.

11. Jeffrey E. Pela et al., "Child Anxiety Prevention Study: Impact on Functional Outcomes" *Child Psychiatry and Human Development* 48, no. 3 (July 8, 2016): 1– 11, doi:10.1007/ s,10578- 016- 0667-y.

12. Edwin H. Friedman, *A Failure of Nerve: Leadership in the Age of the Quick Fix* (New York: Seabury Books, 2007).

13. For a scientific review, see Michael J. Meaney, "Maternal Care, Gene Expression, and the Transmission of Individual Differences in Stress Reactivity Across Generations," *Annual Review of Neuroscience* 24, no. 1161–92 (March 2001), doi:10.1146/ annurev.neuro.24.1.1161.Another article that discusses the benefits of fostering rats with genetic vulnerability to anxiety to high-nurturing mothers is by Meaney and his colleagues: I. C. Weaver et al., "Epigenetic Programming by

Maternal Behavior," *Nature Neuroscience* 7 (published online June 27, 2004): 847–54, doi:10.1038/ nn1276. Meaney's research is also discussed in an article by Carl Zimmer, "The Brain: The Switches That Can Turn Mental Illness On and Off," *Discover*, June 16, 2010.

14. Ellen Galinsky, *Ask the Children: What America's Children Really Think About Working Parents* (New York: William Morrow, 1999). Galinsky asked a representative national sample of American children, third grade through twelfth grade, whose parents worked what they wished for their parents. Although parents expected that their children would wish for more time with parents, the children's top wish was actually for their parents to be happier and less stressed.
15. Lenore Skenazy, Free-Range Kids.com, "Crime Statistics," www.freerangekids.com/crime-statistics/.
16. Hanna Rosin, "The Overprotected Kid," *Atlantic*, April 2014.
17. Gary Emery and James Campbell, *Rapid Relief from Emotional Distress* (New York: Ballantine Books, 1987).
18. Byron Katie, *Loving What Is: Four Questions That Can Change Your Life* (New York: Crown Archetype, 2002).

第五章

1. Alfie Kohn, *Punished by Rewards: The Trouble with Gold Stars, Incentive Plans, A's, Praise, and Other Bribes* (New York: Houghton Mifflin Harcourt, 1999). See also Edward L Deci et al., "Extrinsic Rewards and Intrinsic Motivation in Education: Reconsidered Once Again," *Review of Educational Research* 71, no. 1 (Spring 2001): 1–27. Interestingly, a study conducted in 2010 tracked brain activation when subjects were offered financial incentives. The scientists found that activity in the anterior striatum and the prefrontal cortex correlated with diminished motivation: Kou Murayama et al., "Neural Basis of the Undermining Effect of Monetary Reward on Intrinsic Motivation," *Proceedings of the National Academy of Sciences of the United States of America* 107, no. 49 (2010): 20911–16, doi:10.1073/ pnas.1013305107.
2. Joseph Powers et al., "The Far-Reaching Effects of Believing People Can Change: Implicit Theories of Personality Shape Stress, Health, and Achievement During Adolescence," *Journal of Personality and Social Psycholog y* (2014), doi:10.1037/

a0036335. Carol S. Dweck, *Mindset: The New Psycholog y of Success* (New York: Random House, 2006).

3. Carol Dweck, "The Secret to Raising Smart Kids," *Scientific American*, January 1, 2015. https:// www.scientificamerican.com/article/the-secret-to-raising-smart-kids1/.

4. Christopher Niemiec and Richard M. Ryan, "Autonomy, Competence, and Relatedness in the Classroom: Applying Self-Determination Theory to Educational Practice," *Theory and Research in Education* 7, no. 2 (2009): 133–44, doi:10.1177/1477878509104318. We interviewed Edward Deci by telephone for this book.

5. The fact that the brain changes in response to experience was discovered, in part, by Marian Diamond, a neuroscientist at the University of California, Berkeley. Diamond describes the effects of experience on the brain—and the implications for child-rearing—in her book with Janet Hopson, *Magic Trees of the Mind* (New York: Dutton, 1998). The brain's changing response to experience is also discussed in a number of popular books, including Norman Doidge, MD's *The Brain That Changes Itself* (New York: Viking, 2007).

6. Steven Kotler, "Flow States and Creativity," PsychologyToday.com, February 25, 2014.

7. Reed W. Larson and Natalie Rusk, "Intrinsic Motivation and Positive Development," *Advances in Child Development and Behavior 41, Positive Youth Development* (2011). Richard M. Learner et al. (eds), *Advances in Child Development and Behavior*, Vol. 1, Burlington: Academic Press (2011): 89–130.

8. Diamond and Hopson, *Magic Trees of the Mind.*

9. Reed W. Larson and Natalie Rusk, "Intrinsic Motivation and Positive Development."

10. Although the differences in the performance of males and females on almost any metric are greater within gender than between genders, there are generalities that hold up. See Leonard Sax's book, *Why Gender Matters* (New York: Doubleday, 2005). Also, Simon Baron-Cohen, one of the world's experts on autism, theorizes that what characterizes the female brain primarily is a capacity for empathy, whereas what characterizes the typical male brain is a capacity for creating logical systems. See his book *The Essential Difference: The Truth About the Male and Female Brain* (New York: Basic Books,

2003). The eminent neuroscientist Adele Diamond has also told Bill that boys, on average, perform best under mild stress, whereas girls, on average, perform best under no stress at all. Personal communication, October 2010.

11. Studies by Nora Volkow and her colleagues have identified deficits in dopamine processing in adults with ADHD. Volkow refers to ADHD as a motivational deficit disorder, which she links to dysfunction in the dopamine reward pathway. It has also been discovered recently that stimulant medications such as Ritalin improve children's attention and self-control in large part by increasing the availability and uptake of dopamine. Nora D. Volkow et al., "Evaluating Dopamine Reward Pathway in ADHD: Clinical Implications," Journal of the American Medical Association 302, no. 10 (September 9, 2009): 1084–91, doi:10.1001/ jama.2009.1308. Nora D. Volkow et al., "Motivation Deficit in ADHD Is Associated with Dysfunction of the Dopamine Reward Pathway," *Molecular Psychiatry* 6, no. 11 (November 2011): 1147–54.

12. Many psychologists and motivational specialists have written about different "motivational styles" that are demonstrated by children, adolescents, and adults. See, for example, Richard Lavoie's *The Motivation Breakthrough* (New York: Touchstone, 2007). For understanding older adolescents and young adults, consider investigating TriMetrix, which holds that people tend to be primarily motivated by six different factors: knowledge, utility, surroundings, others, power, and methodologies.

13. Dustin Wax, "Writing and Remembering: Why We Remember What We Write," Lifehack.com, www.lifehack.org/articles/featured/writing-and-remembering-why-we-remember-what-we-write. html.

14. For a review of the benefits of peer tutoring, see Page Kalkowski, "Peer and Cross-Age Tutoring," Northwest Regional Educational Labortory School Improvement Research Series (March 1995), educationnorthwest.org/sites/default/files/peer-and-cross-age-tutoring. pdf. For dopamine spike, see Ian Clark and Guillaume Dumas, "Toward a Neural Basis for Peer-Interaction: What Makes Peer-Learning Tick?," *Frontiers in Psycholog y* 10 (February 2015), doi:org/ 10.3389/fpsyg.2015.00028.

15. Andrew P. Allen and Andrew P. Smith, "Chewing Gum: Cognitive Performance, Mood, Well-Being, and Associated

Physiology," Biomed Research International (May 17, 2015), doi:10.1155/ 2015/ 654806.

16. Ken Robinson with Lou Aronica, *The Element: How Finding Your Passion Changes Everything* (New York: Penguin, 2009), 2–6.

17. Julie Lythcott-Haims, *How to Raise an Adult: Break Free of the Overparenting Trap and Prepare Your Kid for Success* (New York: Henry Holt, 2015).

18. Stacy Berg Dale and Alan B. Krueger, "Estimating the Return to College Selectivity over the Career Using Administrative Earnings Data," National Bureau of Economic Research Working Paper No. w17159 (June 2011), https://ssrn.com/ abstract= 1871566.

19. Julie Ray and Stephanie Kafka, "Life in College Matters for Life After College," Gallup.com, May 6, 2014, www.gallup.com/ poll/ 168848/life-college-matters-life-college.aspx.

20. Anna Brown, "Public and Private College Grads Rank About Equally in Life Satisfaction," Pew Research Center Fact Tank, May 19, 2014, www.pewresearch.org/fact-tank/2014/ 05/ 19/public-and-private-college-grads-rank-about-equally-in-life-satisfaction/.

21. The big-fish-little-pond theory, developed by Herbert Marsh, has been replicated by studies in over thirty countries. See the article Herbert W. Marsh et al., "The Big-Fish-Little-Pond Effect Stands Up to Critical Scrutiny: Implications for Theory, Methodology, and Future Research," *Educational Psychology Review* 20, no. 3 (September 2008), 319–50.

22. Malcolm Gladwell, *David and Goliath* (New York: Little, Brown, 2013), 68.

第六章

1. Timothy D. Wilson et al., "Just Think: The Challenges of the Disengaged Mind," *Science* 345, no. 6192 (July 4, 2014): 75–77 doi:10.1126/ science.1250830.

2. Marcus E. Raichle et al., "A default mode of brain function," Proceedings of the National Academy of Sciences 98, no.

2 (2001): 676–682, doi:10.1073/ pnas.98.2.676. Also see Mary Helen Immordino-Yang et al., "Rest Is Not Idleness: Implications of the Brain's Default Mode for Human Development and Education," *Perspectives on Pyschological Science* 7, no. 4 (2012), doi: 10.1177/745691612447308, http://journals.sagepub.com/doi/abs/10.1177/1745691612447308.

3. Marcus E. Raichle, "The Brain's Dark Energy," *Scientific American*, March 2010, 44–49.

Virginia Hughes, "The Brain's Dark Energy," The Last Wordon Nothing.com, October 6, 2010, www.lastwordonnothing.com/2010/10/06/brain-default-mode/.

4. Interestingly, recent research has found that substantial activity in the DMN is observed during sleep, although there's a disconnect during sleep between the DMN systems in the front of the brain and the back of the brain. Silvina G. Horovitz et al., "Decoupling of the Brain's Default Mode Network DuringDeep Sleep," *Proceedings of the National Academy of Sciences* 106, no. 7 (2009): 11376–381, doi:10.1073/pnas.0901435106.

5. Jerome L. Singer, *Daydreaming: An Introduction to the Experimental Study of Innerexperience* (New York: Random House, 1966). An article by Rebecca McMillan, Scott Barry Kaufman, and Jerome Singer called "Ode to Positive and Constructive Daydreaming" provides a detailed summary of research on the benefits of letting the mind wander; *Frontiers in Psycholog y* 4 (September 2013): 626, doi:10.3389/ fpsyg.2013.00626.

6. Daniel J. Levitin, *The Organized Mind: Thinking Straight in the Age of Information Overload* (New York: Dutton (2014). See also: Daniel J. Levitin, "Hit the Reset Button in Your Brain," *New York Times*, August 10, 2014.

7. Carlo Rovelli, *Seven Brief Lessons on Physics* (New York: Riverhead Books, 2016), 3–4.

8. Immordino-Yang et al., "Rest Is Not Idleness."

9. Sherry Turkle, "Reclaiming Conversation" (talk given at Google, Cambridge, MA, October 30, 2105), video, produced by Talks at Google, www.youtube.com/watch? v=awFQtX7tPoI& amp;t=1966s.

10. Adam J. Cox, "The Case for Boredom," *New Atlantis* 27 (Spring 2010): 122–25.

11. Olivia Goldhill, "Psychologists Recommend Children Be Bored in the Summer," Quartz Media (June 11, 2016),

qz.com/704723/to-be-more-self-reliant-children-need-boring-summers/.

12. Sarah Zoogman et al., "Mindfulness Interventions with Youth: A Meta-Analysis," *Springer Science and Business Media* (Spring 2014), doi:10.1007/s12671-013-0260-4.This meta-analysis reviewed the results of twenty studies of mindfulness practices with children and teenagers. The authors concluded that mindfulness interventions can be helpful but generally have small to moderate effects. The largest treatment effect size was found in the reduction of psychological symptoms (more than improvement in other areas). A stronger treatment effect was found in clinical samples (e.g., children with anxiety disorders) than nonclinical samples. See also Katherine Weare, "Evidence for the Impact of Mindfulness on Children and Young People," The Mindfulness in Schools Project, University of Exeter Mood Disorders Centre (April 2012), mindfulnessinschools.org/wp-content/uploads/2013/02/MiSP-Research-Summary-2012.pdf.

13. Alberto Chiesa and Alessandro Serretti, "A Systematic Review of Neurobiological and Clinical Features of Mindfulness Meditations," *Psychological Medicine* 40, no 8 (November 2009), 1239–52, doi:10.1017/ s0033291709991747. Matthieu Ricard, "Mind of the Meditator," *Scientific American* (November 2014), 38–45.

14. Michael Dillbeck and David Orme-Johnson, "Physiological Differences Between Transcendental Meditation and Rest," *American Psychologist* 42, no. 9 (September 1987): 879–81, doi:10.1037/0003-066x.42.9.879.

15. Michael Dillbeck and Edward Bronson, "Short-Term Longitudinal Effects on EEG Power and Coherence," *International Journal of Neuroscience* 14, no.3–4 (1981): 147–51.There have been over 340 peer-reviewed articles describing the effects of TM. Many of the most important of these are discussed in the best general introduction to TM, a book written by the psychiatrist and scientist Norman Rosenthal, MD, who discovered seasonal affective disorder. Dr. Rosenthal's book, *Transcendence*, offers an excellent discussion of the research and practical benefits of TM from the standpoint of a clinician and scientist. His second book on TM, *Super Mind*, discusses the ways in which meditation changes the mind over time. Norman E. Rosenthal, *Transcendence: Healing and Transformation Through Transcendental Meditation* (New York: Jeremy P. Tarcher/ Penguin, 2012). Rosenthal, *Super Mind: How to Boost Performance and Live a Richer and Happier Life*

Through Transcendental Meditation (New York: Tarcher/ Perigee, 2016).
16. A comprehensive discussion of the documented benefits of TM for children and adolescents appears in a chapter written by Bill. William Stixrud and Sarina Grosswald, "The TM Program and the Treatment of Childhood Disorders," in *Prescribing Health: Transcendental Meditation in Contemporary Medical Care*, ed. David O'Connell and Deborah Bevvino (Lanham, MD: Rowman & Littlefield, 2015).
17. Both of Dr. Rosenthal's books include extensive discussion of the use of Transcendental Meditation in schools. Chapter 8 of *Transcendence*, called "An Island of Safety in a Sea of Trouble," discusses the remarkable effects of the Quiet Time Program, which has been implemented in a number of low-income schools across the country. In *Super Mind*, he discusses recent studies conducted with college-age students at universities and military academies. For another interesting account of the effects of the Quiet Time Program see Jennie Rothenberg Gritz, "Mantras Before Math Class," *Atlantic*, November 10, 2015, www.theatlantic.com/education/archive/2015/11/mantras-before-math-class/412618/.

第七章

1. K. M. Keyes et al., "The Great Sleep Recession: Changes in Sleep Duration Among U.S. Adolescents, 1991–2012," *Pediatrics* 135, no. 3 (March 2015): 460–68, doi:10.1542/ peds.2014-2707.
2. Brown University, "Early School Start Times Pit Teens in a Conflict Between Society, Biology," Brown.edu, *News from Brown*, April 12, 2017, news.brown.edu/articles/2017/04/teens.
3. Valerie Strauss, "Teens Waking Up to Unique Sleep Needs," *Washington Post*, January 10, 2006.
4. Craig Lambert, "Deep into Sleep: While Researchers Probe Sleep's Functions, Sleep Itself Is Becoming a Lost Art," *Harvard Magazine*, July–August 2005, 25–33.
5. Bruce McEwen with Elizabeth Norton Lasley, *The End of Stress As We Know It* (Washington, DC: National Academies Press, 2012).

6. A. N. Goldstein and M. P. Walker, "The Role of Sleep in Emotional Brain Function," *Annual Review of Clinical Psychology* 10 (2014): 679–708. See also two articles by Yasmin Anwar about Walker's research: "Sleep Loss Linked to Psychiatric Disorders," Berkeley.edu, *UC Berkeley News*, October 22, 2007 and "Tired and Edgy? Sleep Deprivation Boosts Anticipatory Anxiety," News.Berkeley. edu, *Berkeley News*, June 25, 2013.Additionally, see the report of an interview with Matthew Walker in Jill Suttie, "Why You Should Sleep Your Way to the Top," *Greater Good*, University of California, Berkeley, December 14, 2013.
7. Juliann Garey, "Teens and Sleep: What Happens When Teenagers Don't Get Enough Sleep," *Child Mind Institute*, childmind.org/ article/happens-teenagers-dont-get-enough-sleep/.
8. Robert Stickgold, "Beyond Memory: The Benefits of Sleep," *Scientific American*, September 15, 2015.
9. Seung-Schik Yoo et al., "The Human Emotional Brain Without Sleep—A Prefrontal Amygdala Disconnect," *Current Biology* 17, no. 20 (October 23, 2007): 877–78.
10. Goldstein and Walker, "The Role of Sleep in Emotional Brain Function."
11. Po Bronson and Ashley Merryman, *NurtureShock: New Thinking About Children* (New York: Twelve Books, 2009), 41.
12. N. K. Gupta et al., "Is Obesity Associated with Poor Sleep Quality in Adolescents?," *American Journal of Human Biology* 14, no. 6 (November–December 2002), 762–68, doi:10.1002/ajhb.10093.
13. N. F. Watson et al., "Transcriptional Signatures of Sleep Duration Discordance in Monozygotic Twins," *Sleep* 40, no. 1 (January 2017), doi:10.1093/sleep/zsw019.
14. American Cancer Society, "Known and Probable Human Carcinogens," Cancer.org (November 3, 2016), www.cancer.org/cancer/cancer-causes/general-info/known-and-probable-human-carcinogens. html.
15. Avi Sadeh et al., "The Effects of Sleep Restriction and Extension on School-Aged Children: What a Difference an Hour Makes," *Child Development* 74, no. 2 (March/ April 2003): 444–55.
16. Indre Viskontas, "9 Reasons You Really Need to Go to Sleep," *Mother Jones* (January 16, 2015), www.motherjones.com/

environment/2015/01/inquiring-minds-matt-walker/.

17. Matthew Walker et al.,"Practice with Sleep Makes Perfect: Sleep-Dependent Motor Skill Learning," *Neuron* 35, no. 1 (July 3, 2002): 205–11, walkerlab.berkeley.edu/reprints/Walker%20et%20al._Neuron_2002.pdf.

18. Amy R. Wolfson et al., "Understanding Adolescents' Sleep Patterns and School Performance: A Critical Appraisal," *Sleep Medicine Reviews* 7, no. 6 (2003): 491–506, doi:10.1053/ smrv.2002.0258.

19. Mark Fischetti, "Sleepy Teens: High School Should Start Later in the Morning," August 26, 2014, blogs.scientificamerican.com/observations/sleepy-teens-high-school-should-start-later-in-the-morning/. Kyla Wahlstrom, "Changing Times: Findings from the First Longitudinal Study of High School Start Times," *NASSP Bulletin* 86, no. 633 (December 1, 2002): 3–21.20. Suttie, "How Sleep Makes You Smart."

21. National Sleep Foundation, "National Sleep Foundation Recommends New Sleep Times," February 2, 2015, sleepfoundation.org/press-release/national-sleep-foundation-recommends-new-sleep-times.

22. Personal communication with The Stixrud Group, September 8, 2011.

23. One study of children with ADHD found that 50 percent showed signs of sleep-disordered breathing; N. Golin et al., "Sleep Disorders and Daytime Sleepiness in Children with Attention-Deficit/Hyperactivity Disorder," *Sleep* 27, no. 2 (March 15, 2004): 261–66.

24. Kyla Wahlstrom, "Later Start Times for Teens Improve Grades, Mood, Safety" *Phi Delta Kappan*, kappanonline.org.

25. Helene A. Emsellem, *Snooze. . . or Lose!: 10 "No-War" Ways to Improve Your Teen's Sleep Habits* (Washington, DC: Joseph Henry Press, 2006).

26. Ned has, on more than one occasion, paid students to go to bed early the week of their big tests. When Bill lectures about sleep, parents frequently tell him that having a reasonable bedtime is linked to allowance.

27. Jennifer L. Temple, "Caffeine Use in Children: What We Know, What We Have Left to Learn, and Why We Should Worry," *Neuroscience Biobehavioral Reviews* 33, no. 6 (June 2009): 793–806, doi:10.1016/ j.neubiorev.2009.01.001.

28. B. E. Statland and T. J. Demas, "Serum Caffeine Half-Lives. Healthy Subjects vs. Patients Having Alcoholic Hepatic Disease," *American Journal of Clinical Pathology* 73, no. 3 (March 1980): 390–93, www.ncbi.nlm.nih.gov/pubmed/7361718?dopt=Abstract.

29. Cheri Mah et al., "The Effects of Sleep Extension on the Athletic Performance of Collegiate Basketball Players," *SLEEP* 34, no. 7 (July 1, 2011): 943–50, doi:10.5665/SLEEP.1132.In the following 2016 interview, Mah, who has been consulting with the world champion Golden State Warriors, recommends that elite athletes get eight to ten hours of sleep a night. Alec Rosenberg, "How to Sleep Like a Pro," University of California, News, www.universityofcalifornia/news/how-sleep-pro-athlete.

第八章

1. Ellen Skinner and Teresa Greene, "Perceived Control: Engagement, Coping, and Development," in *21st Century Education: A Reference Handbook,* vol. 1, ed. Thomas L. Good (Newbury Park, CA: Sage Publications, 2008).

2. Denise Clark Pope makes this same point in her important book, *Doing School.* Pope followed five highly motivated students in an affluent suburban high school in Los Angeles for a year. All five students told her that they were "doing school," as they only committed effort to school-related tasks that would help them get a good grade or build their academic resume. Pope, *Doing School: How We Are Creating a Generation of Stressed-Out, Materialistic, and Miseducated Students* (New Haven, CT: Yale University Press, 2003).

3. Richard M. Ryan and Edward L. Deci, "Promoting Self-Determined School Engagement: Motivation, Learning, and Well-Being," in *Handbook of Motivation at School*, ed. Kathryn R. Wentzel and Allan Wigfield (New York: Routledge, 2009).

4. Dinah Sparks and Matt Malkus, "Public School Teacher Autonomy in the Classroom Across School Years 2003–04, 2007–08, and 2011–12," U.S. Department of Education, National Center for Education Statistics (December 2015), 4.

5. David Diamond, "Cognitive, Endocrine and Mechanistic Perspectives on Non-Linear Relationships Between Arousal

and Brain Function," *Nonlinearity in Biology, Toxicology, and Medicine* 3, no. 1 (January 2005): 1–7, doi:10.2201/ nonlin.003.01.001.

6. Scientists have concluded that inhibition, working memory, and cognitive flexibility are the three core executive functions, as these are the executive skills that are most evident early in life. We don't generally think to assess infants' organizational or planning skills, but even in the first year of life we see improvements in their ability to inhibit their behavior, to hold an idea or image in mind, and to try different approaches to solving a problem if the first way doesn't work. Adele Diamond and Kathleen Lee, "Interventions Shown to Aid Executive Function Development in Children 4–12 Years Old," *Science* 333, no. 6045 (August 2011): 959–964, doi:10.1126/ science.1204529.

7. Tracy and Ross Alloway, *New IQ: Use Your Working Memory to Work Stronger, Smarter, Faster* (New York: Fourth Estate, 2014).

8. A great resource for parents who want to support a healthy academic environment for their kids is Stanford University's Challenge Success Web site: www.challengesuccess.org/ parents/parenting-guidelines/.

9. F. Thomas Juster et al., "Changing Times of American Youth: 1981–2003," University of Michigan Institute for Social Research, ns.UMich.edu, *University of Michigan News* (November 2004), ns.umich.edu/ Releases/ 2004/Nov04/ teen_ time_ report.pdf.

10. Robert M. Pressman et al., "Homework and Family Stress: With Consideration of Parents' Self Confidence, Educational Level, and Cultural Background," *American Journal of Family Therapy* 43, no. 4 (July 2015): 297–313.

11. Mollie Galloway et al., "Nonacademic Effects of Homework in Privileged, High-Performing High Schools," *Journal of Experimental Education* 81, no. 4 (2013): 490–510.

12. Harris Cooper et al., "Does Homework Improve Academic Achievement? A Synthesis of Research, 1987–2003," *Review of Educational Research*, 76, no. 1 (2006), doi:10.310/00346543071001001.See also Alfie Kohn, *The Myth of Homework* (Cambridge, MA: Da Capo Press, 2007).

13. A. V. Alpern, "Student Engagement in High Performing Urban High Schools: A Case Study," (PhD diss., University of Southern California, 2008).
14. Pasi Sahlberg, *Finnish Lessons: What Can the World Learn from Educational Change in Finland?* (New York: Teachers College Press, 2011). Ellen Gamerman, "What Makes Finnish Kids So Smart?," *Wall Street Journal* (February 29, 2008), www.wsj.com/ articles/SB120425355065601997. Amanda Ripley, *The Smartest Kids in the World* (New York: Simon & Schuster, 2014).
15. Sahlberg cited the Organization for Economic Cooperation and Development (OECD) for this finding.
16. Sahlberg, *Finnish Lessons*.
17. See Maryanne Wolf, *Proust and the Squid* (New York: Harper Perennial, 2008): 94–96.
18. Donna St. George, "Three Out of Four High Schoolers Failed Algebra 1 Final Exams in Md. District," *Washington Post*, July 22, 2015.
19. Jessica Lahey, "Students Should Be Tested More, Not Less," *Atlantic*, January 21, 2014, www.theatlantic.com/education/archive/2014/01/students-should-be-tested-more-not-less/283195/.
20. Bill recently coauthored a chapter in an excellent book on the integration of the arts in instruction: William Stixrud and Bruce A. Marlowe, "School Reform with a Brain: The Neuropsychological Foundation for Arts Integration," in *Arts Integration in Education*, ed. Gail Humphries Mardirosian and Yvonne Pelletier Lewis (Bristol, UK: Intellect Ltd., 2016).
21. Jennie Rothenberg Gritz, "Mantras Before Math Class," *Atlantic*, November 10, 2015, www.theatlantic.com/education/archive/2015/11/mantras-before-math-class/412618/.

第九章

1. Amanda Lenhart, "Teens, Social Media & Technology Overview 2015," Pew Research Center, April 9, 2015, www.pewinternet.org/2015/04/09/a-majority-of-american-teens-report-access-to-a-computer-game-console- smartphone-

and-a-tablet/.

2. Aric Sigman, "Time for a View on Screen Time," *Archives of Disease in Childhood* 97, no. 11 (October 25, 2012), adc.bmj.com/ content/ 97/ 11/ 935.

3. Amanda Lenhart, "Teens, Smartphones & Texting," Pew Research Center, March 19, 2012, www.pewinternet.org/2012/03/19/teens-smartphones- texting/.

4. Kaiser Family Foundation, "Daily Media Use Among Children and Teens Up Dramatically from Five Years Ago," KFF.org, January 10, 2010, kff.org/disparities-policy/press-release/daily-media-use-among-children-and-teensup-dramatically-from-five-years-ago/.

5. In a study from University of Maryland's International Center for Media & the Public Agenda, two hundred students were challenged to forgo media for a day and blog about it. The blogs conveyed their anxiety at feeling cut off; Philip Merrill College of Journalism, "Merrill Study: Students Unable to Disconnect," University of Maryland, Merrill.umd.edu, merrill.umd.edu/2010/04/merrill-study-college-students-unable-to-disconnect/.

6. Adam Alter, *Irresistible: The Rise of Addictive Technology and the Business of Keeping Us Hooked* (New York: Penguin Press, 2017).

7. Nick Bilton, "Steve Jobs Was a Low-Tech Parent," *New York Times*, September 10, 2014, www.nytimes.com/2014/09/11/fashion/steve-jobs-apple-was-a-low-tech-parent.html?_ r= 0.

8. Larry D. Rosen, *Rewired* (New York: St. Martin's Griffin, 2010).

9. Tracy Hampton, "Can Video Games Help Train Surgeons?," Beth Israel Deaconess Medical Center, bidmc.org, March 2013, www.bidmc.org/YourHealth/Health-Notes/SurgicalInnovations/ Advances/VideoGames.aspx.

10. Daphne Bavelier and C. Shawn Green, "Brain Tune-up from Action Video Game Play," *Scientific American*, July 2016.

11. When participants in a study at Michigan State University were interrupted for 2.8 seconds while performing a task, they were twice as likely to make errors as when not interrupted. Harvard Business Review Staff, "The Multitasking Paradox,"

Harvard Business Review, March 2013, hbr.org/2013/03/the-multitasking-paradox; MSU Today, "Brief Interruptions Spawn Errors," msutoday.msu.edu, msutoday.msu.edu/ news/ 2013/brief-interruptions- spawn-errors/.

12. Jane McGonigal, "Gaming Can Make a Better World," TED Talk, February 2010, www.ted.com/talks/ jane_mcgonigal_gaming_can_make_a_better_world#t-11825.
13. Michael S. Rosenwald, "Serious Reading Takes a Hit from Online Scanning and Skimming," *Washington Post*, April 6, 2014, www.washingtonpost.com/local/serious-reading-takes-a-hit-from-online-scanning-and-skimming-researchers-say/2014/04/06/088028d2-b5d2-11e3-b899-20667de76985_story.html?utm_term=.63a22afe15f7.
14. Larry Rosen, *Rewired*. Ian Jukes et al., *Understanding the Digital Generation: Teaching and Learning in the New Digital Landscape* (Thousand Oaks, CA: Corwin, 2010).
15. George Beard, *American Nervousness: Its Causes and Consequences—A Supplement to Nervous Exhaustion (Neurasthenia)* (South Yarra, Australia: Leopold Classic Library, 2016).
16. Lisa Eadicicco, "Americans Check Their Phones 8 Billion Times a Day," *Time*, December 15, 2015, time.com/ 4147614/ smartphone-usage-us-2015/.
17. Kelly Wallace, "Half of Teens Think They're Addicted to Their Smartphones," CNN, July 29, 2016, www.cnn.com/2016/05/03/health/teens- cell-phone-addiction-parents/.
18. Larry D. Rosen et al., "Media and Technology Use Predicts Ill-Being Among Children," *Computers in Human Behavior* 35 (June 2014): 364–75, doi:10.1016/ j.chb.2014.01.036. Sigman, "Time for a View on Screen Time."
19. When asked during a 2014 lecture if technology causes these problems, or if kids with attention and behavioral problems are drawn more to technology, Larry Rosen said that his studies and those of others have controlled for so many variables that tech seems to cause the problems.
20. Jean M. Twenge, "Have Smartphones Destroyed a Generation?" *The Atlantic*, September 2017.
21. Sigman, "Time for a View on Screen Time."

22. Teddy Wayne, "The Trauma of Violent News on the Internet," *New York Times*, September 10, 2016, www.nytimes.com/2016/09/11/fashion/the-trauma-of-violent-news-on-the-internet.html.
23. H. B. Shakya and N. A. Christakis, "Association of Facebook Use with Compromised Well-Being: A Longitudinal Study," *American Journal of Epidemiolog y* 185, no. 2 (February 1, 2017): 203–211.
24. Jessica Contrera, "13, Right Now," *Washington Post*, May 25, 2016, www.washingtonpost.com/sf/style/2016/05/25/13-right-now-this-is-what-its-like-to-grow-up-in-the-age-of-likes-lols-and-longing/.
25. Larry Rosen, *iDisorder: Understanding Our Obsession with Technolog y and Overcoming Its Hold on Us* (New York: St. Martin's Press, 2013).
26. MTV Networks, "MTV's 'The Millennial Edge: Phase 3,'" *Consumer Insights*, Viacom, March/ April 2011, www.viacom.com/inspiration/ConsumerInsight/VMN% 20Consumer%20Insights% 20Newsletter% 20MARCHAPRIL%202011.pdf.
27. Amanda Lenhart et al., "Teens and Mobile Phones—Chapter Three: Attitudes Toward Cell Phones," Pew Research Center, April 20, 2010, www.pewinternet.org/2010/04/20/chapter-three-attitudes-towards-cell-phones/. Peter G. Polos et al., "The Impact of Sleep Time-Related Information and Communication Technology (STRICT) on Sleep Patterns and Daytime Functioning in American Adolescents," *Journal of Adolescence* 44 (October 2015): 232–44, www.ncbi.nlm.nih.gov/pubmed/ 26302334.
28. Douglas Gentile,"Pathological Videogame Use Among Youth 8–18: A National Study,"*Psychological Science* 20, no. 5 (May 2009): 594–602.Gentile et al., "Pathological Videogame Use Among Youth: A Two-Year Longitudinal Study," *Pediatrics* 127, no. 2 (February 2011): e319–e329.
29. Ben Carter et al., "Association Between Portable Screen-Based Media Device Access or Use and Sleep Outcomes," *JAMA Pediatrics* 170, no. 12 (December 2016): 1202–8.
30. Nicholas Bakalar, "What Keeps Kids Up at Night? Cellphones and Tablets," *New York Times*, October 31, 2016, www.nytimes.com/2016/10/31/well/mind/what-keeps-kids-up-at-night-it-could-be-their-cellphone.html.

31. Sara Konrath et al., "Changes in Dispositional Empathy in American College Students over Time," *Personality and Social Psycholog y Review* 15, no. 2 (May 2011):180–98.
32. John Bingham, "Screen Addict Parents Accused of Hypocrisy by Their Children," *Telegraph*, July 22, 2014, www.telegraph.co.uk/technology/news/10981242/Screen-addict-parents-accused-of-hypocrisy-by-their-children.html.
33. Beard, *American Nervousness*.
34. For kids' exposure to greenery around schools: Olga Khazan, "Green Space Makes Kids Smarter," *Atlantic,* June 16, 2015, www.theatlantic.com/health/archive/2015/06/green-spaces-make-kids-smarter/395924/. For adults: Ruth Ann Atchley et al., "Creativity in the Wild: Improving Creative Reasoning through Immersion in Natural Settings," *PLoS One* 7, no. 12 (December 12, 2012), journals.plos.org/plosone/article?id=10.1371/journal.pone.0051474; C. J. Beukeboom et al., "Stress-Reducing Effects of Real and Artificial Nature," *Journal of Alternative and Complementary Medicine* 18, no. 4 (2012): 329–33; and Byoung-Suk Kweon et al., "Anger and Stress: The Role of Landscape Posters in an Office Setting," Environment and Behavior 40, no. 3 (2008): 355.
35. Yalda T. Uhls et al., "Five Days at Outdoor Education Camp Without Screens Improves Preteen Skills with Nonverbal Emotion Cues," *Computers in Human Behavior* 39 (October 2014): 387–92.
36. Rosen, "Media and Technology Use Predicts Ill-Being Among Children."
37. Matt Richtel, "A Silicon Valley School That Doesn't Compute," *New York Times*, October 22, 2011, www.nytimes.com/2011/10/23/technology/at-waldorf-school-in-silicon-valley-technology-can-wait.html? mcubz= 0.
38. A frequently cited study by David Meyer and colleagues is J. S. Rubinstein, D. E. Meyer, & J. E. Evans, (2001). "Executive Control of Cognitive Processes in Task Switching," *Journal of Experimental Psycholog y: Human Perception and Performance*, 27(4), 763–97. The work of Meyer and colleagues is also discussed in a number of articles in the popular press. See, for example: "Study: Multitasking Is Counterproductive (Your Boss May Not Like This One)" CNN.com, August 7, 2001; Robin Marantz Heing, "Driving? Maybe You Shouldn't Be Reading This," *New York Times*, July 13,

2004.

39. Christine Rosen, “The Myth of Multitasking,” *New Atlantis* 20 (Spring 2008): 105–10.
40. Howard Gardner, *The App Generation* (New Haven, CT: Yale University Press, 2014).
41. Office for National Statistics, “Measuring National Well-Being: Insights into Children’s Mental Health and Well-Being,” ons.gov.uk, October 20, 2015, www.ons.gov.uk/peoplepopulationandcommunity/wellbeing/articles/measuringnationalwellbeing/ 2015-10-20.
42. Gentile, “Pathological Videogame Use among Youth 8–18: A National Study.”
43. Aviv M. Weinstein, “New Developments on the Neurobiological and Pharmaco-Genetic Mechanisms Underlying Internet and Videogame Addiction,” *Directions in Psychiatry* 33, no. 2 (January 2013): 117–34.
44. Allison Hillhouse, “Consumer Insights: New Millennials Keep Calm & Carry On,” *Blog. Viacom*, October 8, 2013, blog.viacom.com/2013/10/mtvs-the-new-millennials-will-keep-calm-and-carry-on/.
45. Dan Steinberg, “College Kids Giving Up Their Cellphones: The Incredible Tale of the Maryland Women’s Team,” *Washington Post*, April 2, 2015, www.washingtonpost.com/news/dc-sports-bog/wp/2015/04/02/college-kids-giving-up-their-cellphones-the-incredible-tale-of-the-maryland-womens-team/.

第十章

1. Sarah Ward offers an excellent seminar on improving executive functions in students using an approach she developed with her colleagues at Cognitive Connections in Boston. This approach emphasizes beginning with the end in mind.
2. Alvaro Pascual-Leone et al., “Modulation of Muscle Responses Evoked by Transcranial Magnetic Stimulation During the Acquisition of New Fine Motor Skills,” *Journal of Neurophysiology* 74, no. 3 (September 1995): 1037–45. This research is also discussed in a fascinating Time magazine article on how the brain changes in response to experience: Sharon Begley, “How the Brain Rewires Itself,” Time, January 19, 2005.

3. Gabriele Oettingen and Peter Gollwitzer, "Strategies of Setting and Implementing Goals," in *Social Psychological Foundations of Clinical Psychology*, ed. James E. Maddux and June Price Tangney (New York: Guilford Press, 2010), 114–35.

4. Pamela Weintraub, "The Voice of Reason," *Psychology Today*, May 4, 2015, www.psychologytoday.com/articles/201505/the-voice-reason.

5. Kristin Neff, "Why Self-Compassion Trumps Self-Esteem," *Greater Good*, University of California, Berkeley, May 27, 2011, greatergood.berkeley.edu/article/item/try_selfcompassion.

6. Po Bronson and Ashley Merryman, "Why Can Some Kids Handle Pressure While Others Fall Apart?," *New York Times Magazine*, February 16, 2013, www.nytimes.com/2013/02/10/magazine/why-can-some-kids-handle-pressure-while-others-fall-apart.html.

7. John J. Ratey, MD, *Spark: The Revolutionary New Science of Exercise and the Brain* (New York: Little, Brown, 2008).

8. John J. Ratey, MD, *A User's Guide to the Brain: Perception, Attention, and the Four Theaters of the Brain* (New York: Vintage Books, 2002).

9. Robin Marantz Henig, "Taking Play Seriously," *New York Times Magazine*, February 17, 2008, www.nytimes.com/2008/02/17/magazine/17play.html.

第十一章

1. Edward L. Deci et al., "Autonomy and Competence as the Motivational Factors in Students with Learning Disabilities and Emotional Handicaps," *Journal of Learning Disabilities* 25 (1992): 457–71.

2. N. M. Shea et al., "Perceived Autonomy Support in Children with Autism Spectrum Disorder," *Autism* 3, no. 2 (2013), doi:10.4172/2165-7890.1000114.

3. Margaret H. Sibley, "Supporting Autonomy Development in Teens with ADHD: How Professionals Can Help," *ADHD*

Report 25, no. 1 (February 2017).

4. Institute of Education Sciences, "Children and Youth with Disabilities," U.S. Department of Education, National Center for Education Statistics, updated May 2017, https://nces.ed.gov/programs/coe/indicator_cgg.asp.

5. Centers for Disease Control and Prevention, "Autism Spectrum Disorder ASD)," www.cdc.gov/ ncbddd/ autism/ index.html.

6. John Salamone and Merce Correa, "The Mysterious Motivational Functions of Mesolimbic Dopamine," *Neuron* 76, no. 3 (November 8, 2012): 470–85, doi:10.1016/ j.neuron.2012.10.021.

7. Sibley, "Supporting Autonomy Development in Teens with ADHD: How Professionals Can Help."

8. P. Shaw et al., "Development of Cortical Surface Area and Gyrification in Attention-Deficit/Hyperactivity Disorder," *Biological Psychiatry* 72, no. 3 (2012): 191, doi:10.1016/ j.biopsych.2012.01.031.National Institutes of Health, "Brain Matures a Few Years Late in ADHD, but Follows Nor- mal Pattern," News Release, November 12, 2007, www.nih.gov/news-events/news-releases/brain-matures-few-years-late-adhd-follows-normal-pattern.

9. Sarina J. Grosswald et al., "Use of the Transcendental Meditation Technique to Reduce Symptoms of Attention Deficit/Hyperactivity Disorder (ADHD) by Reducing Stress and Anxiety: An Exploratory Study," *Current Issues in Education* 10, no. 2 (2008). Frederick Travis et al., "ADHD, Brain Functioning and Transcendental Meditation Practice," *Mind and Brain, the Journal of Psychiatry* 2, no. 1 (2011): 73–81.

10. Lisa Flook et al., "Effects of Mindful Awareness Practices on Executive Functions in Elementary School Children," *Journal of Applied School Psychology* 26, no. 1 (February 2010): 70–95, doi:10.1080/ 15377900903379125. Saskia van der Oord et al., "The Effectiveness of Mindfulness Training for Children with ADHD and Mindful Parenting for their Parents," *Journal of Child and Family Studies* 21, no. 1 (February 2012): 139–47, doi:10.1007/s10826-011-9457-0.

11. Sibley's STAND program is described in the new book: Margaret H. Sibley, *Parent-Teen Therapy for Executive Function Deficits and ADHD: Building Skills and Motivation* (New York: Guilford Press, 2016).

12. Tiziana Zalla, "The Amygdala and the Relevance Detection Theory of Autism," *Frontiers in Human Neuroscience* 30 (December 2013), doi:org/10.3389/ fnhum.2013.00894.
13. These strategies are included in the new Unstuck and On Target! Program developed by Lauren Kenworthy, an autism specialist at Children's National Medical Center, and special educators from the Ivymount School's Model Asperger Program. These and other approaches are discussed in a book written for teachers and a book written for parents. For teachers: Lynn Cannon et al., *Unstuck & On Target!: An Executive Function Curriculum to Improve Flexibility for Children with Autism Spectrum Disorders*, research edition (Baltimore: Paul H. Brookes Publishing, 2011). For parents: Lauren Kenworthy, *Solving Executive Function Challenges: Simple Ways of Getting Kids with Autism Unstuck & On Target* (Baltimore: Paul H. Brookes Publishing,2014).
14. The use of yoga as a tool for treating students with autism spectrum disorders was pioneered by Molly Kenny. The application of her Integrated Movement Therapy with students is discussed in Kenny, "Integrated Movement Therapy ™ : Yoga-Based Therapy as a Viable and Effective Intervention for Autism Spectrum and Related Disorders," *International Journal of Yoga Therapy* 12, no. 1, (2002): 71–79. For the use of mindfulness in youth with ASD and their caregivers, see: Rebekah Keenan-Mount et al., "Mindfulness-Based Approaches for Young People with Autism Spectrum Disorder and Their Caregivers: Do These Approaches Hold Benefits for Teachers?," *Australian Journal of Teacher Education* 41, no. 6 (2016), doi:/10.14221/ajte.2016v41n6.5. See also Nirbhay N. Singh et. al., "A Mindfulness-Based Strategy for Self-Management of Aggressive Behaviors in Adolescents with Autism,"*Research in Autism Spectrum Disorders* 5, no. 3 (2011): 1153–58, doi:10.1016/ j.rasd.2010.12.012.Regarding TM practice and kids with ADHD, a series of case studies have been published: Yvonne Kurtz, "Adam, Asperger's Syndrome, and the Transcendental Mediation Technique," *Autism Digest* (July/ August 2011): 46–47, www.adhd-tm.org/pdf/aspergers-JulAUG2011.pdf; David O. Black et al., "Transcendental Meditation for Autism Spectrum Disorders? A Perspective," *Cogent Psychology* 2, no. 1 (2015), doi:org/10.1080/ 23311908.2015.1071028. The latter paper, written by David Black, an autism researcher at the National Institute of

Mental Health, and psychiatrist and researcher Norman Rosenthal, discussed six adolescents and young adults with ASD who learned to meditate and meditated twice daily with high consistency. All six subjects reported—and their parents confirmed—decreased stress and anxiety, improved behavioral and emotional regulation, increased productivity, and greater flexibility in coping with change and transitions. The parents also reported observing a willingness to take on more responsibility, and faster recovery time following stressful experiences. Improvement in concentration and sleep, decreases in test anxiety and tantrums, and fewer physiological symptoms of stress were also reported.

15. The role of what Stephen Porges calls the social engagement system in ASD is discussed in Dr. Porges's book, *The Polyvagal Theory: Neurophysiological Foundations of Emotions, Attachment, Communication, Self-Regulation* (New York: W. W. Norton, 2011).
16. Nicole M. Shea et al., "Perceived Autonomy Support in Children with Autism Spectrum Disorder," *Autism* 3, no. 114 (2013), doi:10.4172/2165-7890-1000114.
17. Ibid.
18. These interventions include the DIR Floortime model developed by Stanley Greenspan and Pivotal Response Treatment, which developed through ABA and includes an emphasis on child choice and the use of natural, direct reinforcement based on a child's intrinsic interests or desires.
19. Marsha Mailick Seltzer et al., "Maternal Cortisol Levels and Behavior Problems in Adolescents and Adults with ASD," *Journal of Autism and Developmental Disorders* 40, no. 4 (April 2010): 457–69,doi: 10.1007/s10803-009-0887-0.

第十二章

1. Valerie Strauss, "Five Reasons Standardized Testing Isn't Likely to Let Up," *Washington Post*, March 11, 2015, www.washingtonpost.com/news/answer-sheet/wp/2015/03/11/five-reasons-standardized-testing-isnt-likely-to-let-up/? utm_term=.aad3311ed86d.

2. Rick Reilly, "An Ad Doesn't Take Care of Everything," ESPN.com, March 28, 2013, www.espn.com/espn/story/_/id/9112095/tiger-ad-way-bounds.

3. Joshua Aronson tells this story in an article called "The Threat of Stereotype" in *Educational Leadership* 2, no. 3 (2004): 14–19.

4. Geoffrey Cohen et al., "Reducing the Racial Achievement Gap: A Social-Psychological Intervention," *Science* 313, no. 5791 (September 1, 2006): 1307–10, doi:10.1126/science.1128317.

5. Benedict Carey, "In Battle, Hunches Prove to Be Valuable," *New York Times*, July 27, 2009, www.nytimes.com/ 2009/ 07/ 28/ health/ research/ 28brain.html? emc= eta1.

第十三章

1. Amy R. Wolfson and Mary A. Carskadon, "Sleep Schedules and Daytime Functioning in Adolescents," *Child Development* 69, no. 4 (1998): 875–87. R. Hicks et al., "Self-Reported Sleep Durations of College Students: Normative Data for 1978–79, 1988–89 and 2000–01," *Perceptual and Motor Skills* 91, no. 1 (2001): 139–41.

2. Craig Lambert, "Deep into Sleep: While Researchers Probe Sleep's Functions, Sleep Itself Is Becoming a Lost Art," *Harvard Magazine*, July–August 2005, 25–33.

3. J. F. Gaultney, "The Prevalence of Sleep Disorders in College Students: Impact on Academic Performance," *Journal of American College Health* 59, no. 2 (2010), 91–97.

4. A survey study of over four thousand students conducted by Alexander McCormick and colleagues as part of the National Survey of Student Engagement found that college students currently study fifteen hours a week on average. National Survey of Student Engagement, "Fostering Student Engagement Campuswide: Annual Results 2011," (Bloomington, IN: Indiana University Center for Postsecondary Research, 2011), nsse.indiana.edu/NSSE_2011_Results/pdf/NSSE_2011_AnnualResults.pdf. A second study by Lindsey Burke and colleagues found that students on average spent nineteen hours a

week on education-Related activities; Lindsey Burke et al., "Big Debt, Little Study: What Taxpayers Should Know About College Students' Time Use," Heritage Foundation, July 19, 2016, www.heritage.org/education/report/big-debt-little-study-what-taxpayers-should-know-about- college-students-time-use.

5. H. Weschler and T. F. Nelson, "What We Have Learned from the Harvard School of Public Health College Alcohol Study: Focusing Attention on College Student Alcohol Consumption and the Environmental Conditions That Promote It," *Journal of Studies on Alcohol and Drugs* 69 (2008): 481–90.

6. Department of Health and Human Services, "Results from the 2005 National Survey on Drug Use and Health: National Findings" (Rockville, MD: Substance and Abuse and Mental Health Services Administration, 2005).

7. S. A. Morris et al., "Alcohol Inhibition of Neurogenesis: A Mechanism of Hippocampal Neurodegeneration in an Adolescent Alcohol Abuse Model," *Hippocampus* 20, no. 5 (2010): 596–607.

8. Barbara Strauch, *The Primal Teen: What the New Discoveries About the Teenage Brain Tell Us About Our Kids* (New York: Doubleday, 2003).

9. C. S. Barr et al., "The Use of Adolescent Nonhuman Primates to Model Human Alcohol Intake: Neurobiological, Genetic, and Psychological Variables," *Annals of the New York Academy of Sciences* 1021 (2004): 221–23.

10. T. Johnson, R. Shapiro and R. Tourangeau, "National Survey of American Attitudes on Substance Abuse XVI: Teens and Parents," National Center on Addiction and Substance Abuse at Columbia University, August 2011, www.centeronaddiction.org/addiction-research/reports/national- survey-american-attitudes-substance-abuse-teens-parents-2011.

11. J. I. Hudson et al., "The Prevalence and Correlates of Eating Disorders in the National Comorbidity Survey Replication," *Biological Psychiatry* 61, no.3 (February 1, 2007): 348–58.

12. The Renfrew Center Foundation for Eating Disorders, "Eating Disorders 101 Guide: A Summary of Issues, Statistics, and Resources," September 2002, revised October 2003, www.renfrew.org.

13. A.A. Arria et al., "Nonmedical Prescription Stimulant Use Among College Students: Why We Need to Do Something and

What We Need to Do," *Journal of Addictive Diseases* 29, no. 4 (2010).
14. Morgan Baskin, "Overhauling 'Band-Aid Fixes': Universities Meet Growing Need for Comprehensive Mental Healthcare," *USA Today*, January 30, 2015, college.usatoday.com/ 2015/01/30/overhauling-band-aid-fixes-universities-meet-growing-need-for-comprehensive-mental-healthcare/.
15. Richard Kadison, MD, and Theresa Foy DiGeronimo, *College of the Overwhelmed: The Campus Mental Health Crisis and What to Do About It* (SanFrancisco: Jossey-Bass,2004).
16. S. A. Benton et al., "Changes in Counseling Center Client Problems Across 13 Years," *Professional Psycholog y: Research and Practice* 34, no. 1 (2003): 66–72.
17. J. H, Pryor et al., *The American Freshman: National Norms for Fall 2010* (Los Angeles: University of California Press Books, 2011).
18. Robert P. Gallagher, "National Survey of Counseling Center Directors 2010," Project Report, International Association of Counseling Services, Alexandria, VA. Also, a recent study of students at Princeton and Cornell found that almost 18 percent reported a history of self- injury (J. Whitlock et al., "Self-Injurious Behaviors in a College Population," *Pediatrics* 117, no. 6 [2006]: 1939–48). Self injury is often seen in students who do not have a psychiatric diagnosis but who have limited stress management and coping skills.
19. Arum and Roksa, *Academically Adrift: Limited Learning on College Campuses* (Chicago: University of Chicago Press, 2011).
20. D. Shapiro et al., "Completing College: A National View of Student Attainment Rates—Fall 2009 Cohort" (Signature Report No. 10), National Student Clearinghouse Research Center, Herndon, VA, November 2015.
21. Center for Interim Programs, "5 Types of Students Who Choose a Gap Year," www.interimprograms.com/2015/10/5-types-of-students-who-choose-gap-year.html.
22. Katherine Engman, "Why I Chose to Take a Gap Year," Center for Interim Programs, November 30, 2105, www.

interimprograms.com/2015/11/why-i-chose-to-take-gap-year-by.html.
23. Center for Interim Programs, "Facts and Figures," www.interimprograms.com/p/facts-and-figures.html.

第十四章

1. Karen Arnold, *Lives of Promise: What Becomes of High School Valedictorians* (San Francisco: Jossey-Bass, 1995).
2. Malcolm Gladwell, Outliers: *The Story of Success* (New York: Little, Brown, 2008).
3. Howard Gardner, *Frames of Mind: The Theory of Multiple Intelligence* (New York: Basic Books, 1983).
4. Mike Rowe WORKS Foundation, "Are You Profoundly Disconnected?," Profoundlydisconnected.com.
5. Belinda Luscombe, "Do We Need $75,000 a Year to Be Happy?," Time .com, September 6, 2010, content.time.com/time/magazine/article/ 0,9171,2019628,00.html.

國家圖書館出版品預行編目資料

讓天賦自由的內在動力: 給老師、父母、孩子的實踐方案 / 威廉．史帝羅 (William Stixrud) , 奈德．強森 (Ned Johnson)著 ; 彭湘閔譯. -- 初版. -- 臺北市 : 遠流, 2020.01
面 ; 公分
譯自 : The self-driven child : the science and sense of giving your kids more control over their lives
ISBN 978-957-32-8695-0 (平裝)

1.兒童心理學 2.抗壓 3.獨立學習 4.親職教育

173.1 108021423

讓天賦自由的內在動力：給老師、父母、孩子的實踐方案

The Self-Driven Child : The Science and Sense of Giving Your Kids More Control Over Their Lives

作者 威廉．史帝羅博士、奈德 強森（William Stixrud PhD. and Ned Johnson）／譯者 彭湘閔／責任編輯 陳希林／行銷企畫 高芸珮／封面設計 陳文德／內文構成 6宅貓／發行人 王榮文／出版發行 遠流出版事業股份有限公司／地址 臺北市南昌路2段81號6樓／客服電話 02-2392-6899／傳真 02-2392-6658／郵撥 0189456-1／E-mail: ylib@ylib.com／著作權顧問 蕭雄淋律師／2020年01月01日 初版一刷／定價 平裝新台幣399元（如有缺頁或破損，請寄回更換）／有著作權．侵害必究 Printed in Taiwan／ISBN 978-957-32-8695-0／ylib 遠流博識網 http://www.ylib.com

Copyright © 2018 by William Stixrud and Ned Johnson. Complex (Traditional) Chinese Character edition Copyright © 2020 by Yuan Liou Publishing. Published by arrangement with The Ross Yoon Agency, through The Grayhawk Agency.